微博用户深度评论精选2016

与时代共鸣

@微博时评 著

人民日报出版社

图书在版编目（CIP）数据

与时代共鸣：微博用户深度评论精选．2016 ／ 微博时评著．-- 北京：人民日报出版社，2016.11
ISBN 978-7-5115-4396-7

Ⅰ．①与… Ⅱ．①微… Ⅲ．①时事评论－中国－2016－文集 Ⅳ．① D609.9-53

中国版本图书馆CIP 数据核字（2016）第 302849 号

书　　名：	与时代共鸣：微博用户深度评论精选．2016
著　　者：	微博时评
出 版 人：	董　伟
责任编辑：	刘　悦
版式设计：	李　萌
出版发行：	人民日报出版社
社　　址：	北京金台西路2 号
邮政编码：	100733
发行热线：	（010）65369527　65369846　65369509　65369510
邮购热线：	（010）65369530　65363527
编辑热线：	（010）65363105
网　　址：	www.peopledailypress.com
经　　销：	新华书店
印　　刷：	大厂回族自治县彩虹印刷有限公司
开　　本：	710mm×1000mm　1/16
字　　数：	325 千字
印　　张：	21.5
印　　次：	2017 年1 月第1 版　2017 年3 月第2 次印刷
书　　号：	978-7-5115-4396-7
定　　价：	42.00 元

序
preface

与时代共鸣

向思想致敬

书籍是人类传承思想最好的方式之一。所以，我们决定把微博上一部分优秀的文章整理出来，结集出版。

2000多年来，信息传播的载体经历了从竹简、书报、广播、电视到互联网的演进，传播速度越来越快、表现形式越来越丰富，却一直是"少数人说，多数人听"。微博这样的社交媒体作为一个新形态的媒体平台，带来的最大改变，正在于让每个人都能公开表达意见。

任何新事物，在发展和完善的过程中，在公众逐渐适应的过程中都难免产生两面性。微博也是如此。公开的表达让多元观点有了充分的传播空间，然而一旦表达变得简单，杂音就难免出现。不过，互联网已经像电力一样成为重要的基础设施，完全融入了我们的生活。我们的生活已经离不开电，同样也很难想象离开互联网的社会是什么样子。

社会只会不断地向前！因此，作为微博平台的运营者，我们唯有不断努力，让平台加速进化和完善，让积极、理性的声音更高效传播、更广为人知，将消极、恶意的言论及时遏制，让微博成为理性声音的聚合器、推动社会进步的助推器。

微博时评团应运而生。微博上汇聚了数十万不同领域的专业作者，这是一笔宝贵的思想财富。我们相信，只有让专业的议题回归专业的讨论，理性的思维才能产生更大的力量，对社会进步才更有推动力。

每一个公共事件在微博上被广泛关注和讨论时，总会有专业人士在第一时间提供专业意见，用知识和思想的碰撞，让网友透过纷繁复杂的现象，直击本质。唯有如此，赋予每个人公开表达意见的能力才更有意义。

当这本书问世时，微博的发展已经进入第 8 年。移动互联网时代，即使阅读已经变得相当碎片化，但思想仍然是最宝贵的财富，优秀的文字也同样值得珍藏。所以，我们要用这本充满智慧的书，向思想致敬。

微博 CEO

目 录
contents

与时代共鸣

国家与社会

第一章　国家经济与区域发展 /003

中国未来 10 年发展的 10 个宏观预测 /003

中国经济的困难和风险 /018

东北经济衰败，真的是体制作怪？ /020

2016 年春节回乡见闻总结 /031

短评 /037

第二章　产业经济与楼市股市 /045

为什么支持林毅夫？ /046

我为什么更倾向于张维迎的观点？ /055

疯狂的房价与中国经济的未来 /058

A 股将于怎样的方式重生 /070

我看万科股权之争 /073

技术中立不能成为快播案的抗辩词 /076

撼山易，撼既得利益难 /079

短评 /082

第三章　社会治理与公共安全 /097

别用降低孩子刑事责任年龄来规避教育的缺失 /097

医生你为何下跪 /101

我拿什么拯救你，我的病人——网络医疗信息的应对 /105

我们都害怕成为和颐酒店遇袭的女生 /110

短评 /113

第四章　人的发展与人居生活 /122

城市易受洪涝的问题所在 /122

《小别离》：中产阶级的教育与婚姻危机 /124

王宝强婚变打破的憧憬 /127

郭德纲和曹云金互撕，后面是一卷长长的裹脚布 /130

当柳岩说不生气时，话题更有讨论意义 /134

90后新文明宣言 /138

短评 /145

第五章　国家实力与正能量 /153

G20提供中国方案 /153

"湄公河惨案"五年祭——不仅仅是严惩凶手 /157

80年后，我们为什么还要纪念长征？ /161

你跟我说中国工业"大而不强"？ /172

短评 /180

地区与国际

第六章　国际和平与难民问题 /187

激战叙利亚：黎明前的黑暗 /187

"9·11"十五周年：我们更安全了吗？ /192

非法移民：对不起，你们应该被遣返 /197

短评 /205

第七章　大国内政与地缘交锋 /208

大国视角下的南海争端 /208

美韩舞"萨德"意在遏中俄 /220

拨开土耳其政变迷雾，幕后"黑手"究竟是谁？/223

英国脱欧背后的本土政治演变 /227

美国大选：黑暗无比 VS 一直伟大 /239

为什么九成日本人不喜欢中国？/246

短评 /254

第八章　两岸关系与港澳发展 /258

国民党的前景 /258

郑永年：蔡英文与台湾地区的未来 /276

英国脱欧：澳门的机遇？/290

短评 /294

科技与文娱

第九章　科技发展与文娱创新 /299

不再着急"变现"，中国的科研布局只会越来越从容 /299

质疑科学得有科学态度 /303

曹文轩：永远的麦田少年 /306

里约奥运会最大收获不是金牌，是洪荒之力 /310

短评 /314

后　记 /329

国家与社会 >>>

第一章　国家经济与区域发展

导　语

2016年中国经济形势空前复杂，经历着结构调整的挑战，也迎来转型升级的机遇。回顾这一年，在新旧动力转换的历史关口，中国经济将实现怎样的发展，面临怎样的困难和风险？本书综合全年微博热议经济话题，摘取了两篇具有代表性的经济发展观点文章。

中国未来10年发展的10个宏观预测[1]

@风云学会陈经 财经专栏作家

2016是十三五规划开局之年，距陈经发表《中国的官办经济》，也正好相距10年。我希望对中国十个领域的宏观发展大势进行预测，时间范围大致是2016—2026年。

---

[1] 原文共10节，因篇幅原因，本书摘取其中3节。

1. 经济增长率降低，但总量仍将超越美国

（此为原文第二节）

单凭科技大发展，恐怕很难继续维持经济的超常增长。未来10年的经济增长率，我预测会有所降低，但是以汇率计的GDP总额还是会超过美国，应该在2025年左右实现。同时中国政府与民众对于发展的心态会有较大的转变，对于经济总量和增长率会更为淡定，不再追求高增长，更重视其他目标。

GDP超美这件事，以前是不提的，热点是GDP超日。直到2005年，超过日本看起来都是遥远的事，有人预测2030年超日还遭到围攻。但在2010年出人意料地迅速实现了，2016年可能会是日本的三倍，发展速度确实令人震惊。主要原因是公众对汇率GDP超常增长的特性不了解。汇率GDP的增长率是四个作用的复合结果：实际GDP增长率、GDP平减指数（相当于考虑通胀）、本币升值、统计上调。发展好的时候，后三个因素都是正的，因此四者相加比实际GDP增长率高得多，四五年就翻一番。而日本由于货币贬值，汇率GDP不时地下降，安倍晋三还把日元贬值作为自己的主要政绩。

2006年，我的预测是2025年汇率GDP超过美国。后来GDP迅速超日，也有人提出了更为乐观的观点，如2020年汇率GDP超美。但是从最近两三年的情况看，不可能了。因为GDP实际增长率下降、通胀率下降、人民币停止升值，有统计上调也会有下调的，如东北的数据会下调。综合来看，还是2025年汇率GDP超美比较现实。当然，IMF表示，2014年，中国的购买力平价的GDP已经超过美国，印度则超过日本。不过从影响力和人的心态看，还是汇率GDP的意义更大。

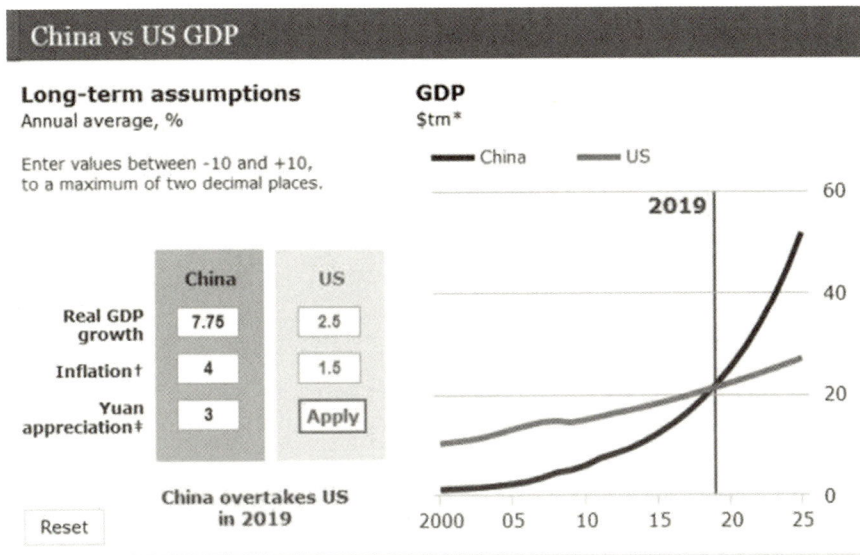

(2010年,《经济学人》就曾通过互动式图表,帮助读者预测中国GDP何时超美)

关于长期经济增长率,一种有代表性的观点是林毅夫教授的"中国还有20年8%的高速增长期"。林毅夫关注长期经济增长,而非各种短期危机,是他的一大长处。他的论据是"和美国的人均收入差距",中国是美国的五分之一,相当于日本1951年、新加坡1967年、台湾地区1975年、韩国1977年与美国的差距,它们后来都以8—9%的速度增长了20年。人均收入差距就是技术与产业水平的差距,下定决心去追,就有"后发优势"。

如果仅从这一论据出发,就做出这样的判断,我认为有问题。当然,我相信林教授应该有更完备的研究,只是在公众平台上采用了简化的说法,但既然这种简化版本流传很广,还是有必要提出我的质疑,抛砖引玉,希望更深入地探讨这一问题。

我质疑的理由是，中国的人口规模和日新台韩有本质的不同。一方面，中国和美国的产业水平差距，没有人均收入表现得那么大，不少产业已经和美国互有优势，后发优势比想象的小。另一方面，就算中国的一些产业水平发展不错，也不足以覆盖众多人口。不能这样和日新台韩简单类比。

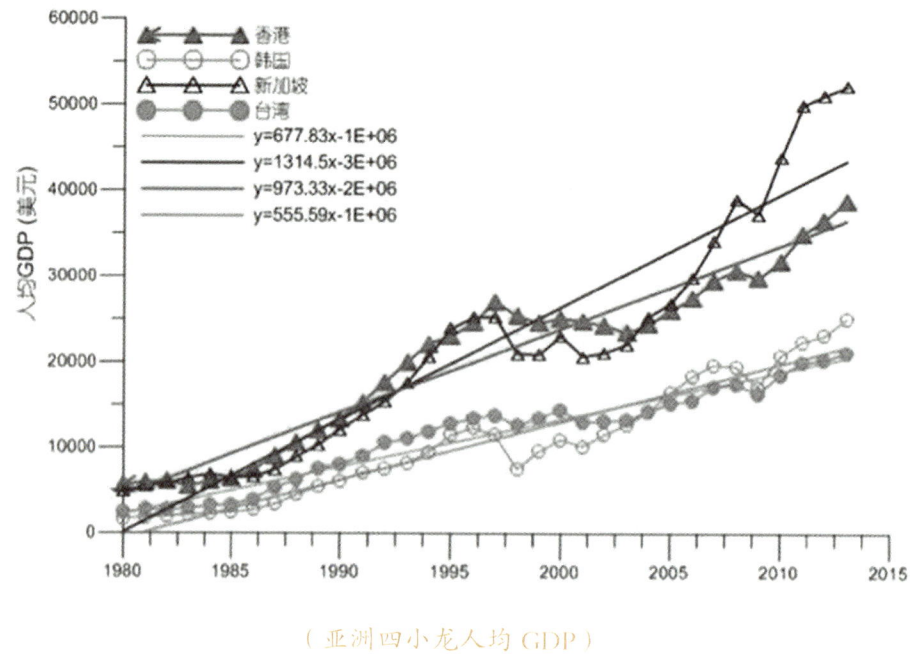

（亚洲四小龙人均GDP）

中国已经实现了连续30年9%—10%的高速增长，这是史无前例的。这个高速增长的最大动力，可以总结为"先发优势"：海量人口和全面追赶的国策，形成产业聚集效应，在巨量基础上实现了高性价比。中国是第一个形成这种优势的，所以是"先发"，正反馈优势越来越大，世界各国无法竞争。有相当长时间是超高速增长，因为没有竞争对手，国际国内市场都是无穷无尽的一片蓝海。

现在这个"先发优势"还是存在的,仍然没有其他国家能和中国竞争。但是它的作用在衰减,因为产业持续多年不受限制地增长,产能过剩到了市场极限。例如钢铁,中国生产效率并不低,但是钢铁8亿吨年产量显然已经到顶了,这就变成了一件麻烦事。钢铁产业之前的高速增长,就是中国过去多年高速增长的力量之一。现在它碰到麻烦,要去产能,显然就会拖低潜在经济增长率。这种产能过剩的产业不少,曾经的高速增长不复存在,而且有些还成为很大的麻烦。其实,过去基于产业聚集、高性价比"先发优势"的高速增长机制,在2012—2015年已经碰到了问题,未来10年能够发挥的作用不可高估。

但是长期经济增长的动力仍然是存在的。林毅夫的基本观察是对的,中国可以追赶美国和其他发达国家的先进技术产业。这个差距虽然不是5倍这么大,但显然是存在的。以中国科技实力大爆发为基础,形成相当的"进攻性生产力",在中国本土实践,在全球发起大规模攻势,这会是一个靠谱的长期发展动力。只是这个动力不会像之前的高性价比产业聚集那么猛。中国之前什么产业都要,规模容易上去。先进制造业、高科技产业一方面需要更多的高素质人口,另一方面却要求相对较少的人口参与其中。这些产业成长起来对综合国力非常关键,但是体现在经济增长率方面,对中国这么大的规模的影响则不会太高。

总体来说,未来10年中国年增长率可能会在6%左右,而不是8%。如果能实现6%就应该满意了。规模比以前增长了,长期增长动力在演变,潜在经济增长率下行是必然的,也是可以接受的。

相比过去，6%是较低的增长率，但是在国际范围内来看仍然是不错的，特别是和发达国家相比。中国不会像过去那样总是世界第一，也许印度会经常报出高于中国的增长率，增长率超过中国的小国就更多了。

即使增长率下行，中国的经济总量也可以在 10 年内超过美国。让世界逐渐接受中国是第一经济大国，这是必然的。虽然印度的经济增长率经常超过中国，但可能 10 年过后一算，和中国的差距反而更大了。如果它的经济增长动力不可靠，碰到危机卢比币值就会撑不住，以汇率计 GDP 会把经济增长成果吞掉。

再过几年，中国汇率计经济总量超过美国将是一个没有悬念的事情。而经济总量又是综合国力最重要的指标之一，这会对国民心理产生相当大的影响。奥巴马说美国是"世界上最强大的国家"，其实是走夜路吹口哨给自己壮胆。以后的美国总统再要这么说，就可能是自我吹嘘了。

2. 国民心态及自我定位发生剧烈转变

（此为原文第四节）

对于中国政府和民众来说，在超过美国成为定局之后，会有一种"完成了一项重要任务"的心理，看待经济增长会更为淡定。就像对奥运金牌的追求一样，在 2008 年北京奥运会时达到了顶峰，金牌榜排名第一，超过美国。之后这种追求就淡了，对金牌总数的重视程度下降，对影响力大的项目关注程度上升。

从实际经济运行来看，也没有必要追求经济增长高指标。以前追求 8%

的经济增长率，其中一个说法是就业需要，因为一个百分点能够带来几百万的新增就业机会。但这个逻辑在之后就不成立了，因为情况比较复杂，增长率下行，但是就业情况仍相对较好。

未来，中国政府和民众会更关注一些具体的事情，如收入增长、环境保护、社会和谐、法制公平等，对于GDP总量和增长率不会有强烈的追求了。因为高也高不上去，低也不会太低，超美不是问题。

之前有种说法，中国政权合法性的基础是经济增长，我认为至少在某种程度上是成立的。靠增长、靠发展解决问题，也是过去的成功经验。所以包括政府在内，各方面对经济增长率还是很看重的，陆续出来"保8"、"保7"等字眼。

未来十年，中国整体面对增长的心态更为淡定之后，应该能够更为自然地接受经济波动。低就低点，别的国家还更低呢。条件好的时候，再做高点。对于一些危机，也不需要严防死守，会让其自然地爆发出来。中国社会的耐受力相对较好，这么多年的增长，有了很不错的成果，出一些小问题也属正常。人的适应力很强大，在股市亏了那么多钱，人们都默默承受了，一些地区性的小问题如果由当地承受下来，可能也没多严重。

经济总量达到世界第一，或者说和美国"缠斗"几年后，世界看中国会用另一种眼光。中国会有各种问题，自己也能认识到。美国也有各种问题，多半比中国严重。但再怎么说，那也是中国与美国这种级别的国家的问题，对其他国家的综合国力有压倒性的优势，所以中国出现一些小问题也没有太大的关系。《中国的官办经济》中提出了五个世界的划分：美国、发达国家、中国、发展中国家、失败国家。美国与中国各自占据一层，这种感觉在未来会更为强烈。有这种对自身实力的自信，大国心态会明显上升，面对各种问题会从容淡定得多。

除了国家层面的"心态"变化，每个人对自己的社会定位也会有新的调整。变动最大的可能是农民工群体。

大约十年前开始有了"民工荒"的消息。当时的专家解读是，中国进入"刘易斯拐点"，农村转移出来的劳动力差不多了，人力资源供给不再是无穷尽的。之后几年，民工工资迅速上涨，因行业不同涨了两三倍不等，有的甚至超过了一些城市白领。

这件事情的意义很大，超过了"刘易斯拐点"的经济解释范畴。"民工荒"开始出现时，并不是说明中国的劳动力不够。事实上，我国的总劳动人口一直在增加，直到2013年才达到顶峰。创造就业一直是政府工作的重中之重。民工工资上涨的最关键一点，就是他们的整体心态发生了改变。之前太不正常了，做那么辛苦的工作，收入极低，吃苦耐劳得过头了。

某些唱衰者认为，低收入、低人权的民工是中国最大的"竞争优势"，是"竞次"，中国的经济奇迹跟废除种族隔离前的南非是同一性质的。然而，低收入民工根本不是中国的竞争优势。中国民工一定要这么认命地收一点钱就拼命操劳，这完全没有道理。事实上，民工薪资大幅上涨以后，中国的产业竞争力继续提升，国际贸易份额继续扩大。技术水平、产业链、基础设施、民众教育、政府能力等方面压倒性的优势已经十分充足。

真正的拐点，是新一代民工的自我定位带来的。他们受教育时间长，信息渠道多，不接受上一代民工的生存状态。在劳资博弈中，这种心态很容易取得胜利，因为国际、国内用工方完全有足够的利润空间去让利。实际上，并没有普遍发生大规模的罢工涨薪运动，民工薪资上涨是比较自然平稳的。

在此过程中，有一些用工方抱怨，甚至有一些经济学家和官员为之鼓吹，说《劳动法》太严了，工资上涨太快，竞争优势没有了，产业转移走，要崩溃。但这是逆时代潮流的，既不符合经济规律，也看低了中国人。这种言论的本质是把中国定位成一个低级打工者，将发展经济是为了改善人民生活的基本目的都忘了。

国民的自我定位，对一个国家的整体经济的影响是非常大的。和一些所谓的"发达国家"相比，中国在很多方面都占有优势，但是关键的区别在于"发达国家"的国民自认"发达"，而中国民众自认是"发展中"。自认"发达"的国民，要有较高的收入才肯干活，另一方面也敢于消费或者被迫接受高消费。用工方也将此作为基础，按此展开经济活动。自认"发展中"的国民，要求的工资低，涨点就满意了，大量用工方靠组织低档次的生产挣钱。

由于过去十多年发展太快，中国的国民心态大幅落后于经济实力。民工心态的迅速转变是因为对比实在太极端了。经济增长这么多，民工待遇再不上来就太不像话了。从国家整体来说，国民心态有很大的向上定位的空间。

很多民众跑到境外旅游会发现，这些地方怎么这么破，甚至一些发达地区也没有多好。首当其冲的就是香港地区和台湾地区，要维持对大陆的优越感，只能依靠媒体谎言。论经济实力，中国大陆已经非常强了，要有与之相配的国民自我定位。

发达地区的一些90后、00后的小孩，从小的生活条件就不差，也不觉得中国科技落后。如果问他们，他们认为中国是和美英德日是同一级别的科技强国，而发展中国家根本不能和中国比。其实这才是客观的国民心态，并非自高自大。反而是很多年纪大的人，自我贬低倾向非常严重，一开口就是"中国人不会创新"。

中国民众一方面用发达国家的标准要求中国，有时甚至是地球上没有的理想国的标准，另一方面自己又是落后国家的国民心态，这很不正常。这并非无关紧要的心理活动，而是会对经济活动产生实质影响。最重要的影响，是对人的价值的评估，包括对自身价值的评估。心理学的"皮格马利翁效应"表示，人会变成自己想成为的人。国家也是如此。

香港人、台湾人、外国人跑到内地来，就得到高薪，自己人能力多半还高些，却只能领低薪，，这没有道理。如果自我认同够高，就会一视同仁。自身认同低，对经济活动的要求就低，伪劣产品生产出来就卖出去了，市场也觉得中国就只能这样。有时又转向另一个极端，用世界最多的大钱，追逐欧美日的品牌产品。

接下来的十年，国民心态自我定位会发生剧烈的转变。经济增长率下降或者一时的经济困难，都不会影响这个转变，因为之前的自我定位太低了。心态的剧烈转变一方面是因为发展在持续，更重要的可能还是人的世代更替，心态发生了变化。一代人和一代人的心态差别非常大，思想转变慢的老一辈，影响力逐渐减小，新新人类走上舞台。

整个社会，整个经济体系，都要适应这种心态转变。可能有些人会说，低级产业转移到别的国家去了，竞争力下降，大事不好。可是说这话的人，准备让自己的小孩继续干这些低级产业吗？别人家的小孩又为什么要去做呢？

对于发展经济，特别是像中国这样生产力很强大的国家来说，需求其实是最重要的。最大的需求不是靠别的国家，而是来自自我定位转变。如果像一些老年人那样节省过日子，经济就没办法发展了。认定自己科技落后，自我定位成一个落后国家，就既不敢投入资金去发展生产力，也没有需求。有很多国家，如印度，还靠大量人力肩扛手提运货。其实心态一变，人不肯低价干这种活了，就会改用货车、电动车之类的先进工具了，经济模式也会改变。自我定位低，机会来了也不敢拼搏，拒绝成功，没有决心。年轻的阳光一代信心足，敢于拼搏，最后也就成功了。

（那兔等漫画的崛起，也是国民心态变化的一种体现）

十年后，预计中国的国民自我定位会初步完成。中国人会形成共识，要成为先进国家，像先进国家的国民一样生活，树立一些具体的目标，并为之努力。这不是远大理想，不是宣传，而是一种普通民众都有的生活态度，这就是中国梦。

这种自我定位非常重要。韩国是一个很好的例子，在20世纪70年代，韩国下定决心,要将一些高端产业做好,整个国家就为之付出极大的努力。这种精神是值得敬佩的,即使有时表现为一种偏执。香港台湾近年来表现很差,重要原因是社会自我定位失败,不知道要发展成什么样,麻木地奔忙挣钱或者追求"小确幸"的小日子,这也是资本家与社会精英定位的错误方向。

中国的政府宣传以前也是有定位的,但有时一些做法会与国民自我定位冲突,如把本国人的地位定得低,作风媚外,不肯放弃有些产业。自我定位的问题解决了,一些决心就容易下了。

中国人在世界上属于比较勤奋努力的,智商也是最高的。如果有了正确的发展方向,齐心合力为之努力,实现一个高标准的全民生活水平完全没有问题。随着自我定位的不断提升,发展方向也要调整。以前的发展方向有偏差是因为穷怕了,什么产业都要,什么招数都上,产业工人收入低还当成优势。虽然后来政府也说了要科学发展,但还需要全社会提高自我定位,真正形成社会共识。有了共识,一些必须付出代价的改革才能够得以实施。

有些落后地区的居民,自我定位太低。一些被极端宗教、分裂主义裹挟的人,自我定位走向邪路。发生这些情况,扶贫、发展、统战等方式都不好处理。与其费尽心机去做这些事,不如攻心为上。整个国家国民心态剧烈转变,其影响力自然会散发出去,对全社会产生巨大的心理效应。不想转变的人,也会被自然地拖进来,被动接受。这个巨大的力量,刚刚开始展现,未来10年会更加明显。

3. 人口结构与环境污染成为最大问题

（此为原文第十节）

当前，人口结构与环境污染是两个最大的问题，而且不太好解决。未来10年可能其他事都好说，就这两个事怎么做都是不好。可以这样理解，中国选择了超常规发展，当初因为资源限制和人口快速增长的国情，实行了计划生育政策。各地区为了高速增长，选择了快速工业化的道路，环境污染就成为工业化进程和生活方式的后果。不能说这种选择是错的。有些困境，怎么做都会有严重后果。中国可以说人口规模控制住了，也实现了经济高速增长。印度是反面典型，人口会超过中国，经济没发展上去，环境污染却非常严重了。只是中国既然这样选了，就必须承受其后果。而且这种后果不是10年20年的事，会长期存在，是最大的代价。人家什么都不如你，但就说你环境不好，这没法开脱，只有承受。而且中国的选择比较极端，计划生育就是只生一个，等于在将来强行减少人口，当初被人口增长吓到了。要工业化，就搞到特别大的规模，做得还特别快，人类历史上没有过的速度与规模。也许从更为长期的如30—50年这样的周期看，人口与环境问题也是能够好转的。也许又说计划生育还是应该搞，环境最终也治理成功了。但是未来10年是承受代价的时期。日子过得都可以，就是环境不好，雾霾来了一点办法没有，治半天还是要等大风吹。经济条件不错，人口结构却不好。四个老人一对小夫妻，还指望小夫妻多生小孩，他们也不一定愿意，人口抚养比趋势不好。因为人工选择，婚姻市场上男多女少缺口巨大。对这两个问题，不能放高调，说只要努力就一定能解决。还是得老实承认，是该付代价了，一段时间内没有什么办法，就得受着。 回头看改革开放的过程，很大程度上整个国家的心态不太正常。那种为了发展不顾一切的印记非常深，急于改变落后状态的心态很着急，一些方法很极端，外国人无法理解。毛时代的心态更不正常，主要考虑是国防安全，也想快速发展，极端的东西更多，为此付出了极大代价。不能说着急上火谋发展的心态是错的，所谓取法乎上得乎其中，或许不这么走，就走不到今天这一步。历史无法假设，只是要认识到它的后果。 正如前面所述，未来10年到更长时间，整个中国迫切发展的心态会平静下来，不会这么着急了。对于人口结构和环境污染问题，也急不得。不是说你一年花个一万亿治理污染就能立刻见效，放开二胎就立刻多出一堆娃。 从人口结构和环境污染问题看，中国转变发展心态是必然的。碰到了巨大的问题，急也没办法，慢慢发展问题也不大，也认识到有些事就得慢慢来，着急放大招反而会坏事。

后　记

本文进行的十个预测主要是方向性的，并不太具体。

国家发展要考虑两个因素，一个是物质世界的自然规律，一个是人的心理。科学技术军事实力，这些是硬的东西，有其自身的发展规律，不行就是不行，条件成熟了也挡不住。和硬实力不同，人的心理处于另一个层面。心态对国家发展的影响更直接，也更复杂。

改革开放后，中国的经济增长可以被称为奇迹，支持其发展的力量是整个中国迫切谋求发展的积极心态。所以中国的情况非常特殊，但这种特殊性不会一直强化，而是会慢慢消减。因为各国人考虑的问题其实都差不多，特殊的历史时期过去了，就会归于正常。所以文中多处提到了心态的转变。

因为中国的发展心态与成果都非常特殊，所以中国与世界在物质层面的相似度提高了，但是世界却不理解中国人在想些什么。这一点儿的确说不太清楚，我们自己也搞不清楚。再过10年，情况应该会好多了。国人的心态慢慢稳定下来，因为中国的巨大实力改变了自身也影响了世界。全体中国人在心态上越来越平和，在理解沟通的基础上，国际国内平稳变化。

因此，未来10年不会有什么惊天动地的大变局，不会发生大起大落。国际上，大国之间也不会突发热战。除了极端宗教引发的冲突，国家之间的战争越来越少。世界各国包括美国在内，也在发生心态的转变。以前那种全球争霸的心思，可能都下去了，倾向于关注自己的生活。20世纪50年代到80年代打了那么多场局部战争，未来可能难以理解。

吃好喝好玩好，看看足球、听听音乐、看看电影，不用考虑太多天下大事。这样的世界，也许不够"精彩"，但是不是更符合"人性"呢？

（使用微博客户端扫描此二维码阅读全文）

中国经济的困难和风险

☉ 周天勇：中央党校国际战略研究所副所长

（1）22岁到44岁经济主力人口规模的收缩，导致消费需求萎缩、产业骤然全面过剩和挤出性向外转移。

（2）未富先老，青年劳动力减少，供求关系变化导致劳动力价格上升；而老年人越来越多，导致养老金需求越来越大，制造业竞争力丧失。

（3）税收以及收费和罚款供养的行政事业机构太多，层级不少，人员规模太大，加上养老金需要财政每年转拨，财政支出需求越来越大，导致企业的税费越来越重。减税和清理收费虽然被提及，但是实施的困难较大。

（4）国内外短期资金到处游荡，先是到股市，后到汇市，再到一线城市的房市，再到大宗商品，现在又到了二三线城市。等炒完了不知道它们又会流动到哪里，下一个目标是什么。

（4）总体上来看，资金不愿意进入制造业，不愿意进入硬技术创新，而旅游、教育、医疗等行业，要么限制很严，要么出现"莆田系"这样的问题。社会投资进入养老的模式是什么，目前尚无定论。

（5）乡村旅游、特色农业、低空通用航空、生态造林、海岛旅游利用等，这些可以有新增长点的领域，在土地的使用年期、物权、继承、交易方式等方面没有一个明确的说法，无法得到社会投资进入新增长领域的明确的说法、文件和政策。

（6）媒体舆论争论较大，给人一种不确定的感觉，由于一些人害怕出现社会问题，感觉赚的钱在国内不安全，将资金转移到国外投资办企业，还有一些人在国外置地购房。

（7）海外留学持续升温，有170多万人在外留学，在外支出高达1000多亿美元；出国旅游的出境人员与入境人员在人次上差不多，但是国外游客在中国消费了500多亿美元，中国游客在国外消费了1700多亿美元。现在许多中国人到国外寻求健康医疗服务，某些项目比国内还便宜。中国服务业增加值在GDP中的比例已经超过50%，而且会越来越高。如果国人都到国外寻求服务，那么会不会导致GDP的流失呢？

（8）国内制造业面临产品需求不足而引起的挤出性的全球第6次向外大转移，但是，国内许多企业在走出去后面临效益较差、亏损严重等问题，没有国民收入回流。

这些问题严重制约了经济增长，如果不加以解决，何谈发展？

导　语

东北被称为共和国的长子。在解放初期,东北为全国建立独立完整的工业体系和建设现代化国家发挥了十分重要的作用。然而,近年来,受到多重因素的影响,东北经济面临严重衰退的困境。面对东北三省普遍不佳的经济表现,外界不禁疑问,原因究竟何在?

东北经济衰败,真的是体制作怪?

@ 李晓鹏1982:中兴大城首席经济学家、前哈佛大学研究员

工业时代大红大紫的城市,转型阵痛期却"锈迹斑斑"

东北发展现在面临比较大的困难。去年,东三省的GDP增速在全国排名都是倒数前几名。这件事引起了社会的广泛关注,大家讨论得也很热闹。

现在广为流传的一种观点,就是东北的问题主要是计划经济的遗毒、体制僵化、国有企业吸血、市场经济发育不健全这样的问题造成的,甚至把东北的衰落和浙江等东南沿海地区的发展对照起来分析,以加强这种结论。

这样的观点有一定的道理。东北确实存在这些问题。

但是，如果认为东北衰落主要就是由这些原因造成的，甚至认为东北只需要大搞市场化改革、降低国有经济的比重就能够起死回生、重新振作，恐怕有失偏颇。

一个地区经济发展的好与坏，当然会受到经济体制的影响，但同时也会受区域、产业结构、劳动力素质等诸多因素的影响。谁是主要因素，谁是次要因素，需要实事求是的分析。

东北作为传统资源产业和重工业基地，受到本地资源枯竭和国家产业升级转型的影响，经济增长在过去一两年出现了较大幅度的滑坡。这种现象在全世界范围内都是比较常见的，在国企比重很低、市场经济高度发达的国家也不少。

德国的鲁尔区和美国的五大湖"铁锈地带"都曾是传统的重工业和资源型产业基地，但也都随着国家的经济转型走向衰落。几十年了，还是没有恢复到当年的地位。

德国的鲁尔区，一度因为煤炭资源丰富、重工业发达而被称为"德国工业的心脏"，是德国发动两次世界大战的物质基础。战后，鲁尔区又在西德经济恢复和经济起飞中发挥过重大作用，工业产值曾占全国的40%。但是，20世纪70年代以来，随着煤炭、钢铁等传统工业的衰退，鲁尔区与世界其他老工业区一样面临着结构性危机。这令鲁尔区在德国经济中心的地位下降，现在其工业产值在全国的占比不足1/6。

为了解决问题，鲁尔区开展了几十年的区域整治工作，德国政府也鼎力支持。四十年过去了，鲁尔区发展得怎样了呢？可以说城市规划得比较漂亮、环境也还不错，但谈及经济发展，整体而言并不尽如人意。

2011年，鲁尔区所在的北莱茵—威斯特法伦州，人均GDP只有40329.63欧元，低于德国的平均水平40521欧元。而且，这是包含比较落后的东部地区的平均值，如果去掉交通不便的东部地区，鲁尔区还要落后得更多。据2014年2月24日《欧洲时报》报道，据统计，德国鲁尔区十年来贫困率攀升了27%，已成为德国最穷困的地区之一。

鲁尔区号称"欧洲的十字路口"，位于西欧中心地带，靠近法国、比利时、荷兰。鲁尔区莱茵河口上的7000吨级海轮，可直抵杜伊斯堡港，还可通过河口的鹿特丹港与世界各地进行贸易往来。区内有沟通莱茵河、鲁尔河、利珀河和埃姆斯河的4条运河网，总长达425公里。要搞产业转型升级，条件比东北要优越得多。既然鲁尔区都是这个样子，我们又如何能以东北的一两年的困难就否定东北的整个经济体制，并认为从2003年到2012年的振兴东北计划是失败的呢？

过去十年，鲁尔区贫困率增长了27%，位居德国前列；而东北的经济年均增长率高达12.3%，高于中国平均水平。即使把2014和2015年的数据算进来，从2003年到2015年，东北的经济增长速度也和中国平均水平持平。可见，上一轮振兴东北计划的效果还是不错的。遗憾的是没有实现一劳永逸的效果，繁荣十年以后又出问题了。也许世界上没有能够在十年内一劳永逸的解决老工业基地转型的振兴策略，只能根据外部经济形势和内部经济结构的变化，不断地调整方略，从而实现持续不断的转型。

比德国的鲁尔区更糟糕的是美国的"铁锈地带"。在19世纪后期到20世纪初期，美国中西部的五大湖地区，水运便利、矿产丰富，因此成为重工业中心。钢铁、化工、伐木、采矿等行业纷纷兴起。匹兹堡、扬斯敦、克利夫兰、芝加哥、哈里斯堡、伯利恒、布法罗、辛辛那提等工业城市也一度相当发达。然而随着资源的枯竭和美国自身产业结构的转型升级，这些地区的重工业也就纷纷衰败了。很多工厂被废弃，而工厂里的机器渐渐布满了铁锈。因此，五大湖区被称为"铁锈地带"。这些地方直到今天还是很衰落。

位于这个"铁锈地带"的匹兹堡曾是美国最著名的钢铁工业城市，有"世界钢都"之称。美国历史上著名的钢铁大王卡耐基就是从这里发家的。20世纪初，这里最为繁华，有六十多万人聚集于此。但是从20世纪70年代衰落开始，至今四十年过去了，人口却只有三十多万人，减少了一半。20世纪初的时候，美国总人口只有一亿多人，现在有三亿人，增长了两倍，而匹兹堡人口却降低了50%，可以看出它的衰落程度。

还有"汽车之城"底特律，也是重工业城市。因为汽车产业比较高端，比那些以钢铁、化工为主的城市维持了更长时间的繁荣。但是2008年经济危机以后，底特律也彻底衰落了，中心城区变成了无人居住的"鬼城"。七八年过去了，至今还是衰落当中。

实际上，西方市场经济国家，并没有探索出一条资源型城市和传统重工业基地转型升级的成功道路。他们的产业升级，往往都伴随着先进产业的空间转移。也就是说，传统产业发达地区衰落，新兴产业在新的地方成长起来。偶尔有探索转型道路较好的城市，比如匹兹堡，在少了三十万人之后，重新规划搞金融、互联网和医药产业，现在又有了重新振兴的势头，其所耗费的时间也远远不止十年。它从六十万人口减少到三十万的那几十年，是非常痛苦的。

攻击体制于事无补，国企和民企依旧是下一步转型升级所倚重的力量

产业转型升级困难有很多深层次的原因，大部分原因和经济体制关系并不大。

东北的地理位置在中国范围内来看是比较偏的，通过"鸡脖子"与华北相连。在国内算是一个比较孤立、比较封闭的经济区。它的北方没有入海口，南方的大连港、旅顺港又离经济腹地比较遥远；辽东半岛多山，也没有大江大河把海港和内陆中心城市连接起来，海港对内地的辐射能力有限。内部虽然有平原的优势，但河流在冬天会冻住，对交通运输影响很大。现在虽然修了高铁，到了冬天还是要降速到 200 公里 / 小时运行才能保证安全，相当于南方地区的动车速度。为了防冻，建设运营成本也要高出其他地区很多。

按照东北的地理区位条件，它原本就应该是中国的落后地区才对。在中国古代，它一直是蛮荒之地。东北真正发展起来是在近代，先是俄罗斯在这里修铁路，并获得了沿线地区的资源开采权；后来日本人占领了东北，利用东北煤炭资源丰富的优势，把东北建成其在东北亚的重工业基地，这才是东北大发展的时期。此时东北的发展，是利用它靠近朝鲜的地理优势，可以通过朝鲜跟日本联通。

后来我们把日本人赶跑了，又借助苏联之手帮我们搞建设。东北又因为靠近苏联而受益，成为新中国的重工业中心。

所以，东北能发展起来，最核心的原因有两个：一是地理位置靠近日本和苏联；二是其自身拥有煤炭等丰富的自然资源。现在这两个核心原因都出了问题——苏联解体了，俄罗斯经济严重衰退，自顾不暇，东北靠近俄罗斯

反而成了劣势；朝鲜半岛处于分裂状态，图们江出海口又被清政府丢给了俄罗斯，东北通过朝鲜半岛跟太平洋及日本的联系基本被切断了，变成了一个半封闭的地区。煤炭资源经过几十年的开采也面临枯竭。这种情况下，它要想不衰退，很难。

将拯救东北的希望寄托在市场经济、民营经济的活力等方面，是一种比较幼稚的看法。市场经济会产生一种强者越强、弱者越弱的动力。东北没有了资源和地理位置的优越性以后，很容易被逐利的资本抛弃。一个企业，明明可以到湖北、河南、安徽这些内地去投资，为什么要跑到天寒地冻、交通不便的东北去投资？中国的中西部地区那么大，交通、资源条件比东北好，地价和劳动力工资比东北便宜的地方多得是。东北的问题，当然需要放开搞活，但也绝不是只要靠放开搞活就能解决的。

实际上，计划经济和国有企业不仅没有祸害东北，反而帮助了东北。东北的区位条件接近中国的西部地区，但发展水平却接近东部地区。如果没有国家主导的大力投资和开发，东北地区一定会比今天更落后，而不会更发达。

大型国有企业少、民营经济占主体的浙江现在确实比东北发展得好。但在导致这种差距的原因中，地理和产业结构的因素可能更重要。浙江紧靠长江入海口，旁边就是中国经济中心上海，去日本比东北还方便，更不要说去欧洲、去美国了。浙江经济比东北经济发达早了至少两千年。明朝时，东北地区还被游牧民族占领的时候，浙江就是全球贸易中心了。现在浙江的情况比东北好一点，并不值得骄傲。而且，浙江的经济主要靠商贸，较少重工业。中国这种大国的发展，当然需要商业来搞活，但重工业基础也很重要，二者缺了谁都不好。商业转型升级比较灵活、速度比较快，而重工业的转型速度则要慢得多。一个钢铁厂在建成初期需要几十亿的固定资产投资砸下去，遇到经济萧条的局面，短期内把这些资产盘活，实现转型升级，非常困难。这是基于产业特点的基本规律，并不是体制能改变的。

东北经济体制确实出现了僵化保守的情况，也是它面临经济困难的原因之一。但匆忙地把它的问题定性为经济体制问题甚至意识形态问题，是非常不合适的。国有企业和民营企业都是东北经济下一步发展需要倚重的力量。民营企业活力足、干劲旺、创新能力强；国有企业财政税收贡献大、社会责任承担多。双方可以各尽所长、互相竞争、彼此促进，而不是你死我活、你进我退，大家共同的目标还是一起把蛋糕做大。

重庆、成都的转型值得借鉴，多腿走路方能实现华丽转身

当前，在解决传统重工业基地转型升级方面，做得比较成功、效果比较好的地区，不在西方，而在中国，在中国的重庆和成都。重庆和成都过去十多年的经济发展经验，对当前的东北具有十分重要的借鉴意义。

重庆和成都，都是中国传统的重化工业基地。它们的重化工业基础，主要是在改革开放以前的"三线建设"期间打下的。但是随着改革开放，国家建设重点从内陆向沿海转移，这些地方的老工业也很快衰落了。经过十多年的改革，现在经济发展形势是比较好的。重庆去年经济增长率以11%的速度全国第一，成都的增长率也达到了7.9%，而整个四川的经济增长率为8.5%，都较大幅度地超过了全国平均水平。

在区位条件方面，重庆和成都也都深处内陆。成都到上海的距离，是哈

尔滨到大连距离的两倍还多；重庆还是山城，出门就得爬坡，连自行车都骑不成。但是，重庆和成都的人均GDP都已经超过了东北。这种情况下，经济增速还能保持更高的水平，说明它确实有很多东西是值得东北学习的。

结合重庆成都的经验和东北的实际情况，东北要走出困境应该做的事情有以下几件。

首先，整顿干部队伍、改变官僚主义作风。

东北政府和国有企业的官僚主义作风比较严重。

前几天，黑龙江省省长公开说龙煤集团没有拖欠工资，结果被证明是假的。省长应该不会公开说谎，可能还是下面的官僚主义欺下瞒上的问题。

有很多东北人宁愿背井离乡，到南方工作闯荡，这也和官僚主义作风严重、裙带关系问题突出有很大关系。因为有能力、没背景、不善于钻营的人才，在东北很难找到发展的机会。

我认识的几个做生意的东北人，都非常喜欢搞利益输送那一套，这在他们看来是天经地义的。因此，外地的企业想到东北投资就有很深的顾虑，都怕被关门打狗，通过招商引资进来之后，各个部门就来吃拿卡要。东北的民营经济起不来，与此也有重要关系。

解决这个问题，只靠放开搞活、加强民营经济比重远远不够。东北也不是没有民营经济，但有很大部分民营经济还是依靠政府关系发财致富。如果政府、国企的干部作风不改变，民营经济放开搞活了，只不过是多一些国家资源流失的渠道而已。

整风并不是说要大规模地整人，主要还是换思想。

可以考虑进行政府和国企的官员干部与南方地区进行大规模的对调。让东北的官员到南方沿海地区学习体验，让南方地区的干部引进一些新作风、新思路到东北去。这种做法以前有过，但考虑到东北经济面临的严峻形势，加大干部交流的广度和深度很有必要。

第二条，敢于舍弃一些看上去很美好的产业，集中力量发展主导优势产业，不要摊大饼。

这两年，东北经济的突出问题主要是产业结构问题，是传统产业过剩和中国整体产业升级带来的问题。有很多分析东北产业的文章，给东北提了很多建议，但都比较侧重赶潮流。想要做好的产业很多，大数据、云计算、智慧城市、跨境电商、移动互联、新材料、新能源、电子信息、生物制药等。如果这样摊开了搞，东北的经济振兴恐怕会遇到比较大的挫折。

发展不同的产业，需要不同的人才、教育、金融支持等各种配套资源，真正具体到落实的层面，也有很大差别。地方的资金有限、土地也有限，招商引资的人力资源也有限，什么产业都来一点儿，最后也无法形成产业集群。没有完善的配套，产业的层级上不去、核心竞争力出不来，孤零零的几家企业，很容易被别的地区组团挤垮。这是很多地方做产业规划的时面临的普遍性的问题。

产业聚集的能量很大。重庆市市长黄奇帆去年讲过一个故事，过去两年全国工业利润率是下滑的，但重庆的电子产业利润居然增长了57%。究其原因，在于集中力量打造出产业集群。代工企业是总装，此外还扶持组建了860个零部件企业，基本上把台式电脑、显示器、打印机、笔记本电脑、各种服务器、通信设备部件都留在重庆，这样整个产业链的效益就比较好，物流成本特别低。

发展地方经济和做企业有类似的地方，在战略上要专注。在经济发展方面，政府对一个地区的主要责任是专心把主导的、骨架的产业支撑起来。至于说非主导产业，能发展的，市场自己会发展起来。发展得好了，观察它是怎么与本地区优势结合的，想清楚了，再去扶持也不迟。没想清楚，就不要乱动。老工业基地转型，制造业升级能不能上去是关键。

德国鲁尔区以前搞过很多新产业，效果只是一般。最近开始推进工业4.0，再次吸引了全球的目光。它调整转型了四十年，各种方法都试过了，终究还是要回归制造业升级这条老路上来。大数据、云计算、移动互联等新概念都可以往上加，但制造业升级的主轴不能偏。

第三条，适度放弃一些衰败的矿业城市，集中力量发展特大中心城市。

东北地区有很多因矿而兴的城市，这种城市往往地理位置偏，人口也不多，其实不具备形成城市的条件。一旦矿产资源枯竭了，大部分是没什么好办法转型升级的。像七台河这种，就是围绕着一个大煤矿建立起来的。城市不在交通要道上，全市人民都指着煤矿吃喝，除了煤矿，别的产业就没办法发展。所谓创业，不过是你卖给我一根油条，我卖给你一杯豆浆这样，无法支撑城市发展。这种中小型矿业城市该放弃就要放弃。

先进行制造业的升级，一定要有高端现代生产性服务业和优质的生活配套做支撑。而现代服务业和高端生活配套，又一定要有城镇化做支撑。只有人口达到一定数量以后，才能把高端的服务业聚集起来，比如国际一流的医院、重点中小学，还有像多元化的文化氛围、全世界的各种美食等。这些东西中小城市无法提供。城镇化不到位，中高端人才就不愿意来。留不住中高端人才，先进制造业的发展就无从谈起。

要尽可能地想办法把矿业城市的富余人口往哈大线这条主轴上的中心城市迁移。鼓励下岗工人再就业，也应该在中心城市创业，哪怕卖油条也容易赚钱，有想法有才干的人也更容易搜寻到更好的创业机会。这种办法一次性花出去的钱比较多，但能够比较彻底地解决问题。搬迁过来的人口可以参与社会财富创造而不是坐吃山空。只要有新的商品和服务被创造出来，就可以通过各种政策、融资等方式解决资金问题。

东北地区的城镇体系需要压缩集中，学会"抱团取暖"，以大型中心城市来支撑制造业的转型升级，才有可能取得成功。黑龙江省省长也说了，政府财政连给龙煤集团发工资的能力都没有，长期养着一串资源枯竭的偏远城市，当然更不会有那个能力了。

第四条，建立比较好的国有投融资体制，带动民间投资跟进。

这里强调国有，不是不欢迎民营参与。在大的产业方向上，还是要政府领投，才能带动民间资本跟进。重庆的"八大投"全国都在学习，现在又建立了产业投资基金，然后又搞了几千亿的PPP，在政府金融创新方面，重庆一直都走在全国前列。重庆招来富士康、京东方液晶面板以及德国、日本的知名机器人制造企业，都有国有金融力量在后面投资支持。国有投融资对民企、国企、外企都能起到拉动作用。

东北的城镇化也好、产业升级也好，大量的投资仍然是不可或缺的。要鼓励民间资本来投资，国有企业和政府当然也要投入。学习重庆建立一套有效的国有投融资体制，对启动东北的产业升级非常重要。

具体的做法还有很多，但总体来说，东北在国家工业化的过程中，为国家做出了巨大的贡献。今天它出现了比较大幅度的经济下滑，一哄而上攻击它的体制是不理性的。产业结构的问题归产业、空间结构的问题归空间，具体问题具体解决，才是正道。

导 语

从 2013 年开始,新浪财经专栏作家 @ 向小田在每年春节期间,都在微博上发起＃回乡见闻＃的讨论话题,发动城市青年利用春节回乡,关注家乡经济社会的变迁。这些见闻,勾勒出我国一些县域或农村经济社会发展的模糊特征。唤起了许多人对于家乡社会无论是经济、环境还是公共治理问题的重视,甚至引发了不少人身体力行地进行乡土改造。

2016 年春节回乡见闻总结

@ 向小田:新浪财经专栏作家

从 2013 年开始,每年春节期间,我都会在微博上发起讨论＃回乡见闻＃的话题,发动城市青年利用春节回乡的期间,做一些力所能及的草根调研,关注家乡经济社会的变迁。虽然观点各有偏颇,主观性较强,但是由于参与的人数很多,达到了一定的量级,我们也可以从这些大数据中提取出一些县域或者农村经济社会发展的模糊特征出来。这几年下来,效果很好。一是参与的人越来越多,微博阅读量从一开始的几百万,到 2016 年超过一千万。发表#回乡见闻#的人数，也从数百人到了成千上万人。覆盖的范围，也包括了除少数民族地区以外的主要省市。可以说，回乡见闻活动作为一个公益的自发的协同项目，是令人满意的。尤其是在活动发展的过程中，唤起了许多人对于家乡社会无论是经济、环境还是公共治理等问题的重视，甚至引发了不少人身体力行地进行乡土改造，这件事意想不到地成功了。

读完网友发来的回乡见闻，我感慨甚多，有许多大的趋势，或者说大时代大格局的变动，正在潜移默化地重复出现在一个又一个个体的见闻细节中，我总结下来有如下几点。

一、人口

凡是说回家车多、人多、路堵的，基本上都是人口流出的县城。这些县城往往人口在五十万以上，有的甚至达到七八十万或更多。如果观察车牌的话，除了北上广深，你会发现大约三分之一是来自其所属省的省会城市。人口流出的县城的交通建设是按照常住人口设计的，一到春节，返乡人数众多，道路自然拥挤不堪，停车场地都难寻。春节期间我们开车在川渝中间某个县城转了一圈，道路周边停满了汽车，根本找不到停车位，只好又开回了酒店。

从农村的见闻来看，除江浙沪、珠三角一些地区外，内陆地区许多农村或乡镇人口都是净流出的。如果不是春节，平时基本上只剩下老人、妇女和小孩——年轻女性都可能没有了。对县城或者不设区的县级市而言，人口基本上是从本地乡镇农村过来的，外地来的很少。省会城市吸引全省移民，地级市市区吸引辖区内县域移民，这和北上广吸引全国移民一样，都是"核心化"的趋势。人口从分散到集中，从集中到越来越集中。如果没有规模化，县城和市区很难保持目前的人口数量。前几年开始，回乡见闻里面就有提到在家乡火车站看到的标语，当地政府号召回家乡打工的横幅比比皆是，争夺人口劳动力是地方政府的一大工作重点。

二、城市化

如果说人口流向呈现核心化趋势没有直观感觉的话，我给大家举个例子。湖北省总人口5800万，而武汉市常住人口就超过一千万。也就是说，五个湖北人，基本上就有一个去武汉了。那么，再看地级市。湖北经济排名第二、第三的城市是襄阳、宜昌，常住人口分别为550万和405万。其他经济排名在后面的地级市例如十堰、随州、黄石等地的人口大约在150万到350万之间，平均200万左右。而按照国家统计局的数据，中国劳动年龄人口（16—60岁）每年净减少200万。这是什么概念呢？就是说，中国每年要消失一个类似湖北经济排名中游的地级市。

还是以湖北省为例，为什么襄阳、宜昌的人口还在增加呢？经济强劲是一方面原因，还有一方面原因是襄阳和宜昌距离武汉超过三小时的铁路/公路路程。这种距离降低了武汉市"人口核心化"的威力，使这两个城市成为省域副中心——它们分别从各自附近的地市州吸引人口，保持其人口优势和经济规模。

在距离省会或者类似省域副中心城市三小时车程内的中小型城市就难以幸免了。这些核心城市就像黑洞一样吸引周围县域农村的人口——人口流出地一方面受到全国总人口减少趋势的影响，一方面又被核心城市引流。那么随着时间推移，我们大胆地预测，在距离核心城市三小时车程内的区域内，现在人口在200万的城市会逐渐变小。许多城市变成县城，县城变成镇，镇变成居民小区。

三、房地产

有了上面这个预测，一个很自然的结论就是，省域副中心以下的城市房地产基本上是没有希望的。这也正如我们在回乡见闻中所看到的那样，从2012年开始，县域房地产就触顶了——2012年是全国人口总拐点。一旦没有增量，只看存量的时候，比拼的就是城市间对人口的吸引力。县域房地产马上触顶，一个直接的原因就是人口没有增量同时存量也在流失。然而，这个如此明显的趋势居然不能被地方上的开发商所了解。他们的视野太过于局限，其投资选择严格依赖于过往的职业路径和发家经验，这也是导致其破产衰败的原因。无止境的住房供应和中小学合并现象是极大的矛盾，明显背离彼此，对比鲜明。

四、产业

与开发商对大格局视而不见，投资县域房地产致使深陷泥泞类似的，是在内蒙古、陕西、山西、河南等地投资煤炭的老板们。除了房地产和煤炭，在钢铁、矿产、化肥、光伏等产能过剩领域财富被消灭的富豪也延续了相同的逻辑——他们发家发迹的经验毁了他们多年积累的财富。正是由于对自己发家的行业太过于深入，太过于专注，抱着"再赚最后一笔就走"的心态，他们一头扎了下去，埋头苦干的同时却忽视了头顶上宏观经济和政策态度的变化。这和炒股票极其类似，曾经在某只股票上赚了钱，甚至太过于了解你所持有的股票，往往会拿着不动，舍不得斩仓。在市场大幅波动的时候，持仓跟随大盘一起下跌，越跌越不舍得卖，最终越亏越多。还有人借钱抄底，结果杠杆被击穿爆仓。股市上所谓的"浮盈加仓，一把亏光"，就是这样造成的。在产业中，许多在房地产、煤炭等行业赚钱的人，为了赚更多，又到处借钱投入，最后一把亏光的不在少数。这还不是单指老板。从回乡见闻中来看，在那些煤矿产地的城市，经济、产业的倒退还是其次，许多居民积累的财富也通过各种各样的民间借贷方式流入了房地产和煤炭业，最后资金链断裂还不了钱，多年积攒的财富也灰飞烟灭了——相当于产业上被洗了一遍，然后金融上又被洗了一遍。

五、互联网

旧的产业秩序崩塌了，但是新的产业正在成长起来，互联网是最明显的例子。智能手机的普及带动了移动互联网产品的广泛使用。我们暂且不说今年微信红包发放三百多亿次这一数据，就光看春节联欢晚会，你就会发现，最大的赞助商是阿里巴巴，春晚主持人几乎整晚都在给支付宝打广告。至于说数百亿次移动支付背后有什么，那就是强大的移动互联网基础设施，包括IDC机房、光纤宽带、云计算中心等等。

然而，即使是在互联网领域，留给后来者的机会也不多了。除了BAT、京东、小米外，2015年，美团和大众点评合并，滴滴和快的合并，携程和去哪儿合并，58同城和赶集网合并，新经济中产生的诸侯正在联盟形成垄断集团。金融和互联网的创新加快了利益集团固化的速度，也拉开了阶层和阶层之间的差异。如果没有在未来十年抓住金融和互联网创新的步伐，传统资本想要保持已经积累的财富都相当困难。

写了这么多，许多都是琐碎的话。与其坐而论道，不如身体力行。我的一个湖北老乡，回到老家农村后，发现乡村环境破败，他发动同村的青年，有钱出钱，有力出力，整修村路，新建垃圾收集点，竟然也给乡村带来了许多新鲜的气息。我想，未来怎么样，还是要靠我们自己去做。

你所在的地方，便是中国的希望。

短评

@皮海洲

独立财经评论人

A股被挡在MSCI的大门之外,对于A股市场的发展来说是一件好事。一方面它可以让我们的管理层正视A股市场存在的问题,并逐步解决一些问题。如果在我们A股市场目前发展的情况下,A股还能纳入MSCI指数,这就相当于MSCI对A股市场发展的肯定,这更容易让我们的管理层迷失自我,误认为A股市场的发展还很不错。另一方面,A股纳入MSCI指数会给A股市场的发展带来极大的不确定性,甚至带来巨大的负面影响。虽然我们希望通过A股纳入MSCI的方式给A股市场引入资金,但这样做的结果很可能是引狼入室。

(背景:2016年6月15日MSCI宣布延迟纳入中国A股,因三大障碍依旧有待克服。MSCI指数是绝大多数国际投资者的风向标。)

@慈文道

金融投资分析师

从这七个自贸试验区的布局及试点内容来看，其在各自区域内的经济发展均处于领先地位，因而也反映出了中央对区域战略部署和改革发展的总体考虑，可以进一步对接高标准国际经贸规则，在更广阔的领域及范围内，形成各具特色的试点格局。自贸区的设立对于普通民众会有所惠及：（1）有助于引入更多的进口商品，让老百姓有更多的选择权利。同时可以降低消费成本，因为自贸区税率会有很大降低；（2）商品可以直接送到消费者手里，会更便利；（3）自贸区内允许设立外商独资医疗机构，这就意味着民众有更多的外资医疗机会；（4）有利于民众获得更多的与国际接轨的外资理财产品及海外投资机会；（5）自贸区里有外商独资的娱乐场所提供服务，因而民众可以体会到更多的外国娱乐项目，丰富民众的日常生活。

（背景：2016年8月31日自贸区由原来的四个新增至十一个。自贸区是指在贸易和投资等方面提供比世贸组织有关规定更加优惠的贸易安排，实质上是采取自由港政策的关税隔离区。）

@JohnRoss431

前英国伦敦经济政策署署长、现人大重阳高级研究员

在此期间所发生的事实——中国在世界经济中的权重大幅提升,证明了中国的经济道路是正确的。同期西方国家在世界经济中的权重则大幅下降。新形势的变化是世界经济重心转移的客观体现:现在在国际经济讨论中,越来越多的国家希望学习借鉴中国经验。

(背景:2016年9月,G20二十国集团领导人峰会在杭州召开)

@屈宏斌

汇丰大中华区首席经济学家,董事总经理

人民币加入SDR是个里程碑事件。一个国家的货币在国际上的认可度取决于该国的经济实力。未来只要我们不瞎折腾,不从市场化、国际化、工业化、城市化的正道上脱轨,经济实力和国民收入必将进一步增强。其结果是人民币将成为继美元、欧元后的第三大真正的国际货币。

(背景:2016年10月1日,人民币加入SDR,距离上一轮评估历时整整五年。SDR特别提款权,亦称"纸黄金",可与黄金、自由兑换货币一样充当国际储备。)

@ 川崎广人

日本农业专家

"以新旧农民合作发展农业。"旧农民承包土地,生来就是农民;目前很多人进城打工,特征是不专心农业,是兼业农民。五十岁以上老农民大多只有小学、中学文化,没有智能手机不会使用电脑,传统农业没技术改革,他们在农村可以幸存下来,但只有旧农民是不能发展农业的。

新农民不承包土地,从城市人转换为农民,自愿成为农民。(我所在的)小刘固农场主和我就是新农民,最近几年有在城市赚了钱的人来投资规模化农场,他们也都是新农民。特别是城市年轻人和大学生参与农业,愿意转换成农民,专心从事农业。我看现在有没有承包土地没关系,有高级农业技术的人可以发挥专业能力,更容易成为农场主或总经理。可是在中国培训新农民的基地不多,我的剩余的人生价值是培养中国循环农业领导人。中国未来的农业肯定以新农民领导,是由新旧农民来合作完成。

(背景:日本农业专家川崎广人退休后只身从日本来到中国,无偿推广循环农业,并通过微博推广传播。)

@ 周天勇
中央党校国际战略研究所副所长

民间投资为什么下滑，国内消费需求为什么不足？这两天在计算 GDP 的动态分配状况：2015 年与 2000 年相比，GDP 分配中，政府分配的规模增加了 11.38 倍，银行业分配的规模增加了 35.63 倍，国企分配规模增加了 12.03 倍，城乡居民收入分配的规模只增加了 6.29 倍，而非国有实体经济利润的分配规模，仅仅增加了 1.79 倍。因此，除了经济主力人口规模萎缩造成经济增长下行外，这也是国内居民消费需求不足和乏力，民营企业投资下滑的一个非常重要的流程性原因之一。

@ 范剑平
国家信息中心首席经济师

工业企业负债率从年初 56% 左右下降到目前 55% 左右，但是整个社会的杠杆率却在大幅度上升。从年初到 9 月底，地方政府发行的债券余额已经从 4 万亿元上升到近 9 万亿元，政策性银行发行的债券余额也净增了 2.7 万亿元，居民房贷大增。企业小降杠杆是通过居民、政府、政策性银行大幅加杠杆率换来的。

@徐瑾微博

FT中文网财经版主编、专栏作家

中国的问题不容易，但对比国外情况，发现国际也存在各种问题。当前全球趋势之一就是政治和经济的双向纠缠越来越明显，政治和经济问题纠缠，并不单单是中国特色。尽管如此，过去的成功也许也会让人麻痹，轻视改革的难度，当前改革也呈现出难以快速推进的局面。

@余丰慧

经济金融专家、《互联网金融革命》作者

人民币汇率完全市场化决定机制改革要尽快完成。在人民币可自由兑换与使用，资本项目可自由流动的基础上，汇率市场化改革要尽快到位。取消人民币浮动幅度限制，让供求关系与人民币自由流动要素的市场反应来决定汇率，形成人民币的价格。

@ 吴国平财经

80 后私募财经评论家

其实，市场最怕的就是不考虑实际情况，一味对接国际。就好像我们明明是发展中国家，规则却要完全照搬发达国家。请问，这难道不是拔苗助长吗？有些机构在国外博弈了几年，有些海龟在国外留学了几年，回来后，一切都要对接国外模式，来个一刀切，完全不顾国内市场的实际情况。说直白点，完全不顾中小投资者这个最大的群体，就想来个置之死地而后快，一切照搬简单了事，相当残忍。还好，我从刘主席的谈话中，看到这可能性几乎为零了，然后透过谈吐，我也感受到了一点，那就是真诚。

@ 林起

财经作者

南北方经济有点私有与公有、自由与计划、反哺与被哺的关系，南方人喜欢做生意，北方人更安于上班，喜欢较稳定的工作，这种思维越往北越明显。公私经济在我国是种此消彼长的关系，计划经济时代北方强，搞不下去了，改革开放南方好，反哺了国企再成国进民退，根本矛盾决定公私体制难共生。

@金融评论员

《金融的真相》作者

政府卖地收入大幅度增加会减少地方债务压力，但是，这依然不能解决各地不均衡的现状。比如东北三省，内蒙古，山西等地，这些地方已经出现鬼城、空城或半空城的情况。这些地方的土地必然不好卖，这些本来就存在债务危机的地区依然存在危机。

@陈志武

耶鲁大学金融学院教授

地方政府真的不要去建自己的PE/VC产业基金，那样会挤出真正好的市场化私募股权和风险创投基金！一行三会不要合并，否则监管就没有竞争了，监管竞争对中国是好东西，千万要保留住！

第二章　产业经济与楼市股市

导　语

　　2016年8月底开始，国内两位重量级经济学者林毅夫和张维迎围绕中国到底需不需要产业政策爆发了激烈争论。回到本质，这是一场关乎市场与政府的命题。张维迎呼吁废除一切形式的产业政策，林毅夫则认为在经济发展过程中"有为的政府"必不可缺。林张的讨论在媒体和网上引发了广泛的关注，已经从学术层面的讨论变成了全民大辩论。在此，我们分别收录支持林毅夫观点和张维迎观点的文章各一篇，以飨读者。

为什么支持林毅夫？

@李于赐 Lee：铅笔社成员、经济学者

关于产业政策的争论，实际上已经持续多年。最近这一次争论又起的时候，我正在看林毅夫的著作《繁荣的求索》，对林的观点有了比过去更多的了解，也因此从原来的反对转为支持。

争论热闹起来以后，意外也不意外地看到，很多批评者对林毅夫的观点根本就不了解。他们直接根据自己对产业政策的印象提出了"批评"。当学术争论成为舆论热点的时候，往往就会出现这种情况，不足为奇。想要继续讨论，只好尽量把争论拉回观点本身。本文的目的恰在于此。

现代社会中，如果一个国家经济以农业为主，百分之八九十的人口都是农民，靠耕作为生，这个国家必定是个穷国。要想变富，要想繁荣，只是继续发展农业是没有出路的，即使年年大丰收也无济于事。需要的是让国家的生产结构发生变化，从农业为主转为工业为主，也就是工业化。现代化的过程，不是原来的农业产量增加的过程，而是生产结构发生深刻变迁的过程。

这就是从结构变迁的角度理解经济发展。这样研究经济发展的就是结构经济学。二战以后，很多新独立的国家在设计本国的经济发展之路时，主要的理论依据就是结构经济学。

结构经济学认为，既然落后国家和先进国家的区别在于生产结构不同，那么，落后国家赶上先进国家的方式，就是主动改变经济结构。缺哪部分补哪部分，缺钢铁厂就建钢铁厂，缺化工厂就建化工厂，缺铁路就修铁路。

并且，这种结构改变主要依靠政府，因为只有政府才能集中人力财力做这种大事。贫困落后的农业国家，不依靠国家集中资源的力量，指望民间自发突破原有的结构，实现工业化，无异于缘木求鱼。

孙中山心目中革命后的建设目标是在中国建设铁路十万公里。毛泽东说，美国人有什么了不起的，无非每年八千万吨钢嘛，于是"大炼钢铁"就成了"三面红旗"之一。恩克鲁玛在刚独立的加纳建立了水电站、钢铁公司、纤维公司、建筑公司等一大堆国企。

看，这些立志赶超先进国家的领导人，想法都是符合"结构经济学"的。在国际经济秩序上，结构经济学的政策是"进口替代"。国际贸易中，落后国家往往出口矿产品、农产品等能源、原料，进口各种工业制成品。这当然是因为本国工业生产能力不足，不能满足市场需要。解决办法就是增加本国工业生产能力，用本国生产出来的工业品替代原来的进口工业品——进口替代。

拉美国家还进一步提出了"依附论"。认为发展中国家继续留在国际贸易中是很不明智的，将无法摆脱对发达国家的"依附"。解决之道是发展本国经济的独立性，尽量脱离"不平等的、剥削性的"国际经济秩序。

结果怎样呢？惨败。采纳结构经济学主张的国家，都遭到了经济失败，不但没有摆脱原有的贫穷落后状态，而且和先进国家的差距还被进一步拉大了。原来已经颇为发达的阿根廷，反过来退回到了发展中国家的行列。

相反，"东亚四小龙"等国家和地区，没有采纳结构经济学，而是采用相反的出口导向战略，通过贸易和国际分工积极加入"不平等的"国际经济秩序。当时，很多经济学家都认为"东亚四小龙"这种发展方式没有前途，等着看他们的笑话。没想到，出口导向战略取得了辉煌成功。"东亚四小龙"成为战后新独立国家和地区经济发展的典范，鲤鱼跳龙门。只用了一两代人的时间，从穷国（地区）一跃成为高收入国家（地区）。发展速度之快，甚至超过了英美法德等老牌资本主义国家。

到了 20 世纪 80 年代，结构经济学、依附论的失败已经无可否认。为了改变国民经济结构，这些国家的政府雄心勃勃地投资工业化计划，结果，仿照发达国家打造的工业体系不但没能让国家变富裕，反而成为国家财政的沉重包袱，吸干了穷国本来就不多的财富积累。

让人哭笑不得的是，以上所述的这种结构经济学，在最近的争论中，往往被误认为是林毅夫的主张。实际上，林毅夫提出的"新结构经济学"在很多方面正是针对这种"旧结构经济学"所提出的改变。

"新""旧"结构经济学的共同点是：都强调结构变迁对经济发展的重要意义，都认为国家在经济发展中有很大作用，主张国家通过产业政策的方式引导经济发展。但除此之外，就都是区别了。

区别是什么呢？

旧结构经济学主张按照本国和先进国家生产结构上的差异，政府直接进行投资和建设，缺什么补什么，一项一项把工业体系搭建起来。新结构经济学则认为，这样做只能打造出一批不符合本国比较优势的企业，比如，在资金匮乏的落后国家兴建需要大量资金的重化工业。由于不符合比较优势，这些企业不可能形成自生能力，离不开政府的财政补贴。表面上看，国家建立起了前所未有的工业体系，但这个体系不但不能创造财富，反而每天都在消耗财富。

为了补贴这些没有自生能力的国有企业，国家要么用"剪刀差"的方式从农民手中弄来资金，要么从其他国家借来资金。苏联多采用前一种办法，拉美国家多采用后一种办法。结果都很糟糕。苏联陷入经济停滞，拉美国家则被债务危机摧垮。

新结构经济学主张国家的产业政策必须符合比较优势，因势利导，务求企业能获得自生能力，不能长期依靠财政补贴生存。产业政策的作用在于引导和帮助企业按照比较优势发展，而不是直接投资打造相关结构。

旧结构经济学认为，工业化的经济结构，对落后国家来说就是"有""无"之分。没有就要去建，把"无"变成"有"。没有那么多钢铁厂，就直接建高炉。钢铁产量赶上发达国家，自然也就成了发达国家。

新结构经济学则认为，在落后国家和发达国家之间，有一系列台阶需要攀登。落后国家不可能一步赶上发达国家，而要依照比较优势，一步一步地改变生产结构，逐渐完成结构变迁。从最初的农业为主，转向发展轻工业、简单服务业；积累了资金和基础设施以后，才可以发展重工业。资金和技术进一步积累以后，才可以发展高科技产业和复杂服务业等。

一蹴而就的结构变迁之所以是不可能的，就是因为不同发展阶段的资源禀赋不同，比较优势也就不同。发展初期，落后国家往往劳动力资源丰富，资金匮乏，这时只能发展劳动密集型产业。如果勉强发展资金密集型产业，就赚不到钱，企业无法形成自生能力。新结构经济学主张，产业政策在发展的每一步都要遵从比较优势，这才能让企业赚到钱，资源禀赋才能跟着转变，比如资金渐渐不那么匮乏了，这时，才可以着手发展资金密集型产业。

旧结构经济学已被抛弃。学术理论上，新结构经济学的主要对手是华盛顿共识。华盛顿共识把旧结构经济学的失败归因于政府的产业政策，所以主张尽可能排除政府产业政策，让企业家去自由发展经济。他们质问新结构经济学的首要问题就是：为什么是政府？你们为什么主张由政府引导，而不是让企业家自主摸索？

我认为，到底是应该由政府通过产业政策引导，还是应该由企业家去自由摸索，这个问题的答案应该来自现实，而不应根据某些理论预先做出的明确判断。换句话说，这是一个经验问题，而不是先验问题。

那种认为企业家一定会比政府官员做得好的观点，我无法赞同，因为现实中存在大量政府通过产业政策成功引导国家发展的例子。其中最成功的例子就是中国。中国的改革开放，从一开始就明确提出"一个中心、两个基本点"。一个中心就是"以经济建设为中心"。也就是说，从改革开放一开始，中国政府就决心主动引导经济发展，将之列为各级官员的核心工作。

改革开放的三十多年来，中国上下各级官员也确实是这么做的。他们天天所思所想的主要就是如何发展辖区的经济。上级对下级的考核也主要看其经济建设的成绩。并且，各级官员对地方经济的干预非常具体，针对特定行业，有明显的主导性和方向性，而不是仅限于普惠的、整体的减税或制度优化等。换句话说，中国政府各级官员推动经济发展，主要就是靠产业政策。

重要的是，中国经济取得了世界罕见的持续高速发展。相比之下，那些奉行华盛顿共识、不靠产业政策而是靠"制度变革"推动经济发展的国家，却遭遇了和旧结构经济学不相上下的惨痛失败。最可叹的是俄罗斯。他们先是在计划经济下错走了旧结构经济学的路，剧变以后又错走了华盛顿共识的路。真是地地道道地"吃二茬苦，受二茬罪"。

林毅夫的新结构经济学并不是书房里凭空构想出来的主张。事实上，可以说新结构经济学是对中国经济成就原因的解释。不过，有人也因此误以为，新结构经济学的论据就是简单地罗列中国的经济成就，是根据现象直接得出结论。这种说法，说明他们并不了解新结构经济学。

当然不能根据现象就简单地得出理论，理论要靠深入的分析和对规律的探索。现象的作用在于提出问题，引发思考。中国经济发展，造福人口众多，发展规模巨大，成就惊人。对这个巨大的事实，不能避而不谈、视而不见。事实上，中国的经济发展，确实对华盛顿共识等主流发展经济学提出了严重挑战。新结构经济学就是对这种挑战的一个理论回应。

观察现实就会发现，很多落后国家或转轨前的计划体制国家，往往高度封闭，民众对世事知之甚少。这些国家中的少数官员反而因为到过其他国家，和先进国家有过直接交流，而对世界经济略知一二，个别官员还知之颇多。

当这些国家开始对外开放、发展经济时，官员凭借他们的国际经验，发现本国的比较优势，知道哪个行业赢利的可能最大，正确提出引导性的产业政策，这不是很正常吗？难道那些终日在田间劳动，连大城市都没去过的普通人，在这方面会更具优势吗？

其次，在落后国家或转轨国家中，国家是社会中组织性最高、能力最强的团体；社会中的其他人却非常涣散、一片散沙。政府往往是这些国家中"动员"程度最高的部分。当这些国家开始大力发展经济时，不可能放弃政府这种巨大的组织资源，而等着社会其他部分的组织性慢慢生长。

回顾中国的发展历程，我们就会意识到，在改革开放初期，政府带领大家发展经济，根本就不会有人对此提出质疑。大家都觉得事情必然如此。带领大家脱贫致富奔小康，政府不就应该干这个吗？书记县长不干这个，要他们还有什么用？接着搞阶级斗争吗？

可见，"为什么要由政府来做"这个问题很大程度上在现实中从来就不存在。这个问题反倒是学者后来在书房中空想出来的。当代世界中根本就找不到不靠产业政策推动经济发展的政府。或许"政府为什么会做对"才是更有意义的问题。

政府如何制定产业政策，这其实是新、旧结构经济学的核心区别。如前所述，旧结构经济学要求政府仿照发达国家，有意识地打造本国的经济结构，不必去考虑是否符合本国比较优势。实际上，如果不符合比较优势，反倒坚定了他们认为应该由政府来做的决心。他们把不符合比较优势导致的经济失败称为"市场失灵"。他们说，政府就是要有意识地克服市场失灵，让国家尽快现代化。

这种方式已经被证明必然失败。那种情况也不是市场失灵，相反，那是市场显灵。一个穷国搞资金密集型产业，如果仅仅因为政府来做就能成功，那才是大白天见了鬼了。

新结构经济学针对性地提出，政府的产业政策应该符合本国的比较优势。这样，或许初期政府需要提供一些补贴、基建或税收优惠，但企业很快就能赚到钱，有了自生能力。政府也就不必继续补贴了，反而可以去收税了。政府产业政策的引导目的就达到了。

那么，接下来的问题就是，政府官员为什么会做对呢？

这就说到了官员的考核机制——讨论新结构经济学时，局限在经济范围内思考是看不清楚的，必须把思考范围扩充到政治体制。具体说，要研究官员的激励机制。

如果说，官员不是毫不利己、专门利人的完人——布坎南称之为"经济阉人"，那么，企业家同样也不是。企业家之所以能够做出正确决策，就是因为市场提供了正确的激励。如果激励被扭曲，企业家就会做出荒唐乃至危害社会整体利益的决策。同理，官员之所以能制定出符合比较优势的产业政策，一定是因为官员考核是正确的。

事实上，这正是中国改革开放的一个秘籍——中国的改革开放有很多秘籍，亟待整理研究。因为明确"以经济建设为中心"，中国政府对官员的考核以经济发展，甚至以可精确量化的GDP为指标。官员的升迁和个人收益都直接和经济发展挂上了钩。在此考核制度之下，官员的行事方式实际上很接近企业家。他们制定出正确的产业政策，也就合乎逻辑了。

在这里，也许有必要给新结构经济学做个补充。逻辑上，正确的产业政策确实是符合比较优势的，但在现实中，比较优势是一种分析工具，不是看得见的量化指标。制定产业政策时，官员没办法知道是否符合比较优势——我觉得很多基层官员根本就不知道"比较优势"这个概念。他们知道的，是产业政策是否有经济效益，是否能拉动地方经济增长，直白说就是——是否赚钱。这谁都懂，并且，谁都看得见。

只要考核机制能迫使官员制定有经济效益的产业政策，只上马那些能赚钱的项目，政府对经济的引导就是符合比较优势的。那些不符合比较优势的产业政策，即使提出了，也会很快被纠正。被GDP考核、要保证财政收入的官员，对赔钱同样敏感。花大力气招商引资，是为了赚钱和发展经济。如果发现引来的企业不能带来经济增长，官员翻脸比翻书还快。

这种情况下，具备比较优势和有经济效益能赚钱，其实是同义词。只要官员的考核机制"市场化""利润化"了，产业政策必然趋向符合比较优势。相比之下，计划经济对国企、官员的考核则是"数量型"的，只看产量不看效益。赚钱不重要，产量赶上资本主义国家才重要。1958年8月17日，中共中央通过了《全党全民为生产1070万吨钢而奋斗》的决议，由此发动了大炼钢铁运动。看到了吧，目标是1070万吨钢，而不是通过炼钢赚钱。

因此，新结构经济学强烈地要求国家整体环境的"市场化"，只有有了"市场化"，才能有正确的价格信号，政府才能评估产业政策的效果。不仅如此，甚至对官员的考核也要"市场化"。那些好大喜功，不会赚钱只会花钱的官员，在现有的中国体制内是很难升迁的。这样一位同事，会耽误班子里所有人的政治前途。大家会想方设法把他赶走或者弄倒。

新结构经济学对产业政策符合比较优势的强调，需要转换为官员正确的考核机制，才能在现实中落实。这是发展中国家应用新结构经济学时要特别注意之处。这方面的研究目前看到的还不多，似乎是个有意思的理论增长点。

那些指责新结构经济学反市场化的批评是不得要领的。很多人对市场化的态度是叶公好龙。他们严重缺乏对市场化真实状况的理解能力。在书面上，他们赞颂市场化和市场经济，但当市场经济真正出现在面前的时候，他们却惊骇于其中的种种具体景象而大加鞭挞。凡是他们不理解的市场化现象，就是邪恶的，就是反市场的。

一位经济学家指出：除少数极为偏执的理论家外，大多数经济学家都会同意（林毅夫的新结构经济学）。我想，这是因为大多数经济学家是会观察并努力理解现实的。

我为什么更倾向于张维迎的观点？

@狗头山军师

最近林毅夫和张维迎两位大佬好像争论得厉害，甚至惊动了一些海外友人前来助阵，而争论的内容是我国未来经济发展的道路上，产业政策到底是对是错。

简单说来，林毅夫认为产业政策虽然有不少失败的例子，但是一个国家不能没有产业政策。政府作为一个强有力的非市场势力，能够有效地解决由市场带来的外部效应、无序竞争等问题。

而张维迎则认为，产业政策的本质不过是"穿着马甲的计划经济"，政府官员并不比企业家更有市场判断力，由政府官员制定产业政策只会抑制企业家精神、扼杀创新。

我作为一个经济学教师，看待这个问题有一个很特殊、也很妙的视角，从我这个角度上看，产业政策就好像教育模式一样。

我们知道教育有两种，一种应试教育，一种素质教育。我们一直批评应试教育把学生变成毫无个性的解题机器，只有素质教育才能充分培养学生的个人兴趣，发展个性。

其实，应试教育并非一无是处，甚至可以说我国的经济能够在过去实现高速增长，也有应试教育的功劳。因为只有应试教育才能培养出整齐划一、遵章守纪、高度协同的产业工人。而素质教育虽然可以培养更杰出、更多样性的人才，却难以低成本地培养出大量的产业工人。这样说虽然没有人性，却是事实。

产业政策就是这样一个要求大家整齐划一，按照计划前进的应试教育。在这个政策下的企业，就像应试教育中的孩子。不需要思考自己擅长什么，需要什么，照着政府设计好的路线，走下去就可以了。就算不会太成功，但也不会太差，因为至少能拿到政府的补贴。

而没有产业政策就像是素质教育，各个企业在市场中需要不断思考、不断检验，强化自己的能力，寻找自己的强项，分别朝着不同的方向各自探索，有的会很成功，有的却误入歧途。

那么现在来看孰是孰非就很简单了。

当你家境很糟时，与其上昂贵的名校，不断探索自己能力的极限，不如去读蓝翔，能更快、更稳当地在不久的将来获得一笔可以预见的收入。当一个国家还是发展中国家时，就应该看清楚世界分工的体系，利用产业政策，主动融入这个体系当中去就好了，就不要再靠自己的能力独自探索，走发达国家走过的弯路了。

当你家境不错，没有那么大的经济压力时，那就别急着去读技校了，而应该多努力考考名校，探索自己能力的极限。当一个国家已经完成了原始积累，有了较充裕的资本，就应该减少产业政策，放手让企业家去探索商业的新边界。

所以，林毅夫说得没错，当发展中国家的官员看到了发达国家的经济发展经验，知道了未来的路该怎么走时，他就真的有能力使用产业政策，让这个国家的经济发展获得后发优势。

但是张维迎说得也没错，一个发达国家想要持续获得经济优势，就必须让企业家自由地探索商业的边界，而不应该用产业政策诱使他们囿于某个特定行业当中。

那么我们国家现在处于哪个阶段呢？至少我认为，如果没有可以获得后发优势的机会了，就不应该再强调产业政策的指引了。随着我们经济发展越来越接近美国，我们的产业政策就必须越来越少。

相信大家看出来了，我其实是站在张维迎教授一边的。老实说，这次我更倾向于张维迎教授的观点。他的分析在理论上我基本认可，唯一欠缺的就是没有考虑到发展中国家可能确实存在预见未来的可能性。而林毅夫的观点，虽然更具实操性，但在理论上却不像张维迎一样，通过简单修改就能完善。

导 语

2016年初,全国多地房价疯长,以深圳为例,房价与去年同期相比涨幅达70%。步入下半年,国庆假期,14个一二线城市密集出台调控政策以期稳定房价。楼市接棒股市,成为2016最热的全民热议经济话题。

疯狂的房价与中国经济的未来

@刘胜军改革:中欧陆家嘴国际金融研究院执行副院长、《下一个十年》作者

2015年的股市以疯狂的上涨开始,以惨烈的暴跌结束。

进入2016年,这次发疯的是楼市:中央将房地产"去库存"作为2016年五大任务之一后,一线城市房价开始疯涨,连夜抢房模式再现。2016年2月,深圳新房成交均价为每平方米48095元,同比增长72.12%。深圳的领跑效应迅速蔓延至上海、北京,甚至南京、杭州等二线城市。

于是乎,中国陷入了尴尬的双重"冰火两重天":实体经济持续放缓(中国2月制造业PMI为49.0%,创逾三年新低),资产泡沫牛气冲天;一线城市楼市疯狂,三线城市房地产依旧库存惊人。可以说,中国经济已立于危墙之下。

房价发疯的逻辑

存在即合理。理清房价上涨的逻辑至关重要。

1. 价格是一种货币现象。货币主义学派创始人弗里德曼有句经典名言：价格上涨是一种货币现象。从 M2/GDP 比重来看，中国走过了三个阶段：2002 年之前是"货币化"的过程（例如 1998 年启动房改实现住房"商品化"），M2/GDP 比重持续上升；2002—2007 年 M2/GDP 稳定在 1.6 左右，这是第二阶段；2008 年美国金融危机爆发，中国出台"四万亿"（加上地方融资平台，实际刺激规模接近 20 万亿），中国进入货币刺激的第三阶段，M2/GDP 飙升至 2015 年底的 2.06，这一水平远高于 1.25 左右的世界平均水平。2009—2012 年短短四年间中国新增 M2 达 50 万亿，超过新中国成立后的 59 年（1949—2008 年）M2 总和（47 万亿）。这一时期中国新增 M2 占全球新增 M2 的 50% 左右，而中国经济在此期间对世界经济的贡献度也是 50%。可以说，这是印钞机印出来的增长，其后遗症不可小觑。

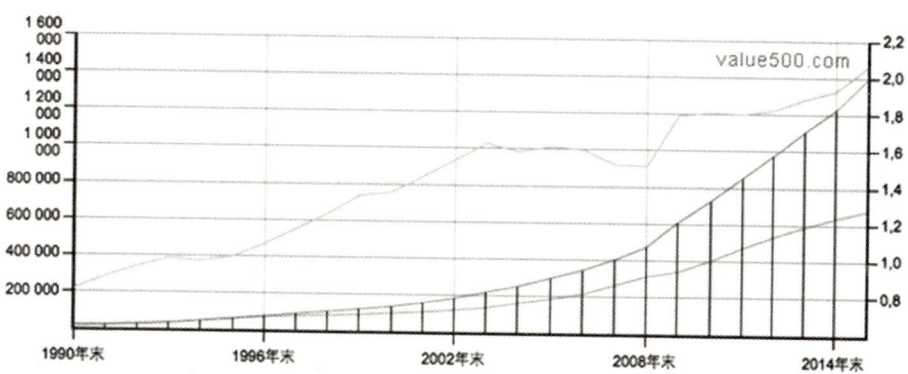

从市场情绪来看，投资者对货币放水比较敏感。例如，2015年的牛市就被冠以"水牛"的标签。因为自2014年11月起，央行启动降息降准周期，并在随后的2015年3月、5月连续降准降息，不断印证市场的预期。

同样，最近的楼市疯狂亦与货币相关。2015年五次降准后，央行在2016年1月采取了多种举措释放资金超1万亿元，相当于降准逾100个基点；2月29日央行宣布降准0.5个百分点。2月26日央行首次在货币政策定位上改口，由"稳健"微调为"稳健略偏宽松"。2015年M2增长13.3%，GDP增长6.9%；2016年1月M2增长14%，创下2009年以来的历史高位，预计1季度GDP增速6.5%左右，货币供应和名义GDP增速的裂口不断张大。1月新增人民币贷款2.51万亿元，社会融资3.42万亿元（同比增长67.08%、环比增长88.42%），大超市场预期，引发一片愕然。

2. 政策预期。中国的楼市与股市从来没有真正走出"政策式"的循环。这一次的政策博弈是房地产去库存。逻辑很简单：要去库存，政府势必出台刺激政策。因此，市场迅速形成房价上涨的"一致预期"，慢牛迅速成为疯牛，这与2015年上半年股市发疯的逻辑很类似。2015年12月中央经济工作会议提出：化解房地产库存……通过加快农民工市民化，扩大有效需求，打通供需通道，消化库存，稳定房地产市场……要取消过时的限制性措施。随即央行出台新政：在不实施限购的城市，居民家庭首次购买普通住房的商业性个人住房贷款，原则上最低首付款比例为25%，各地可向下浮动5个百分点。周小川称，个人住房加杠杆逻辑是对的。住房贷款应该有大力发展的阶段。个人住房贷款在银行总贷款的比重还是偏低的，有的国家占到40%—50%，中国只有百分之十几。房地产市场时冷时热，所以要进行逆周期调节。首付比例原来是30%，现在降低是有空间的。各地纷纷跟进，例如《广东省供给侧结构性改革去库存行动计划

（2016—2018年）》提出，广东省将取消过时的限制性措施，对商品住房项目停止实施"90平方米以下套型住房占全部套型70%以上"的要求；首套房首付款比例降低为20%，落实国家调整房地产交易环节契税、营业税优惠政策。

3. 不买房买什么呢？从大类资产配置而言，可以选择的无非是楼市、股市、实业、存款。当前，一年期存款利率已下调至1.5%的低位；股市经过半年多的调整，仍未真正走出股灾；市场依然风声鹤唳，特别是注册制改革对供求关系的影响成为悬在头顶的达摩克利斯之剑；过度负债的实体经济，则面临"去杠杆、去产能"的艰难任务，陷入"资产负债表衰退"，PPI连续47个月负增长，企业普遍缺乏投资意愿的困境。在这样的资产荒时代，本来就已经泡沫化的楼市成为相对安全的资金避风港，发挥了"资金池子"作用。更重要的是，中国民众没有经历过完整的房地产周期，对房地产泡沫崩溃的痛苦缺乏想象力，相反，他们津津乐道于买方的赚钱效应，从而形成预期的自我实现机制。

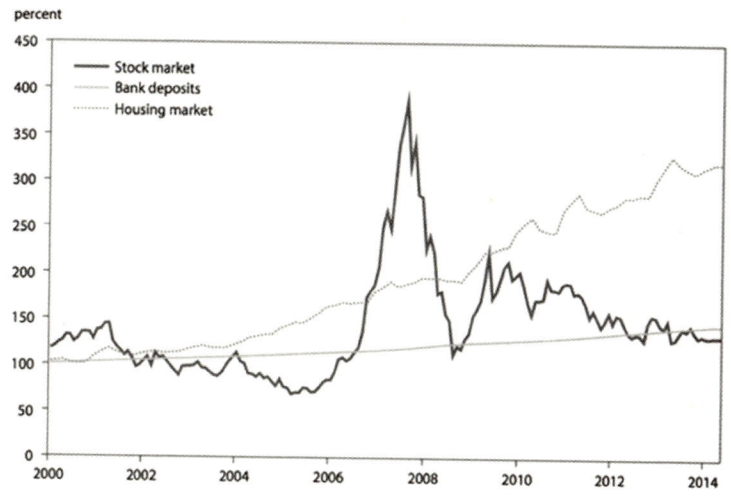

（图：中国楼市、股市、存款投资回报率比较。来源：刘利刚，2014）

4. 杠杆效应。长期以来，中国房地产风险存在较大缓冲带：高首付比例。但此轮房地产大涨背后，杠杆风险不容忽视。截至 2015 年底，深圳个人住房贷款余额超过 7000 亿，余额比京、沪分别高出 1200 多亿和 1300 多亿。而深圳 7000 亿住房贷款仅对应 162 万套住房（含保障性住房），仅为北京（804 万套）、上海（998 万套）的 20% 和 16%。此外，与股灾雷同的是，场外配资也开始蜂拥而至。链家地产给客户提供的金融服务引发纠纷，无疑揭开了这一问题的盖子。目前有不少机构都提供"首付贷"，有的 P2P 平台甚至提供 1/2 首付全额的授信金额。目前市面上的首付贷产品有世联行的家圆云贷、中国平安的新一贷、房天下的首付贷、悟空贷的悟空首付贷、中原地产的中原合 e 贷、绿地集团的房 e 贷、三六五的安家贷、搜狐的搜易贷、房金所的首付贷、中国好房的好房贷、中国农业银行的农民安家贷等。以中原"e+ 首付贷"为例，住宅最高可贷总房价的 20%，最高不超过 150 万元，最低月利率 0.58%，放款一般在 3—5 天，最长贷款期限 3 年，一手房二手房均可适用。重庆市市长黄奇帆最近担心地表示，听任当前一些地方的房市高杠杆，将会是另一场金融灾难。银行房贷首付已降到 30%，有些已到 20%，如果房产商或中介再给购房者提供首付贷款，实际就使得买房人变成零首付或 5% 到 10% 首付。如果我们还有些记忆力的话，应该记得，2008 年美国金融危机的罪魁祸首就是"次级贷款"，即银行向高风险的客户以零首付方式发放房贷。显然，杠杆比例越高，房价抗跌性越差，就越易引发恐慌性抛售甚至崩盘。

房价泡沫有多严重?

对于存在房价泡沫,市场几乎没有争议,争议是泡沫化程度和何时崩盘。一个广为流传的段子折射出了投资者对楼市泡沫处变不惊的原因:根据2014年年报的数据,1065家上市公司的全年盈利不足5500万元,占上市公司38%,而5500万元几乎买不起一套一线城市的豪宅。更妙的是,这些盈利能力不足的上市公司市值动辄数百亿,只要大股东减持1%股份,几套一线城市的豪宅就到手了。

从衡量房价泡沫的主要指标来看,中国的房价泡沫已经接近"摸顶"。

1. 房价收入比。诺奖得主Robert Shiller将房价收入比作为衡量泡沫的重要指标。美国在2008年次贷危机爆发前的房价收入比峰值也只有5左右,而根据IMF的数据,中国一线城市房价收入比在2013年就超过了40倍,与国际水平相比高得离谱。这一指标之所以重要,是因为:1)它测度了公众的承受能力,而这是刚性需求的基本面;2)房地产不是一个简单的房地产问题,而是对一个城市和国家的竞争力和经济可持续性具有重大影响的问题。中国一些官员清醒地认识到了这一点。上海市委书记韩正认为,上海作为特大型城市,控制房价是重要调控目标。这项工作,不能人云亦云,必须清醒认识、坚定不移。上海房价已经很高,如果不坚持调控,会削弱城市的竞争力。必须下决心减少经济增长对房地产业的依赖,必须保持定力,绝不能为缓解一时一地的问题,而采用短期刺激政策,要对市民负责、对未来负责。重庆市长黄奇帆也表示,调控地价十分重要,别以为地价高了赚钱,政府收入高了就是好事。如果唯利是图,一根筋把地价推高,长远就使得房地产价格过高,工商企业成本过高,最后使得这个地方工商经济萧条。地方的人气都转到了泡沫房产,而不务实业,最后毁坏了整个城市发展的方向,后果就很严重。

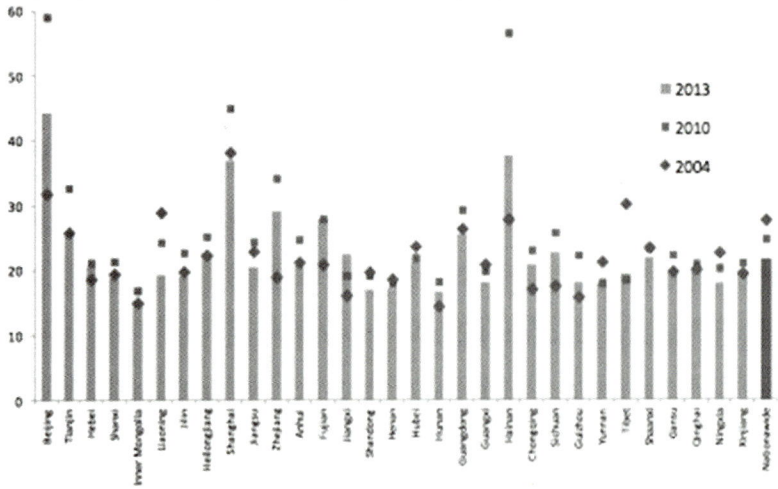

（图：中国主要城市房价收入比。来源：IMF）

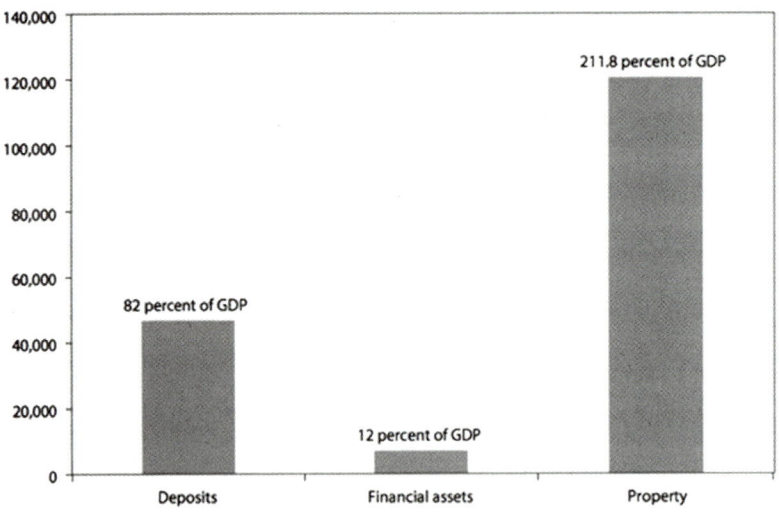

（图：中国畸形的居民资产结构。来源：刘利刚，2014）

2. 售租比。如果说市盈率是股市的万有引力（即过高的市盈率迟早要回归合理的市盈率水平），那么售租比就是测度房地产价格合理性的重要指标，过高的售租比往往意味着"非理性亢奋"。从长期来看，售租比的倒数"租金收益率"应该接近社会平均的投资回报率，否则房价就是建立在"击鼓传花"之上的海市蜃楼。以美国为例，在2000年之前的40多年里，美国房地产市场的售租比基本维持在17—20。2000年之后从20左右一度上升至接近30。房地产泡沫开始破灭后，售租比又迅速回到2000年的水平。中国一线城市售租比则从30左右的水平攀升到接近50左右。

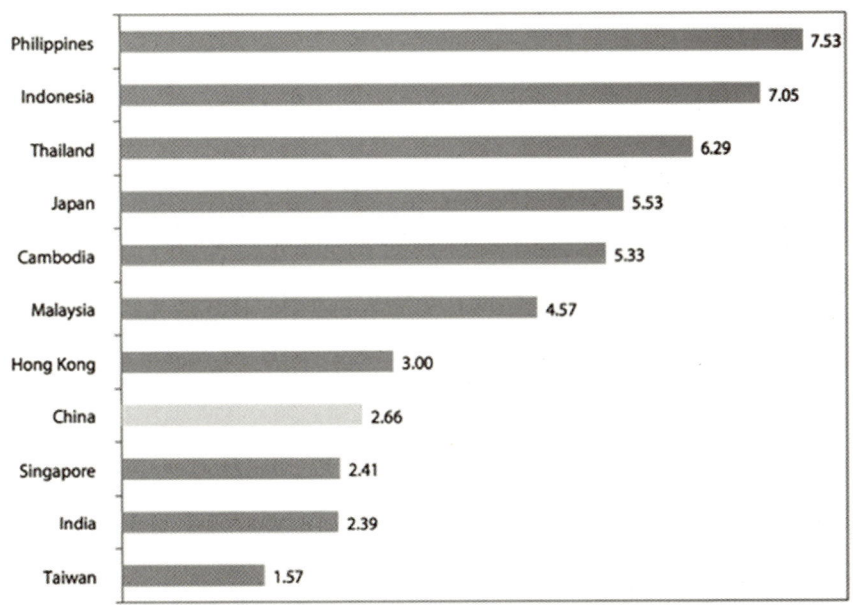

（图：2014年亚洲各国（地区）租金收益率比较。来源：Global Property Guide）

3. 国际比较。20世纪80年代末的日本房产泡沫可谓人类历史上最大的房产泡沫。事后来看,判断泡沫只需要常识,并不需要高深的知识:1990年东京土地资产总额已接近美国全国,而日本全国则为美国的4倍。有趣的是,当时日本一些专家居然很认真地在媒体讨论是否应该把东京的地产卖掉去把整个美国买下来。

中国现在如何?根据海通证券的估算,中国一线城市(北京、上海、广州、深圳)房屋总价值可买下半个美国。鉴于人民币属于不可自由兑换货币,这意味着要么人民币汇率会大幅度贬值,要么房价泡沫崩溃。还是马克·吐温那句话:历史不会简单重复,但会押着同样的韵脚。

危险的赌注

根据IMF(2008)对二战后122次经济衰退、112次信贷收缩、114次房地产价格下降和234次股价下跌关联影响的研究,房地产市场调整持续时间最长、对经济影响最大。环顾全球经济金融历史,房地产泡沫崩溃的危害性远超股市。例如美国纳斯达克在从5046点下跌78%至1114点,并未引发经济金融危机。房地产则不然,由于房地产的规模之大、与银行体系关系之密切、对实体经济拉动作用之强,房地产可谓经济危机之母。房价崩盘也将导致对民众财富的再次世纪洗劫。辜朝明《大衰退》指出:地产和股票价格的下跌给日本带来的财富损失达到1500万亿日元,相当于日本全国个人金融资产的总和、日本3年的GDP总和。

不仅如此,高房价也使得中国经济转型举步维艰:一方面,中产阶级沦为房奴,严重透支了消费能力,令经济再平衡变得更加困难;另一方面,房地产泡沫也挤压了制造业成本空间,并诱使全社会热衷于炒房,实体经济被边缘化。像上海这样的大都市，希望打造全球领先的科技创新中心，但高房价令年轻人难以生存立足，创新何来？

凡此种种，中国领导人岂会不知？真正的麻烦在于，中国政府可以选择的余地并不大。自2009—2010年四万亿刺激效应过后，中国经济便一路下行步入"新常态"。在全球性危机的大背景下，中国增速放缓本来并无大碍，但由于迟迟未能见底，引发全球对中国经济即将硬着陆的广泛忧虑。根据渣打银行的研究：2010年住房及相关行业（用于住宅建设的水泥、钢材、玻璃以及铜等的需求）为中国GDP增速贡献了3个百分点，但2015年只有1.1个百分点。同一时期，经济增速从10.6%放缓至6.9%，这样一推算，经济增速有一半降幅是由住房市场萎靡造成的。因此，稳住经济就必须稳住房地产。因此，中央拯救房地产，是"两害相较取其轻"的结果（其实，真正的问题是：为什么非要稳经济呢？只有痛苦地拥抱"市场出清"，才能迎来凤凰涅槃）。

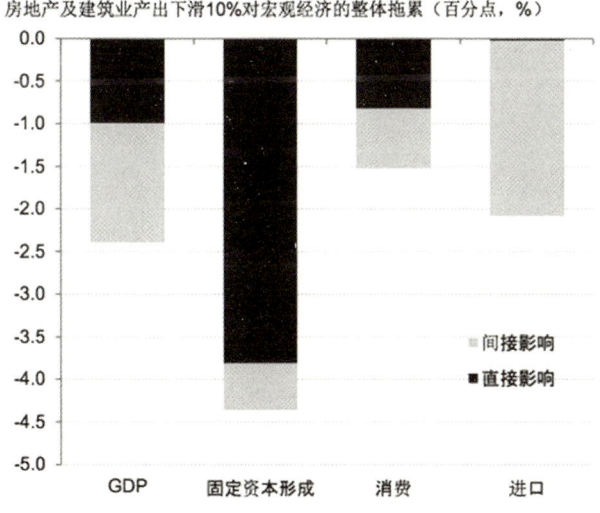

（来源：瑞银汪涛）

但须知，房地产刺激与凯恩斯主义、货币放水一样，都是"麻醉药"，都无法让中国经济真正好起来，更难以实现经济转型的任务。如果说"刺激为改革赢得时间"，此举或许尚可观察；如果只是寄希望于房地产拉动中国经济，则实为不智。2016年是供给侧结构性改革年，中国对"僵尸企业"的去杠杆、去产能势必对经济增速产生进一步冲击，此时房地产的反弹或许可以实现部分"对冲"。

不过，房价上涨本身并不能刺激经济，这和股价上涨一样。对于股市泡沫而言，真正拉动经济的是财富效应和消费效应；对于房地产泡沫而言，真正拉动经济的是房地产投资和所带动的关联产业，而非房价本身。事实上，全国房地产投资增速已从2013年的19.8%下降到2014年的10.5%、2015年的1%。因此，如果处理不当，房价泡沫很可能与股市泡沫一样，不仅达不到刺激经济的初衷，反而引发一地鸡毛，给中国经济伤口上再撒把盐。

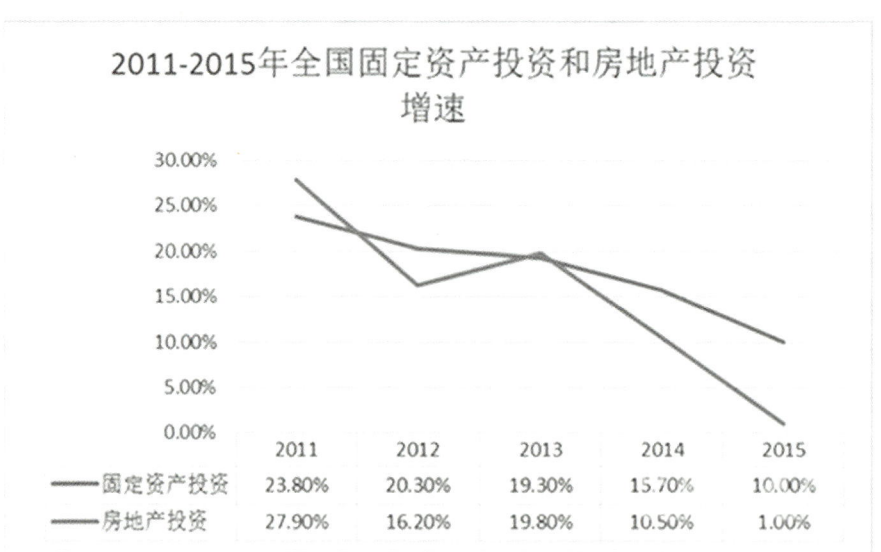

日本的历史殷鉴必须铭记。20世纪80年代日元急剧升值导致出口下滑，为缓解经济压力，日本采取空前的低利率政策，催生了20世纪最大的房地产泡沫，最终在20世纪90年代泡沫崩溃后，无可奈何地陷入了"失去的25年"。

无论如何，中国房价泡沫已呈现"冲顶"迹象，其风险令人捏把汗。常年看空中国楼市的谢国忠已经索性闭嘴不言，或许这次他的预言终于可以验证了。

不确定的未来

当下的中国经济局面更趋凶险：产能普遍过剩，非金融企业背负全球第一的债务，僵尸企业盛行，银行坏账风险激增，股市崩盘令IPO注册制前途蒙上阴影，影子银行风险开始爆发……一旦房地产泡沫崩溃，中国经济将跌入深渊。

从历史经验看，当危机爆发时，政府一定不遗余力地救市（2015年的股灾即为最新的例证），例如可以允许以个人所得税抵扣房贷利息、取消限购、央行降息……但问题是：能救得起来吗？如今的中国经济规模已非昔日可比，市场的力量之大日益超出政府驾驭的能力边界。房地产崩盘的链条传导效应远超股市。2015年股市崩盘，政府倾力救市，最终依然是乏善可陈。何况房地产？切记，股市泡沫崩盘未必导致系统性风险，而房产泡沫崩溃几乎一定会触发系统性风险。

这是一招输、全盘皆输的险棋。

导 语

整个2015年中国股市经历大起大落，过山车似的发展让人惊魂未定。进入2016年，股市并未呈现"新年新气象"。仅开年四个交易日内，就两次因触发熔断休市，创出中国股市最快收盘的历史纪录。之后的日子里，在市场面临注册制推出、人民币贬值等诸多不确定因素下，市场各方依然保持谨慎的情绪。

A股将于怎样的方式重生

@ 洪榕：知名理财专家

去年年底，券商对2016年指数范围的判断，在开年第一个月就集体沦陷，可见要判断未来的股市走势是非常之难的。但是，有个判断方法是永远的真理，就是赢家思维，行情走势总是选择残忍的方向，就是：未来走势一定会让输家（包括深套者、投降派、叛变者）不舒服。

在2015年6月16日写的《如何应对这次A股的真调整》一文中，我有按这个思维做了判断：这次的调整会让很多人感受到痛。怎么样的调整才会让人感觉到痛呢？就是出乎大多数意料的调整。要么比想象的时间长，要么比想象的深度深，要么比想象的过程更复杂。

事后证明调整确实比大家想象得要深，三次暴跌行情几乎超出了所有人的想象。很多人也真真地感觉到了痛。现在说这些属于痛定思痛了，既然痛得无法想象，那这种痛会以怎样的方式终结也极可能超出大多数人的想象。

所以，我可以做一个肯定的判断：那些还是简单地从历史走势中去寻找这次熊市终结的模式的人，一定会一错再错！

好，先按市场逻辑做个分析：A股一直有其独特的生态。特殊的水土，长出的庄稼非常之特别，养出的投资者也都异常奇葩。每一次股市大跌，投资者都会恐惧地认为A股的这个特色生态这次一定会真的改变。

是啊，这一次A股会不会如传说中的火凤凰，"背负着积累于人世间的所有不快和仇恨恩怨，投身于熊熊烈火中自焚，以生命和美丽的终结换取人世的祥和与幸福"。凤凰涅槃，浴火重生？

因为注册制来了？因为经济碰到大麻烦了？

十年前的2005年，为了解决股权分置问题，上证指数从2245点（上证指数从1994年的325点涨到2001年的2245点）跌到了998点，但谁也没想到后面会涨到6124点；2008年美国次贷危机引发的全球危机让上证指数从6124跌到了1664点（但请注意1664比998高出60%）。

这一次，为了解决注册制问题，又恰逢中国经济问题，可以说是上两次问题的综合反应，这次上证指数从5178点跌到了2638点。

比照以上行情演变，如果按历史的逻辑，我们还无法判断这次A股的熊市会以怎样的方式终结。

所以，要做出一个可以让自己信服的判断，我们还是回到人性上来。股市投资从来没有那么简单，输了现在的人十有八九还会输了未来。好，让我们来看看哪些人已经输了现在，真正的输家是指数到 2638 点时心态已经彻底变坏的人，包括：

1. 重仓套牢发誓反弹就跑的人；2. 在 2800 点以下砍仓后开始讨厌利多消息的人；3. 屡次抄底屡次砍仓在 2638 点后再不敢抄底的人；4. 等待 2500 点建仓的人。

目前这四类人在市场占比不小，未来行情走势能让他们舒服的概率一般非常低。也就是说他们现在的心态不会好，未来应该会更坏。所以，后面行情的走势应该会让他们很不舒服，无所适从。

那怎样的走势才会有这样的结果呢？

1. 大盘不再快速下跌，开始慢慢往上走，第 1 类人会逐渐减仓，但行情继续上涨让他跌不舒服，涨也不高兴；第 2、3、4 类人心态会越来越坏。

2. 大盘持续上涨或加速上涨，改变这四类人的预期，让他们追高后，再次快速调整甚至暴跌。

3. 大盘持续盘整拉平台，但就是不到 2500 点。

以上三种走势会让这四类人欲哭无泪，从目前的盘面看也确实如此，所以，可以断定，在这四类人中的多数人的情绪没有逆转之前，大盘是安全的。

按此逻辑，可以预计：A 股会以超出大多数人的预想重生，会让大多数输家继续成为下一轮行情的输家。

导　语

发酵于 2015 年的"宝万之争"已延续一年有余。2016 年，随着恒大举牌加入，万科、华润、宝能、恒大多方混战愈演愈烈。万科股权之争之所以引起广泛关注，不单纯是因为王石的知名度与万科的明星企业属性，更是因为万科股权之争激发了人们重新审视资本市场制度建设和职业经理人等公司治理问题的关注。

我看万科股权之争

@向松祚：中国农业银行首席经济学家、人大国际货币研究所理事兼副所长

说实话，万科股权之争受到如此关注远超我的意料。很多评论似乎都是情感宣泄，与事情本身关系不大。为什么万科股权之争闹得神州大地好像发了神经？万科和王石的知名度、宝能集团的神秘身份并不是最重要的原因。我认为，重要的原因在于事件从一个侧面折射出中国资本市场很不成熟，中国职业经理人文化和制度远远没有建立起来，中国大多数投资者包括机构投资者对完善的公司治理制度没有清晰的概念和理性的认识，心态上也不是很健康。

这里面，关键问题有三个。

其一，要创建基业长青的公司，究竟是职业经理人重要还是股东重要？当然是职业经理人重要。他们应该具有怎样的素质？股东如何理性地帮助选择好职业经理人、塑造职业经理人文化和制度？纵观此次万科股权之争的评论，很少涉及这些重要问题，都在算账——谁占多少股份就有权改组董事会、有权改聘董事长和总经理、有权让谁滚蛋等。这哪是创建基业长青公司的气候？

其二，要缔造基业长青的公司，必须有一整套制度和文化氛围，让职业经理人英才辈出，不断将公司提升到新的高度。如果一家公司的股东今天看好张三，明天又看好李四，职业经理人队伍不稳定，怎么可能基业长青？如果公司战略和职业经理人被金融资本随意改变，追求的是短期财务利益，那么这种趋势发展下去，对国家的经济将非常不利。从这个意义上，我并不相信宝能集团控股万科是好事。从宝能的历史看，它并未建立起比万科更好的职业经理人制度，如何有能力将万科提升到新高度？金融资本应服务于产业资本，至少二者应平等协作。如果金融资本随意支配产业资本，资本家将产业变成玩弄虚拟经济和追逐短期财务利益的工具，国家的经济和商业氛围就会被虚拟经济的投机炒作所笼罩。

目前，中国已有很浓厚的虚拟经济氛围，大家热衷于拼市值、拼控股、拼杠杆，搞收购兼并、资本运作，到最后企业的核心技术在哪里？真正的创新在哪里？中国制造和中国品牌的竞争力在哪里？所以，我国必须从制度上很好地检讨，不能让虚拟金融资本绑架和支配产业资本，要让优秀职业经理人能主导公司，努力打造公司的核心竞争力。我们看看世界上最优秀的公司，CEO和高管团队都很稳定，CEO并非由股权大小决定。通用电气已有130多年的历史，总共经历了10个CEO，平均一个CEO任期13年以上；1997年，乔布斯重返苹果公司时没有任何股权，但却将苹果打造成世界最有价值的公司。这些制度和文化才是值得我们学习的。有些人口口声声尊重市场、按股权大小说话是资本市场铁律。听起来振振有词，实则似是而非，危害极大。

其三，中国政商环境需大幅改善，政治和企业的关系或界限要依法规范。在此事件中，不少人猜测谁背后有什么"赵家人"，并认为最后还得靠权贵来摆平。虽然这些评论是无中生有，但反映了许多人对中国政商关系的认识，这与市场经济和法治经济格格不入，令人忧心。

导　语

2016年1月，快播涉黄案开庭审理。庭审中，快播公司王欣等以"技术并不可耻""技术中立"等观点为自己辩护，迅速蹿红网络，引发网友和法律界人士对新兴技术的法律边界和互联网内容监管责任的激烈讨论。2016年9月13日，快播涉黄案宣判，快播公司被罚一千万元人民币，王欣被判刑3年6个月，罚款一百万元人民币。

技术中立不能成为快播案的抗辩词

@政法朱巍：中国政法大学传播法研究中心副主任

首先，这个案件审理过程的司法公开性值得点赞。案件本身的关注度，实际就是中国网络法治化进程的进步程度。快播案必将成为我国网络法治化过程中重要的案件。

必须强调，技术本身并没有过错。在任何时代，若将技术发展可能引发的社会问题都归咎于技术本身的话，必然让技术进步成为高危行业。若如此，人类社会就不会进步。

技术本身具有中立性，这一点认识最早被确立在1984年美国最高法院的索尼案判决中。"实质性非侵权用途"作为日后美国各级法院反复适用的判断技术发展是与非的标准,也重新构建了现代版权法"间接侵权"的认定标准问题。

快播案的焦点并不在于P2P技术和缓存技术的适用合法性问题,而在于网络服务提供者是否存在刑事法律构成上的"间接故意",即是否对产品传播淫秽信息具有知情和放任的态度。

P2P技术的出现,基本打乱了网络传播的基本规律。基于该技术,网络受众本身就变成传播者,传播者也基于技术资源的共享,变为受众和再次传播者。这一技术从问世以来就受到包括版权人在内的很多非议。直至美国出现Napster案之后,美国法院将Napster与索尼案进行了明确区分,法院认为Napster实际提供的是一种服务,而非产品本身,这与索尼案中索尼公司仅提供摄像机产品性质截然不同。法院这样判断的根源在于划清"可控性"对于网络服务提供者的界限问题。Napster案中,网络服务提供者对于服务内容是有"持续性控制"的,所以,应该为侵权行为负责。

快播案控辩双方的焦点中,辩方主张快播案就是"索尼案"中的"实质性非侵权用途",技术本身并不具有侵权或违法用途;控方则主张快播案实际就是Napster中的情形,快播本身通过相关技术,主动或在可控环境下间接放任了淫秽信息的传播问题。

所以,快播案本身的争议点就在于快播公司如何使用了这些技术,而不在于这些技术是否违法。如同美国《控枪法案》中的辩论那样"枪不杀人,是人杀人",技术本身就是双刃剑,是挥剑锻炼,还是挥剑杀人,不在于剑本身,也不在于剑的生产商,而在于拿剑的人到底要做什么。

从庭审记录和现有证据来看，快播公司利用P2P技术为幌子，实际是通过缓存、碎片整合等技术服务，在向用户"暗示"或"鼓励"非法资源。然后，借用庞大的浏览量和用户数，以精准广告等方式牟利。快播本身已经超越了DVD播放器，集合资源搜索、推荐等功能为一身，对注册用户、推荐资源、缓存资源、传播信息等相关信息具有明确的控制权。通过相关案件资料可以看出，快播本身仅通过"热门视频"中的浏览量，就将十次以上浏览的信息自动上传到遍布全国的储存器之中，然后不加甄别地再次传播，甚至为再次传播起到鼓励、暗示等效果，这本质就是起到实际传播者的角色。

从世界网络流量总量上看，淫秽和色情信息占据整个流量的一半以上，可以说，确实是一个非常庞大的社会存在。我国网络传播并未分级，互联网上大量淫秽、色情、暴力等不良视频极大危害到了未成年人身心健康和社会公共利益。对于网络服务提供者而言，既不能仅发展技术而忽视法律和道德，也不能仅考虑吸引眼球获取广告收益，而忽略社会责任。

最后，快播案应该成为中国互联网技术发展反思的一个契机。不管案件结果如何，网络技术发展的底线都应该得到足够的尊重，法院能够做的就是去平衡技术与道德、技术与法律之间的关系。

导　语

2016年7月28日，交通运输部正式发布《网络预约出租汽车经营服务管理暂行办法》(简称"专车新政")。这不仅是新时代城市出行领域规范的基本法，也是互联网+产业革命探索的基本法。政策的出台受到不少法律专家的赞扬。然而，10月初，北京、上海等地相继发布了网约车管理细则征求意见稿，其中北京要求"京人京牌"，还对车的排量和轴距提出了要求。这些地方细则却遭到广泛批评，有专家说，这是行政权力对市场公平的不当干预。

撼山易，撼既得利益难

@老徐时评：知名评论人，《人生三段论》作者

十一长假刚过去，四个直辖市加上广州、深圳、杭州等几个主要城市，"不约而同"地发布了网约车管理办法征求意见稿，而里面的基本内容又"不约而同"地一致。这些征求意见稿，是对几个月前交通运输部公布的《网络预约出租汽车经营服务管理暂行办法》的细化，但是在很多方面又明显过于严格。因此上头条引发网络热议，是毫不奇怪的事了。

众所周知，出租车行业一直是地方政府控制的地盘。出租车公司凭借垄

断的牌照收取份子钱，坐收渔利。每一家出租车公司背后，都有着千丝万缕的政商关系。尽管多年来社会舆论对此一直持有非议，但是背后有庞大的既得利益集团支撑，也没有人能改变这种状况。

市场化有一个特点，那就是只要有需求，就一定会有解决的办法。没有合法的，也一定会有非法的办法来解决。面对社会上多样化的出行需求，一成不变的传统出租车行业已经无法满足，于是网约车应运而生。网约车所取代的，其实就是之前的黑车市场，还有一部分服务态度过于恶劣的传统出租车市场。网约车并非十全十美，但相比之下属于与时俱进的正向淘汰和竞争，解决的就是"打车难、打车贵"这一典型的民众需求，让民众打得起车、叫得到车，不用再看出租司机牛气哄哄的脸色。

从本质上说，网约车属于分享经济。真正让它改变城市交通生态的，并非在手机上打车，而是让人们合理利用手中资源。网约车从它诞生的那一天起，就凭借低价、方便、快捷的特点，深受广大普通民众的欢迎，但也戳到了传统出租车行业的软肋，更触动了地方既得利益集团的奶酪。因此曾经遭受多年的围追堵截，历经风风雨雨和坎坷。从偷偷摸摸到斗智斗勇，现在好不容易把自己的身份从违法熬到了合法。

然而，"合法化"之后的网约车又遭遇当头一棒，甚至是灭顶之灾。

这几个城市的网约车管理办法，尤以京沪的最有代表性，其中最受关注的就是"京人京车"、"沪人沪车"。此外还有对于车辆排量、轴距等方面的限制。显然，地方政府大幅提高网约车的门槛，是希望网约车要和传统出租车错位发展。出租车满足民众日常出行需求，网约车则满足高品质出行人群。这也是城市人口战略的体现。民众想打车便宜、快捷，而政府不想留那么多低端的外地网约车司机在城市里,于是矛盾由此产生。

征求意见稿如果实施,不仅现有的几十万网约车从业人员将被扫地出门,未来网约车价格也将比出租车高出30%—50%。网约车将不是廉价、快捷的代表,而是土豪身份的象征了。难怪网上有个新段子:京沪单身美女的春天就要来到了,每天不用上班,就上网约车好了,开奥迪A4、雅阁、帕萨特的还是北京上海户口,十有八九还有房,司机个个是千万富翁。约车当约会,打车一个月,土豪带回家。

本来是为普通人群服务的网约车,被政府一厢情愿地拔高成了"高端"。生出来是"丑小鸭",现在让你当"白天鹅",不当还不行。所以,"合法化"之后的网约车,前面的路只有一条:等死。而面对中低端的出行需求,以前的"黑车"将会死灰复燃。"合法化"之后又催生违法,这种尴尬的结果,不知道网约车"新政"的制定者们想到没有?

用管理出租车的思路来管理网约车,只能把这个行业管死。网约车的发展历程是一面镜子,背后折射出来的是改革创新与既得利益的博弈,是政府权力的进与退。从目前来看,这是一场没有悬念的博弈,最后的结果已经一目了然。触动利益,比触动灵魂还难。本以为网约车会倒逼出租车改革,现在看来是反过来了,网约车就要被逼出市场了。

短评

@ 新媒沈阳

清华大学新闻与传播学院教授

人机围棋对决，会不会有如下几个象征意义：人工智能对人脑的一次初步胜利？西方技术界对东方文化界的跨界打击？理工男对文化男的碾压？互联网企业在研究和营销上的重大突破？Google 公司已从搜索引擎演化为智能引擎的标志？人工智能自身演化的一次突变？人类培育新物种的一次重大突破？

@ 奥卡姆剃刀

科学松鼠会会员、通信专业教师

我感到最可笑的是，为什么很多人误认为比赛结果是机器战胜了人类？事实上，是人工智能战胜了个人智慧。这是人类更加合理有效地管理利用自身智慧的阶段性进步，而且还将没有止境地继续进步。机器永远都只是人类的工具，担心机器统治人类是严重缺乏科学素养的杞人忧天。

（背景：2016 年 3 月，韩国九段围棋选手李世石，对战机器选手 AlphaGo，引发人们对人工智能的讨论。）

@ 万能的大熊

《格局逆袭：普通人的制胜之道》作者

所以，想当网红的还是先醒醒，目前机会没有那么大了。其实总的来说，能够崛起的草根大号、段子手、自媒体或者网红，大都是比较有才华的人，他们都满足了某一个时间段某一批用户的诉求。因为用户一直在变，红的东西也就一直在变。其实没必要谈什么长久不长久，能在短期内获取最大的收入，才是真正正确的选择。不然过气的时候，悔之已晚。

@ 臭臭新说

微博电商达人

现在的电商销售方式可能并不是 papi 酱所能去持续变现的方式。以赚钱来说，对于网红，一个持久的模式难以找到。网红不可控，谁都不知道以后的情况，发展品牌，多模式多形式的发展，似乎成了以后的大势所趋。

（背景：2015 年 10 月 papi 酱凭借发布原创短视频内容逐渐走红。2016 年 3 月，papi 酱获得 1200 万人民币融资。）

@郑峻

新浪科技驻美记者

《只有偏执狂才能生存》一书，是格鲁夫对自己商业生涯的完美总结，也是当代管理学的经典之作，影响着一代又一代的企业管理者。格鲁夫用自己三十年的领导经历，讲述了一个简单的道理：无论取得怎样的成功，都不能满足现有成绩，必须居安思危、时时警惕可能发生的市场剧变，否则就可能遭到市场的无情淘汰。再见，格鲁夫，曾经的硅谷旗帜，曾经的偏执狂。

（背景：美国当地时间2016年3月，被誉为"硅谷精神缔造者"的英特尔前任董事长及CEO安迪·格鲁夫（Andy Grove）去世，享年79岁。）

@Fenng
"小道消息"出品人

一家公司是不是伟大，跟市值无关。如果百度改正了问题，掉队了也是伟大的公司。如果百度拒绝改变，确实可以赚更多的钱，但市值再高也是一个缺失道德的公司。

@阑夕
逐鹿网创始人

众所周知的是，FDA 在美国是以极端严厉著称的，也只有这样的机构，才被公众授权有资格判断药物商品的合格与否。它就像一个滤网，帮助 Google 这样的互联网公司拦住了绝大多数的魑魅魍魉。而 Google 以及美国互联网公司的逻辑在于，它们不必具有专业级的鉴别能力——比如，接受一个美白化妆品的广告，并不意味着它们要亲自判断这个商品是否真的如其宣传那样有效——只要市场监管机构放行，那么这个责任的划分就足够清晰了。

（背景：2016 年 4 月，大学生魏则西的过世，让莆田系民营医院、百度推广、部队医院承包体制以及医疗监管制度等话题成为全民关注焦点。）

@余胜海

财经作家

一篇《别让华为跑了》就是一记警钟,但警钟并非只为深圳而鸣。对房地产行业形成"路径依赖",公共服务的欠缺,高房价、高税负对企业、对人才的挤压,是很多地方在发展和转型中的通病。政府要正视发展过程中暴露的问题,充分了解企业的诉求,稳步快速地推进改革,制定科学的发展思路,不断改善细化公共服务,创造良好的营商环境,才能真正留住企业,留住人才。

(背景:2016年5月,一篇名为《别让华为跑了》的文章刷遍网络,文章大意是华为可能会将未来发展重心从深圳转移到东莞,深圳需要对此引起高度重视。)

@吴其伦

财经评论人

对于以房养老,笔者一直持反对态度。笔者认为,抵押房屋养老不如卖房养老。抵押房屋需要承担额外的融资成本,所获资金较之房屋本身已大大缩水。老人在抵押房屋过程中,不仅要承担评估费用,还将被银行、保险公司赚取利润,所抵押房屋的价值已大大缩水。换言之,老人在以房养老的同时,还在一定程度上"养"了保险公司、银行等机构。

(背景:2016年6月30日,试点两年的"以房养老"迎来"大限",这份沉甸甸的养老政策响应者寥寥。)

@黄生看金融

财经作家

深港通不设总额度,这是中国近些年最大胆的改革,意义重大。这意味对于股市的资本项下的管制完全放开了,这意味着深圳的中小板、创业板要完全和国际市场打通了。这是真正的国际板,是中国股市真正国际化的标志。这太具有突破性了,完全没想到!

(背景:2016年8月16日,李克强总理在国务院常务会议上明确表示,深港通相关准备工作已基本就绪,国务院已批准《深港通实施方案》。)

@飞象网项立刚

飞象网总裁

关于电信诈骗,很多人说要堵住信息泄露。我相信说这话的人,也只是随口一扯,这是不可能的。我们上学、工作、住院、买车、买房、寄快递,不知多少地方会泄露信息。快递把你的信息2元一条卖了,这事儿公安能找谁,怎么处罚?在一个网络时代,信息泄露是必然的,现在的关键是,要建立一个高效率的打击犯罪的体系,而不是什么堵住源头,源头是根本不可能堵住的。

(背景:2016年8月21日,大学生徐玉玉因申领助学金信息被泄露,被诈骗电话骗走费用9900元,伤心欲绝,导致心脏骤停,不幸离世。)

@谢百三 | 已逝 |
复旦大学教授，金融与资本市场研究中心主任

扶贫攻坚是完全正确的，但怎么可以把纯经济、纯金融的资本市场直接掺和进去？这样搞下去，40多万亿的资本市场会被搞得乱七八糟，外国投资者也会看得目瞪口呆。党中央国务院的战略部署，我们应该坚决听从支持。但不是这样直接对接上去，这完全是生拉硬扯让上边高兴。

（背景：2016年9月，证监会发布《中国证监会关于发挥资本市场作用服务国家脱贫攻坚战略的意见》）

@ 五岳散人

知名网络评论人

何为不当利益？就是在正常工作以外的利益。正常工作上您能力超群获得奖励，这是应该的。如果您作为公司的技术人员，利用自己的技术优势获取与工作无关的利益，这就是不当利益。与目的无关，重要的是这种行为。回到这个月饼事件，阿里是人人都能写脚本吗？不是，大部分人不会写，或者不会去写。他们在一项默认为同样起点——也就是到时间手动点击——的活动中，就等于被置身于一个不公平的环境下。而一家公司做这个活动除了福利就是团队建设的一部分，说白了就是好玩儿的其乐融融的氛围。当一个人作弊，这种整体氛围就被打破了，给整个团队建设以及价值观掺了沙子。

@Zodzod_ 张浩

数据分析师

员工是有职业精神的，这种精神既包括了对自己专业能力的追求，也包括了对于自己专业能力可能给企业、股东和客户带来损失的警醒。这是一条红线，很多情况下会被不经意地忽视。也正是因为这种情况，能够正视这种风险的企业才能走得更远。如果说对于阿里的处理决定有什么遗憾的话，我觉得相关当事人的 leader 和 hrbp 也应该追究相应的管理责任。

（背景：2016 年 9 月 12 日，阿里巴巴 4 名程序员因使用技术手段抢购内销月饼被开除。）

@李想
车和家 CEO、汽车之家创始人

2015 年验证了三个有趣的商业话题。1. 再牛的 O2O，也无法脱离"效率"这个核心的商业本质。2. 工具 APP 的社交化和媒体化全面失败，"工具"就是工具。3. Google 和 Facebook 充分证明，分析师所说的商业模式（尤其是广告这个商业模式）"单一"的隐患，纯属扯淡。

@月光博客
知名 IT 独立博客作者

网易论坛的关闭，说明目前的社交网络发展的趋势已经越来越明显。并不是说人们不再需要论坛了，而是论坛这种业务，向着垂直化、移动化、社交化三个方向快速地发展。新型社交网站此起彼伏，层出不穷，而旧有的论坛已经不适应新的社交业务需求。如果固守陈规，则必然走向衰落，新的社交工具将会随之兴起，在论坛关闭的同时，微博、微信、知乎、豆瓣等各种各样的社交工具随即填补了这方面的需求。

（背景：2016 年 9 月，网易论坛发布公告，因网易传媒业务发展需要，网易论坛将于 10 月 19 日停止服务。）

@侯宁
独立财经观察家

中国楼市绑架银行和政府已经很久了,有两个判断我一直在强调:第一,放不下土地财政,经济转型很难完成,实体经济只繁荣了房市,其他行业被抽血成病人;第二,放任13亿人为基数的投机疯狂炒作房子的金融属性,本身就是不负责任的渎职。政府为难,社会扭曲,百姓痛恨。本次调控主要还是在逐步去杠杆,针对的主要还是一二线核心城市的投资、投机性购房炒房行为;而对于三四线城市,政府并没有采取任何措施,甚至有版本传言说还要鼓励三四线城市"搞活市场"。但问题是,三四线城市有那么大购买力和刚需吗?

@尹香武
大家顾问董事长、房地内参创始人

房价本质是社会利润的分配,所以涨幅须以社会创造的利润为前提。去年至今年,深圳房价分配社会利润是比较快的。之前人们没认识到的都分配清楚了,所以接下来这几年,不会再出现这种涨幅和涨速。但房价也是不可撤销的成本信号,如果投资,起步者可以采用从郊区近郊区包围城区的策略;完成了原始积累的攻坚者,选择最稀缺城区、最稀缺片区的最稀缺产品,也就是最高端产品,可能是最好策略。

@吕健中

小伞金融 smaum 联合创始人

多年前,看过一篇关于研究中国楼市与股市关系的报告,基本结论是:当拐点出现以前两者同向,拐点出现后出现跷跷板效应。我觉得房市分流股市资金这个背后逻辑并不一定完全成立,因为房地产市场的规模体量比股市大多了。但房市一旦崩塌,造成多米诺骨牌效应,股市一定不会好。

@雨农谈股

职业投资人

此时此刻的中国房市,分析的切入点应该是金融属性,而非居住属性。目前看不到房地产政策全面收缩的理由。首先,中国经济自生增长动力不足,政策刺激效果日衰,作为支柱产业的房地产对于经济稳定至关重要。其次,地方财政面临空前的挑战,土地财政的大门没有人敢关上。再次,房地产去库存,是中央政府的既定方针,也是拆解金融隐患的必需,大家都等着炒作资金冲向三线城市解放住宅库存。因此,政策制定者会通过地方政府限制房价过热,但是应该会引导资金流向三四线城市去库存,而不是终结这轮牛市。

(背景:因2015年底至2016年初,中国楼市涨幅惊人,一线城市领涨,热点二线城市紧随其后加速上涨。国庆七天,北京、天津、南京等十九个城市,相继出台房地产调控新政。)

@朱学东

知名媒体人

报纸其兴，兴于改革开放带来的不完全竞争市场政策保护和经济发展的红利，这一过程，所有的中国媒体搭了顺风车，屈指可数之外皆不思进取，或表面思进取。涉及技术改变传播方式，政治经济改革红利消失，才发现，已经大多数在悬崖边上，而其中绝大多数，从报纸的基本价值来说，早已死去。过去获利过于容易，不思在更高价值上支持难得获取的发展局面，一味唯唯诺诺，任改革红利消失。今天的局面，可谓报应。剩下的，等着报纸慢慢回到20世纪80年代之前吧。新媒体也别幸灾乐祸，别以为自己就能躲得过。

@陈昌凤

清华大学新闻与传播学院教授、副院长

亲眼见它生、它长、它兴旺……但是事事有规律，历史有潮流。希望这不是#京华时报停刊#，而是新时代的融合与进化，是适应新媒体的自我提升。这个时代仍需要有质量的新闻，仍需要训练有素的传播者，仍需要有能力的传播载体。英国《金融时报》换地了，新闻仍强大；《纽约时报（国际版）》不见了，我们在海外仍能看到他们的高质报道；《华盛顿邮报》发行量暴跌，2013年被亚马逊收购后气象一新……向前！

（背景：2016年10月17日，《京华时报》员工和媒体同行透露，《京华时报》将停刊，与《北京晨报》合并。）

@it老记冀勇庆

《中国企业家》主笔、财经作家

美国市场经过这么几番大规模的并购之后,已经没有所谓的传统电信运营商了。未来无论是电信运营商、互联网公司、有线电视公司还是媒体公司,都将融合在一起。就看谁能够率先融合成功,创造出一种新的全融合型、全能型、以用户为中心的运营商了。

可惜的是,在这次新的大变革到来之时,我们国家的相关行业却仍然陷在行业分割、利益分割的泥潭中不能自拔。看来,我们又将错过这个新的时代了。

(背景:美国东部时间2016年10月22日,美国第二大电信运营商AT&T宣布将以854亿美元的天价收购传媒巨头时代华纳,这也是今年全球最大的一笔收购。)

@陈宇微博
联想集团副总裁

关于丁香园期权之争,其实不想讲什么的。对于一般公司来讲,就是"长期激励"的一部分,如果您走了(没有继续长期服务),公司不激励您是正常的。但这个案例的特殊性在于,貌似本来承诺转换为股权的,公司没有转换。这里有个中国特色的问题,VIE架构的期权问题,尤其复杂,留给公司的操作空间比较大,而非VIE公司,基本很难发期权。如果期权协议没有清晰的规定,或者要在期权协议之外谈期权回购的价格,这的确比较困难,因为非上市公司的估值从来就是个难题。所以,这事关几个问题:1. 诚信;2. 契约精神;3. 估值预期;4. 谈判能力。

(背景:丁香园CTO冯大辉离职引发期权之争。)

@张泉灵
紫牛基金创始合伙人

今天跟一国有研究所聊了聊。我吐个槽,一个企业最核心的资产是人啊,科技企业更是。不把人的价值重视起来,天天算国有资产流失有屁用。

@史玉柱大闲人
巨人网络董事长

万科风波,话题敏感,不宜评论,但大嘴巴忍不住想喷几句。各方诉求:1. 华润,希望万科未来稳定发展,不满王石作风,对万科业绩满意;2. 宝能,希望万科稳定发展,增加在董事会的话语权,其罢免全体董事提案是策略,未必是真实想法,估计只想罢免王石;3. 王石,万科的缔造者,对万科感情最深,个性张扬而得罪太多人。估计当下王石也觉得位置不保,只是体面还是狼狈离开的问题;4. 万科高管,对王石感情深厚,不少人与其共进退。他们是万科优秀文化的载体,出色管理的操盘者。这场风波使其知名度大增。如果集体出走再造新的万科,对万科是灾难,对个人是幸事,会有大把人给钱投资,包括我这个坚决不做房地产的人。5. 万科员工,希望万科稳定发展,不希望大股东空降管理层。综合各方诉求,我觉得最佳和稀泥收场方案是:两个大股东想办法稳住管理层。王石退出董事会,担任终身名誉董事长,每年收取一定战略咨询费。由两个大股东、管理层、独董组成新的董事会。万科的合伙人制度脱胎于阿里,很科学,董事长、总裁由合伙人集体商议推荐,董事会考核批准。这样,华润、宝能、王石、管理层、员工、中小股东,皆大欢喜。

第三章 社会治理与公共安全

导　语

　　近年来,"校园暴力"事件和低龄未成年人严重犯罪案件受到普遍关注,引发大家对"是否应该降低未成年人刑事责任年龄"的广泛讨论。2016年6月2日,最高人民法院公布了专项调研报告,发现校园暴力犯罪低龄化趋势明显。2016年6月3日,在上海举行的"少年司法改革与法律体系完整"研讨会上,多位法学专家表示,不主张降低刑事责任年龄,14周岁符合我国国情规律。

别用降低孩子刑事责任年龄来规避教育的缺失

@无敌耗子：重庆大学团委副书记

"小孩要上幼儿园了被欺负怎么办？"

"我家宝宝都不会打架,得训练一下。"

"我还是教育宝宝受到欺负要告诉老师。"

"可是这有用吗？"

……

这是我听到同事的一段对话。当校园同学之间的暴力事件经常被媒体提起时，家长们从幼儿园就开始担心，孩子在校园被欺负了怎么办？

从什么时候起，我们的孩子都变得如此暴力了？要动用《刑法》来处置，甚至有人提出"是毒瘤就不分大小，必须坚决铲除"。时常看到几个小孩围殴同学，扒光衣服，侮辱暴打，还拍成视频，给受辱同学造成巨大的身心伤害，最后还不能追究刑事责任。不用说受害者家长如何痛心，就是旁观者估计也大有人在想对施暴者扇几个耳光。根据《刑法》第17条规定，已满16周岁的人犯罪，应当负刑事责任；已满14周岁不满16周岁的人，犯故意杀人、故意伤害致人重伤或者死亡、强奸、抢劫、贩卖毒品、放火、爆炸、投毒罪的，应当负刑事责任；已满14周岁不满18周岁的人犯罪，应当从轻或者减轻处罚。也就是说，不满14周岁的人，实施任何危害社会的行为，都不用负刑事责任。于是，一种声音就是希望降低刑事责任年龄。可是细想一下，降低刑事年龄后是否有用？导致少数孩子暴力的原因是什么？

一问，我们社会给了孩子怎样一个文化环境？我家4岁的小侄儿有次冲进厨房，用玩具刀对着各种锅和水壶一阵乱砍。这个行为显然大人们都没有教过，从他口中得来的是模仿某动画片里面的情节。现在的动画片很多充斥着各种具有暴力场面的故事情节，而且还使用科技大片的制作手法，给人更强烈的刺激和印象，从小在小朋友的头脑中种下打打杀杀的引子。而那些写满大街小巷的核心价值观24个字，估计小一点的孩子都不认识，更别说深刻体会了。况且，现在的很多无良媒体一味为了吸引眼球，喜欢暴丑恶弃善美，几岁的小朋友都拿着 IPad 上网乱点，他们能够看到怎样的信息呢？那些层出不穷的暴力血腥新闻图片无时无刻不在冲击着他们尚未健全的大脑。那些在家里打架的亲人，在地铁上为争夺座位大打出手的陌生人，在孩子面前又给他们怎样的影响呢？而这不跟我们每个人有关系吗？

二问，我们家庭给了孩子一个怎样的成长教育？有一次，我在法国的机场等候登机，里面非常安静，有人在看书，有人在轻声交谈。不过一会，一群中国夏令营的小朋友冲进来，整个屋顶都要被掀翻的感觉。机场的查询电脑、公用电话等都成为他们随意折腾的玩具，却没有任何随队的成年人制止。最后毫无疑问地收到了很多鄙视的眼光，可孩子们仍然在欢腾中全然不知。"打不得、骂不得、说不得、累不得、饿不得……"各种不能输在起跑线的家长们恨不得把孩子含在口中，在爸爸妈妈、爷爷奶奶、外公外婆、叔叔阿姨的多层次全方位的呵护下，不知不觉中，我们的孩子已经霸气十足，目中无人，哪里还知道团结、互助、理解、共同成长。甚至有的小孩还模仿起视影或者看到听到的"黑社会"，在同学中拉帮结派，形成小团伙，专门欺负别人。有的家长不以为然，反而觉得自己的孩子有出息，一笑了之。有的孩子在学校欺负他人，家长还要撑腰打气，受害者找上门来还不依不饶。在工作忙碌中的家长们，除了尽可能多地给予财物上的支持，又花费多少时间投入到孩子的教育上？孩子的世界观、价值观是怎样形成的，父母和家人又在其中起了多大的作用？有的家庭夫妻不和，家庭矛盾频发，家庭氛围冰冷；有的家长只图个人享乐，把培养孩子的责任一味推给学校，对孩子缺乏关心教育。冰冻三尺，非一日之寒，最后孩子变得暴力了，是应该对 14 岁、13 岁、

12岁的孩子定刑事责任就解决了问题吗？

三问，学校的教育管理给了孩子一个怎样的学习环境？有人说我们的德育是小学的时候教育要有远大理想和信仰，到了大学教育怎么做人。我对现在的德育教育体系还没有仔细考证过，回想我们上学时好像是这样。按照人的成长规律，一个贯通衔接好的德育教育体系是非常重要的。学生的养成教育怎样有效培养，怎样达到因材施教，人人受教，遵循教育规律又注重学生的多样性，不让任何一个学生掉队。怎样建立学校和家长之间更加紧密的联络机制，使得家庭教育和学校教育双轮驱动，共同发挥作用。还有，学校的校规校纪如何制定和切实实施，怎样培植积极健康、和谐向上的校园文化，并感染每一个学生，是学前教育、基础教育阶段要深入思考的问题。怎样用一种教育理念和制度文化让所有的孩子遵守规矩，善待他人，不敢暴力？

相信，还有很多方面的原因导致孩子教育的缺失，比如一味追求智力发展，追求高分，而忽略了孩子情商的培育。诚然，干了坏事就应该承担责任，孩子不承担刑事责任，但必须开展严厉的教育和矫正过程。人之初，性本善，家长尤其应该注重孩子的变化过程，找到根源，及时补课。孩子是祖国的未来和希望，不能因为一个过错就扼杀而毁掉其一生。不懂事就是一个客观存在，无论刑事责任年龄如何调整，不懂法就是不懂，处罚终究代替不了培育。十年树木、百年树人，人才的培育是一个漫长复杂的过程，全社会每个人都有义务和责任教育好我们的下一代。

因此，我不赞成轻易决定降低刑事责任年龄，而应该考虑如何构建了一个更加有利于未成年人成长的全方位的环境，还要健全多方参与的教育干预机制。至于14岁以下的孩子不承担刑事责任，那监护人应该承担怎样的责任呢？

导　语

　　近年来，医疗工作者的人身安全问题屡次成为社会舆论的焦点，暴力伤医事件不断冲击着道德底线。2016年3月14日，深圳龙岗区平湖人民医院，患儿家属等十余人在医院大厅内举横幅、烧纸钱，并强迫主治医生下跪烧纸钱。无独有偶，2016年5月22日，山东省宁阳县第一人民医院，一名男子将刀架在两名医生的脖子上，逼迫医生对其母亲进行抢救，并叫嚣"抢救不过来就杀人"。医闹的发生，可怕的不只是破坏了正常医疗秩序，影响医院救治病人，还在医生心中形成了一种"寒蝉效应"。

医生你为何下跪

@一个有点理想的记者：资深时评人、辽宁卫视记者

　　发生在深圳市第五人民医院（平湖）的辱医伤医事件，是令人无法忍受的，触及到了最深的底线。我感受到了少有的心灵震撼。今天晚间，我和当事的黄医生通电话时，短短几句我都能感受到他的谨小慎微，能想象到恐惧的面孔。

　　当白大褂匍匐在医院大厅里的火堆前，我看到视频中的那个模糊的面

孔，仿佛是南京大屠杀时国人被砍头前的那种木讷、悲凉、无助。跪下的那一副膝盖，压在了每一名医护人员的心里，让人喘不过气来。跪下的那一副膝盖，不光是医生群体的受辱，更是触及了人类尊严的底线！

如今是什么时代？竟然还有医生被逼给死者下跪烧纸？！这是赔死殉葬吗？

这也是为什么，很多医疗群体之外的普通人，通过无数的私信向我表达那种痛楚，那种对医生的同情，那种对暴力的强烈谴责。我从来坚守客观立场，即便对医疗群体，怒斥号贩子事件我也是该喷医院喷医院。但今天面对医生的下跪，我真的忍不了！

伤医辱医缘何频发

医疗纠纷的处理必须走向法制化，我曾采访过无数次医院私了的事件，医院选择私了的情况非常多见，其原因无非几点：

1. 医生是看病的，不是打官司的，过多的纠纷实在跟家属折腾不起；

2. 患者或家属一方对医疗知识的掌握不够，对合法的渠道心存恐惧。我曾扪心自问，即便是我，对打官司也是非常挠头的，这一点在医患纠纷中非常普遍；

3. 媒体的介入让医院投鼠忌器。从主流媒体的新闻观来说，新闻不适合介入不具备普遍性的个人纠纷，更不适合介入无法明确判断是非的医疗事故。但是现实中各媒体的价值观并不相同，持续的新闻轰炸让医院非常害怕，更希望私了来尽快解决问题；

4. 院长的担当。我理解医院的院长，但我也反感部分院长没担当的官本位思想。一个医院有没有骨气，医疗水平高不高，如何处理医疗事故是一块试金石。在深圳辱医事件中，那么多的保安都在干什么？院长在哪里？下跪的地点不是小胡同，那是大庭广众的医院！如果医生被迫按着头下跪的时候，就算院领导你无能为力控制不了场面，那你也该陪着你的下属一起跪，我敬你是条汉子！如果你不在旁边，我发自内心地瞧不起你！

法制化是唯一出路

强烈建议卫计委出台相关政策，医疗矛盾绝不该再用私了来解决，无论医生是否有责任。

1. 医院和卫计委需要积极引导患者走司法流程，出不起律师费的，政府或者卫计委出，坚决不护短。要给患者一个清醒的认知：走司法途径是唯一的解决方案；

2. 应出台法律规定，一旦医闹，视为患者或家属自动放弃维权，各级司法机关将不予受理相关案件。杜绝那种越闹越占便宜，越闹钱越多的思维；

3. 政府部门应有专门的法律援助机构，主动帮患者维权，走合理合法的途径，让患者和家属觉得不孤单；

4. 对医闹要坚决打击，不可手软。

想起曾经

记得去年十一月我在北京住院，术后第十天，我去积水潭医院看望受伤的阿宝。我被家人搀扶着,刚刚拆完肚子上的线,在积水潭骨科病房外的走廊里,我听见了阿宝正在和妻子吵架。阿宝的妻子是一位很善良贤惠的女性,也曾经是一名护士。

阿宝的妻子说:"你怎么就不能忍着点,闹这么大的事情,你也得不到什么好处,有什么用?"阿宝一听就火冒三丈,大声地喊着:"你老公就活该被人追着骂是不是,你老公生下来就活该被人打是不是!"

阿宝的妻子,委屈地哭了……

结束想说

今天的天空是灰色的,文字也是灰色的。唯有微博里那无数张手写的图片有色彩。

截至目前,那700多次给医生的捐款打赏,相当大部分来自非医生的普通人。

此时的我,坐在北京三里屯的一个角落,喝了一杯啤酒,希望每个医生之外的普通人,每一份点滴的努力,可以在医生身上化脓的伤口上,哪怕只是放上一个小小的创可贴。

今天是315,今天也是我的生日,这一天,我为医生维一次权!

导　语

22 岁的魏则西因身患滑膜肉瘤去世。他的就医过程牵扯出百度对医疗广告竞价排名、武警北京总队第二医院相关科室系对外承包以及监管漏洞等各种医疗乱象。综合多方报道，魏则西罹患"滑膜肉瘤"，辗转多家医院，病情不见好转，通过百度搜索找到武警北京总队第二医院，武警二院肿瘤生物中心系外包给"莆田系"的科室，使用的疗法是已经被医界淘汰的 DC-CIK 细胞免疫治疗。在接受 4 次治疗、花费 20 余万元后，仍没有明显效果，魏则西于 2016 年 4 月 12 日去世。）

我拿什么拯救你，我的病人

——网络医疗信息的应对

@协和王舎：协和医院神经内科副教授 王舎

魏则西走了。他恐怕不会想到他的离去引起了从网络社会到真实社会的震动。如果他知道，应该会感到欣慰吧。

越是关系到民生的事情，在网络上越容易发酵。去年的天价青岛大虾如此，因为我们每个网民都有可能成为被宰的客人。最近的魏则西事件也是如此，虽然我们不见得会得罕见的平滑肌肉瘤，但是我们都会生病，都有机会成为在网络上寻求自救方法的人。每一条虚假不实的医疗信息，骗的都不是钱，是命。

今天，朋友圈被谴责百度的帖子刷爆。有朋友评论：度娘这个幺儿独享恩宠，渐渐失去人性。历史上有武则天、慈禧前车之鉴，皇家历来重视制衡，那是因为老祖宗早就深谙人性的弱点：独大必会失衡。

当然，本文并非旨在如何改变历史。删除记录、清理言论，但毕竟无法封尽百姓的攸攸之口，也早晚挡不住历史前进的滚滚洪流。有医生朋友痛心疾首地说：百度是缺乏良知，但是患者们是不是也该反思一下？那么多专业的医院不去，专业医生的话不听，非要自己搜百度！我今天想跟亲们讨论的，就是如何在现有条件下应对网络医疗资讯。

尊重常识

医学上有一类治不好的疾病，叫做绝症。意思是，以现有的医疗认识水平，我们没有办法治好它，而且它是以夺取人的生命换取存在感的。比如各种恶性肿瘤，来源于上皮组织的俗称癌，来源于间叶组织的俗称肉瘤。我们无比敬爱的周总理死于肾癌，《白鹿原》的作者、著名作家陈忠实死于舌癌，魏则西死于平滑肌肉瘤。无论伟人、名人还是普通人，疾病从来不加选择地把他们一视同仁为人类。只要得了病，就会成为发病率中的分子，描述命运走向的就只有治愈率、五年生存率、十年生存率……再不忍，再不舍，这就是残酷的事实。

时常会看到人类情感战胜病魔的故事，让人感动，但事实上我们从未战胜过死神。医生的所有努力都是在跟死神讨价还价。金钱不是万能的，但是有时的确可以用来修改一下死神的时间表。只是有时，而且还需要付出承受副作用和失败的代价。有很多被诊断多系统萎缩的患者专程找到我，说网上都说只有你能治。我会首先告诉他们，这个病我也治不了。但是我可以帮你们复核一下诊断，同时告诉你们哪些是我们能做的。医生们从不拒绝奇迹，但我们绝不宣扬奇迹。毕竟，如果奇迹能够随心所欲地复制，那就不是奇迹了。

注意信息的来源

在门诊，间或有患者拿出精心保存的剪报，上面写着某某医院已经攻克了帕金森病的治疗难题，用某某治疗手段治疗的有效率高达一个无限接近1的数字……通常，我会很礼貌地把目光在纸上停留几秒钟，然后告诉对方：这个，不可靠。如果是一张充斥着广告的报刊，做出这种判断通常不难。比较高明的是借用大媒体的平台，九句真话搭配一句假话。这时候，通常非专业人士无从判断真伪，普通业内人士也可能会被蒙蔽。这时，就只能借助真的专家了。因为他们通常对本行业的国内外进展跟得比较紧，了解行业动态和客观评价的能力也远远高于各类非专业媒体。遇上负责任的医生，还会帮你去查专业网站，比如 pubmed, uptodate 等。我的两篇科普文章，"帕金森病患者能怀孕吗？""蚕豆能治疗帕金森病吗？"都是在门诊和网上遇到类似问题后专门检索了相关资料写就的。

除了检索,还要思辨,这是需要专业背景和独立思考能力的。否则,尽信书不如无书。对网络检索非常熟悉的亲们可能会发现,有些信息其实是抄来抄去的。在学术上,我们经常引用前人的研究,但是在成文的时候绝对不可以整段抄录,否则就是抄袭。所以,如果在网上看到"科学信息"被不同的网站几乎原封不动且不加引号地成篇转载,看不到原文出处,八成不用信。遇到包治百病的、对正规医院的医生都说治不了的病确保治好的,更不用说,绝对一票否决!

术业有专攻,温度替代不了深度

病友群的存在我一直以为是抱团取暖的,但是我一直本能地抵触着。一个年轻的新诊断的帕金森病患者加入了病友群,本来就紧张焦虑的她更加焦虑了。除了各种疾病远期的样子把她吓到了之外,"各种疾病群里都卧底着商家和无良医院,推销手术和药品",她说。还有一个年纪比较大的阿姨,加入了病友会之后又退了出来,跟我说,还是你的《处病哲学》对我比较有帮助。在病友会里,她接受的消息是过度的、没有针对性的,而患者会不加区分地把所有信息都拿来对号入座。

的确,物以类聚,人以群分。有些情绪或许只有相似的人能懂。但是疾病加诸于身,心理不可能无动于衷——怨天尤人、自怨自艾、愤世嫉俗、阴郁低沉……真正走出来能上一个人生新台阶的,那不是一般的智慧。而这些人通常不选择向多数人倾诉,他们会选择过相对正常的生活,不会去扮演心灵救赎的角色。更何况，这种救赎既要牺牲自己的时间和精力，还要承受难以预料的心灵垃圾。在国外，这种群体通常由基金会发起，有相应的开支进行运维，有正规渠道来源的疾病信息，有不定期的线下活动安排，旨在为患者提供帮助和平台。因此，不难理解，在国内由病友们自发组织的这种群，缺乏专业团队有序地打理，良性有价值的信息有限，对他们的存在最感兴趣的其实是商家。而病友群的存在有时又不得不依靠这些提供资金资助的单位。

说到底，对待网络上的医疗资讯一定要擦亮眼睛。有毒的蘑菇通常有着鲜亮的外衣，虚假的广告也通常说着完美的空话。医疗靠的是技术和诚信，医生通常会向你交代最坏的可能，然后做最好的努力。如果多数患者都能明白这一点，这种在网络上上当受骗的机会估计就会小了吧。骗子永远不会绝迹，只要人性中还有贪婪、善良和无知。

导　语

2016年4月5日，微博昵称为"弯弯_2016"的网友连发多条微博，称在位于望京798的和颐酒店，遭陌生男子拖拽，随后上传监控视频。这一事件迅速引发社会广泛关注。拖拽"弯弯"的男子就是李某。2016年4月7日，李某在河南省许昌市被警方抓获，其曾经介绍卖淫的犯罪事实由此被牵出。

我们都害怕成为和颐酒店遇袭的女生

@中青报曹林：评论名人

昨夜今晨的微博和朋友圈被"和颐酒店女生遇袭"事件刷屏了。我见过很多病毒式的刷屏景象，但很少见过这种眼睛瞬间被一条消息占据的景象。这种刷屏，可能是人们看到这件让人毛骨悚然的事情背后的一种生物本能，用刷屏分享在抱团中表达细思恐极的恐惧感和愤怒感。去年，"青岛38元大虾"也曾引发过公众集体愤怒，但这件事比38元大虾严重多了。

那是要钱，这是要命。

遇袭女生的长微博把整个事件叙述得很清楚完整，再加上视频，令网友有强大的带入感——当事女生那一刻在众目睽睽下被暴力侵犯，可能被消失时叫天天不灵、叫地地不应的无力感和恐惧感，通过叙述和视频以近乎直播的方式传递给了每个网友，让人产生了强烈的遇袭共情感。昨晚，朝阳警方证实了此事，并表示警方目前在调查中。

可能每个人生活中都在某个时间经历过这种无力感和无助感。被侵害时的无力，被威胁时的无力，维权时求助无门的无力，声嘶力竭地求助却遭遇冷漠回应时的无力……和颐酒店遇袭的女生这段经历击中了公众的这个巨大痛点，触动了公众心中的缺乏安全感的情绪敏感点，瞬间引爆网络。我们都害怕成为和颐酒店遇袭的这个女生，人们无助地用"遇到男女双方撕打，无论是不是情侣都要出手制止"来表达焦虑不安。

这条新闻，尤其让那些经常出差的单身女性感到恐惧。安全感是人最基本的需求，没有什么比缺乏安全感所产生的恐惧更能激起人的共鸣。首善之都的酒店，刷卡才能进的楼层，众目睽睽之下，在这种本应很安全的地方，都能发生如此骇人听闻的事情，更容易让人产生强烈的不安。遇袭女生在微博中所写的遇袭细节，不要说经历，想象一下都觉得十分恐怖：突然被掐脖子、被威胁被胁迫、喊救命却被当成两口子吵架、有人围观都不施救、被抓头发用力撕扯、绝望中抱着一个将信将疑女房客的胳膊当成救命稻草、事后酒店不断推诿。

万幸的是，遇袭女生最终逃脱了"绑架"，没有被消失。无法想象，如果不是女生死死抗拒，不是她死死抓住那个将信将疑的路人的胳膊，不是围观的人越来越多，后果不堪设想。人们无法不想起当年震惊舆论的山东招远血案，无法不想起很多类似新闻中被消失的人。

女生发微博引发舆论强烈关注后，当事酒店才发了一个没有道歉、没有安抚的声明。早去哪里了？当遇袭女生在声嘶力竭地向你们求援时，你们在干什么？当遇袭女生在事后找你们解决问题时，你们在干什么？当女生求告无门而到微博上求助时，你们在干什么？如今才回应，是真的在意顾客诉求，还是在意成为热点事件后的汹涌舆情？

我看了一下这家酒店的微博，平日也就发些鸡汤、卖萌和宣传稿，转发一些段子，没有与顾客的互动，没有对客人投诉的反馈，也没有体现对网友意见的重视。——管理和服务水平由此可见一斑。

对于这起骇人听闻的袭击事件，警方已经介入调查，酒店的安保为何形同虚设，袭击女生的暴徒到底想干什么，暴徒与酒店到底是什么关系，女生所质疑的酒店营业资格等问题，必须给当事女生和公众一个交代。

一个管理如此混乱的酒店，应该不只是这一次的问题——出了这样恶劣的事情，应该是无数问题的集中爆发。深挖狠挖，把这家酒店的问题都挖出来。不仅是这家酒店的问题，还有很多类似酒店，貌似严格的安保之下，那些小卡片是谁发的？

还有必要反思的是，为什么其他维权途径似乎都失效了，逼得这个女生不得不到微博上求援，用微博的围观去倒逼相关单位的重视。不是每一个被侵犯的女生都"有幸"遇到一个不那么冷漠的路人，不是每一个事件都能"有幸"成为被刷屏的热点。拿什么安抚公众的恐惧不安？我们需要勇敢的朝阳群众，需要路见不平一声吼的路人，需要不渣的酒店，更需要一求助就有回应的救援途径来消除我们的不安。

短评

@烧伤超人阿宝

北京积水潭医院烧伤科医生

当一个价值几千元的商品被强行以几百元几十元甚至十几元的价格出售，他必然会极度地供不应求。而这种极度的价格扭曲，必然会导致黑市的出现。某种程度上，号贩子的存在，就是在医疗价格被强行压低到极度不合理程度的时候，市场规律起作用的必然结果。

（背景：年初，一名东北女孩在北京某医院站了两天没挂上号，怒斥票贩子和保安里应外合，把300块钱的号炒到了4500块钱。）

@王志安

知名媒体人

法律保护的正当交易，或者说真正的"自由意志的合意"，在餐饮市场，除了明码标价之外，还包括不存在强迫交易和欺骗性行为。只有这三点均符合，才是真正的合法的交易。在天价鳇鱼事件中，除了明码标价之外，后两条，似乎都有问题。

（背景：2016年2月12日，游客陈某发布微博称，春节期间在哈尔滨市松北区"北岸野生渔村"吃"野生鳇鱼"时"被宰"，数个人一顿饭花费万余元）

@疫苗与科学

主治医师

预防接种自发明以来，挽救了无数人的生命，无论如何高度评价预防接种的功绩都不为过。预防接种的安全性问题，科学家也高度关注，并在不断改善。我国的预防接种风险并未超出预期，但确实应该加强预防接种不良反应的鉴定和补偿管理，让真正的因预防接种而受损的患者能顺利完成鉴定和得到补偿。但预防接种，绝对不能因噎废食。

@打奥特曼de小怪兽

脱离冷链流入防疫的问题疫苗都是公民自费的二类疫苗，二类疫苗向市场开放，企业经营，自由竞争。这个开放的环节就为形成非法的地下销售链提供了可能，有了非法销售链，非法药商再勾结基层卫生部门形成利益链、腐败链，非法疫苗流入自然就无法杜绝。山东疫苗案无疑就是采取这种方式。市场经济条件下，许多事可以交给市场，但有些已经被证明不适合交给市场的，再交给市场就会出问题的，那还交什么？政府该介入要介入，该垄断要垄断，别唯市场论，政策的制定应该以人民群众的现实需要为出发点。

（背景：2016年3月18日，有媒体爆出，山东省济南庞某卫母女涉嫌非法经营疫苗，非法购入25种二类疫苗，未经严格冷链存储运输销往全国18个省市。）

@ 白衣山猫

前浙江援疆外科副主任医师

肾脏移植是一个非常复杂的过程,仅器官匹配性一项就需要诸多检查,而这一切都必须在取肾之前进行。人体器官的摘取、运输和移植是一个极其复杂的过程,需要先进的检测仪器(如检查 DNA 匹配的设备)、精确的时间测定以及方方面面的人员支持。

更加关键的一点是,用于肾移植的活体取肾,供移植的肾要保留 2 厘米以上长度的肾动脉和肾静脉,所以一般要取左边的肾脏,左边的血管长一些。取活人的右肾去做肾移植,就连肾移植科的医生都会觉得有很大的难度。右肾的血管太短了,要保留 2 厘米以上,谈何容易?

由于右肾挫伤,右肾的周边组织都有严重损伤,挫伤可以保守治疗,但是挫伤的肾在日后可能因为受伤后血肿压迫、血肿块堵塞输尿管、肾脏血液供应受限等各种原因造成萎缩。

@ 笑歪嘴的秋秋

宁夏广播电视总编导

一篇男子胸腔手术第二天右肾失踪的报道,一场医疗界和媒体的恶战,蔓延出的恨和失望铺天盖地。第一天看到这个新闻,只看了个开头我就跟身边的人说,这个文章写得太无知了,肾有可能是萎缩了。四天后新闻又报道,右肾萎缩,并非医疗事故。只觉得如今自媒体裂变增长的时代,一些记者用电脑码字太容易了，错一个字罚 50 块的时代过去了，新闻记者证有没有都不那么重要了，责任和压力的意义也再也不是从前那样。这样一则没有经过调查研究取证就发出的新闻，在记者和医生之间横出一条沟壑。我们的新闻时代，越发得没落，那些能引起震动的声音，越来越多的是哗众取宠的，矫揉造作的，为了点击率丧心病狂的。还派生出所谓的标题党，看一眼题目就吓死人的新闻报道。

（背景：2016 年 5 月 5 日，安徽一家媒体报道了某男子在徐州医学院附属医院做胸腔手术，右肾离奇失踪。医院称该报道"严重失实"。）

@陈里

三农、社会学学者，管理学博士

这事儿大吗？对行政、执法机关来说，太小了。这事儿小吗？对八旬老人来说，是大事。执政为民，执法为民，不是一件小事，是大事。体现着公职人员对老百姓的一种情感，对职业的一种责任，一种职业道德，更体现着政府机关的一种作风。但愿这样荒唐的事情少些再少些。

（背景：2016 年 6 月，湖北一银行让八旬老人证明"我就是我"，被当地派出质问：你们自己造成的错误，为什么有问题都往派出所推？并打上差评。）

@段郎说事

九江市公安局民警

尽管北京野生动物园的一幕是一个不守规则的极端案例和悲惨故事,但它像是我们当下社会的一个残忍的隐喻与警示。《人民日报》评论所说,舆论别成另一只伤人"老虎",并没有透过现象看本质,根本原因就在于忽视了强调遵守法规人人平等意识,忽视了无视规则的世界必定招致"虎"视眈眈,反而将矛盾转向是同情还是诅咒那些不遵守法规而受伤的人,让公众喋喋不休,甚至为之撕裂。

(背景:2016年7月23日,北京八达岭野生动物园,游客因擅自在猛兽区下车,发生老虎伤人事故致一死一伤。)

@侯虹斌

作者

归根到底,是有一部分家长强烈地需要有专门的体罚机构来对付他们的孩子。电刑或者各种殴打,都是符合家长期待的。就算没有杨永信,面对家长们的巨大需求,也会有唯利是图、丧失人性者来迎合,会无中生有地"创造"出符合他们期望的规训学校。

(背景:2016年8月底,有报道质疑,在2009年被卫生部叫停"电休克治疗网瘾"后,网戒中心主任杨永信仍在使用电刺激手段"治疗"被送进去的网瘾少年。)

@传媒老王
报纸媒体人

因为户籍制度的存在，公民无法实现权利平等，也无法获得迁徙自由。从社会发展的角度看，人口不能自由流动，将阻碍劳动力资源的市场化配置，降低生产效率，同时加大城乡和地区之间的经济发展差距。多年来，各界持续呼吁改革户籍制度，《居住证暂行条例》的公布，标志着改革迈出了重要一步。

（背景：2015年12月12日，国务院公布《居住证暂行条例》，于2016年1月1日起正式施行。）

@乔志峰
知名评论人、杂文作家

市长理发，看似小事一桩，却一叶知秋、窥一斑而知全豹，暴露了某些官员身上严重的奢靡之风以及根深蒂固的特权思想。而有着类似问题的官员，其实并非少数。此前媒体还曝光过"每餐最少花费60万元"等更为豪奢的大手笔。各项制度白纸黑字，各种规定言之凿凿，反四风声势浩大，可为什么仍然没能挡住某些问题发生呢？相信稍有常识者都能看出来，问题主要还是出在能否"监督到位"上。而监督到位最难的，就是不能让领导游离于规则之外。市长被通报了，宁波相关方面是否也该深刻反思一下：为何公车管理等制度，此前对市长大人失效？

（背景：浙江省宁波市原市长卢子跃因多次安排公车接送金华市的理发师，往返500公里到宁波市专门为其理发而被双开。）

@杨樾杨樾
深圳新电波卡思特科技有限公司董事长

25个公益组织起诉百度，这种连锁反应是意料之中的。很多媒体都谈到国家要加强监管的问题，这是一种非常落后的思维模式。国家权力不能因为市场原因被继续放大，市场经济应该是一个逐步削弱国家权力的过程。而制约百度这类无良企业最有效的方法就是：充分竞争。公众被百度侵害的根本原因是：没有选择。

@万能的大熊
《格局逆袭：普通人的制胜之道》作者

从公关的角度去讲，隐匿关键信息，做出社会负面的引导，其实并不算太高明，起码我是不信的。成功之处主要是有一个视频佐证，有一个案底帽子，再加上柳岩事件在先，预热了女性受侵害应该被关爱的舆论环境。也算是天时地利人和，火到今天这样，想必事主也没有预料到，所以最近一直都是"我很累"偃旗息鼓的节奏。不然真相大白的那一天，多少也要背些责任的。

@ 戴维司 Davis

英国心理学硕士、心理咨询师

此次和颐酒店女生遇袭事件，可以说是印证了社会心理学中，标准的"旁观者效应"(Bystander Effect)。简单来说，个体在有他人在场时，出手相救的可能性反而降低；除了旁观者效应，另一个导致弯弯孤立无援的原因，其实还是因为大家不想"惹祸上身"。既然事不关己，也无须多管闲事，这种"责任分散"(Diffusion of Responsibility)的大众心理，也间接削弱了被害者获救的可能性。

第四章　人的发展与人居生活

导　语

今年,强降水频频来袭,受此影响,北京、深圳、武汉、南昌、九江、重庆、广州等地纷纷出现严重的城市内涝,"城市看海"现象频发。今年入汛以来全国平均降水量为1998年来最多,全国有81个站点日降水量突破历史极值,11个气象站连续降水日数破历史极值。那么,除了极端天气增多这个因素以外,还有什么是导致城市内涝的原因呢?如何防范和治理内涝,避免城市常常"看海"成为微博人居生活议题的讨论热点。

城市易受洪涝的问题所在

@吴必虎:北京大学教授、城市规划专家

近几天长江流域沿线城市普遍雨洪告急,连李克强总理都不得不亲临一线指挥抗洪。武汉周边一些地区已经启动滞洪区分洪措施，但仍然无法解脱市区压力：长江主水道及东湖等承洪区水位高涨已经威胁到城市正常运行。

为什么主水道水位高涨无法错峰？是因为各支流及上游地区滞留雨水的纳水能力变弱了。

森林、土壤、湖塘都有蓄存雨水、减少减缓地面径流的作用，生态破坏、大面积森林消失、各大城市地面硬化都导致领域内吸水性、纳水性降低。城市防洪光靠排水系统是不行的，而是要尽可能让雨水停留在大大小小、星罗棋布的小池塘、小森林、小绿地。城市开发填平了湖泊河流，侵占了树林草地，把雨水径流全都逼入主河道，造成城市防汛过度依赖主河道，忽略了塘湖、小河、树木、沙土路等毛细血管的作用。

雨水先不要想着去排，而是要先让水慢下来。支流、上游城市都强调快速泄洪排水系统建设，实际上加重了下游的抗洪压力。

大自然本身有它自己的运行规律：蜿蜒曲折的天然河道可以减缓流动的过程，把宝贵的水资源尽可能多地保存在陆地上，而不是急着奔向大海，从而更多地抚育沿岸的人民。地球的纳水系统比排水系统更重要，一味追求快速排水的城市化模式破坏了生态系统，摧毁了纳水系统。填塘填湖、地面硬化、破坏森林植被、对天然河道裁弯取直、开挖山体平整土地，这些都是严重干扰、破坏地球纳水系统的反生态行为：这几天，长江中下游的人们又一次为此品尝着其带来的苦果。

导　语

澎湃新闻曾在社论中写道：中国现代中产家庭的前身主体是城市贫民阶层和农村高考成功者，他们身上多有生活艰辛的记忆，在经济能力上升过程中，也看过太多各种各样的"滑落"者。这种记忆，使他们即使过上了相对宽裕的生活，也处在惴惴不安之中，如职业前途、家庭资产、子女教育、医疗、养老等焦虑。

《小别离》：中产阶级的教育与婚姻危机

a 谢勇：时代周报评论部编辑、大学教师

以"留学生低龄化"为主题的电视剧《小别离》剧终了，追剧的家长们从电视里讨论到了朋友圈。但实际上，直到最后几集，《小别离》的故事才显出编剧的功力：朵朵去美国了，方圆和童文洁一下子失去了生活的支点，一地鸡毛之后，两人最终离婚。

此前，《小别离》一直按着某种惯常套路发展。底层家庭砸锅卖铁，也要让孩子出国读哈佛、麻省理工，以期填平阶层固化的鸿沟；社会上层希望孩子镀金后能顺利接班，实现财富传承；中产阶级则希望通过努力奋斗得来的社会地位能够延续到孩子身上。

这些耳熟能详的故事涉及阶层固化、中产焦虑等老问题，电视剧也按照阶层分析法，预设了三组家庭，分别代表底层、中产和富豪，并让他们机械地发生了关联。但很明显，《小别离》的核心线索，是划入中产的朵朵一家。《小别离》的本质，是一个都市中产的故事，而且是真正的都市中产：父亲方圆是眼科医生，母亲童文洁是外企高管。这个家在北京拥有一套大两居，生活安稳，事业小成，固定资产节节高升，现金流则永远有些紧张。

一部电视剧刷出存在感的前提，在于提出属于这个时代的尖锐问题，如房子之于《蜗居》，阶层固化之于《欢乐颂》，以及这部以中产子女教育切入的《小别离》。在我看来，《小别离》提出的问题，绝不是要不要让孩子出国读书，而是当孩子成年，并如你所愿去了985、211或者美国和欧洲时，那些不断宣布自己抑郁焦虑的中国中产们，该怎样继续失去支点后的生活？

2016年7月，《经济学人》杂志的某篇文章说，中国中产阶层（家庭年收入在7.66—28.6万人民币之间）的人数，从20世纪90年代的几乎为零增长到今日的2.25亿。子女教育，实际上就是潜伏在这两亿中国中产命运里的诅咒：完成了子女教育的宏伟任务后，无数中产发现自己的生活连同自我都已经被摧毁，甚至连自救的机会都没有。

子女成人日，生活崩溃时。这才是《小别离》最有价值的部分。

危言耸听吗？今天中国中产阶层对待子女教育，已经上升到了某种宗教仪式般的程度。从出生选择医院、奶粉、尿不湿，到早教、幼儿园、学区房，乃至小学、兴趣班、补习班……所有这些，不仅仅是钱的问题，更是一场全身心的投入。其实，所有能用钱解决的事，都是简单的。但在中国，子女教育不仅消耗金钱、精力，甚至意味着放弃自己的未来。这个未来，包括事业、兴趣、爱好、感情甚至政治观念以及对生活的野心。

这方面，《小别离》的刻画可谓异常精准。为了孩子，女强人可以放弃自己的事业，甘愿在企业干些杂活，心态平和的父亲可以离开喜爱的手术台，强迫自己变身商人。这些残酷的事实，都被子女教育遮掩了。而唯当孩子离去，这些中国中产们才发现，没有了孩子，连夫妻关系本身都没有了存在的价值。

从纯金融角度看，今天中国中产对于孩子的投资，其性价比之低令人发指：耗费数百万元送出国去读完名牌大学的孩子们，在未来，没有几个能挣上有吸引力的薪水，他们也注定成不了盖茨比，根本无法实现上一代的野心和抱负。但就此责怪孩子更毫无道理，中国父母的付出，更多出自本身的病态：这一代为人父母者，不仅匮乏爱，也缺乏爱人的能力。

这是一个怪圈，只有失去自我的爱才被认为是真爱，而为了表达这种真爱，中国中产们正在一点一点摧毁自己的生活。也许，再生一个是不错的选择？如此，生活坍塌的真相又一次被暂时掩盖，而当下一个旅程结束，衰老将解决所有问题。

刚看到另外一篇文章，一组数据触目惊心："从怀孕到孩子大学毕业，普通地养孩子需要约 445470 元人民币，而高质量"体面"地养孩子大约需要 5397000 元人民币。而花 500 万去养一个"体面的"孩子，并不算奢侈的行为。以上数据客观地说明了为什么"养不起"孩子，为什么政策允许了，中产阶级也不想生二胎，因为高质量养孩子的成本非常高。"

生还是不生，都很纠结。

导　语

2016年8月14日，王宝强通过微博公开发表离婚声明，欲与马蓉解除婚姻关系。8月15日，王宝强到法院起诉，要求两个孩子的抚养权，分割财产。16日，马蓉起诉王宝强侵犯名誉权。10月18日，王宝强现身法院亲自出席离婚案庭审，马蓉未现身。庭审中王宝强方围绕马蓉婚内出轨、转移夫妻共同财产及要求分割的共同财产等进行举证，马蓉方围绕子女身份情况提交了相应证据。

王宝强婚变打破的憧憬

@万能的大熊：《格局逆袭：普通人的制胜之道》作者

娱乐圈婚变不是什么新鲜事情，其实不婚变倒经常是个新鲜事被拿出来说道。不过从来没有一个出轨事件像王宝强的这样轰动，乃至央视都有栏目在讨论其中的法律问题。很多粉丝也在问我，为什么这件事情会这么火，连不关心娱乐圈的人都非常关注。

其实说白了，王宝强的婚变不仅仅是婚变，而且打破了很多人的憧憬。

对王宝强不屑的人，你仔细看看，大都是读书人。他们自己混得不怎么样，毛病总是特别多。对这种底层出来的小人物，往往嗤之以鼻地说："不过就是运气好，本色出演，就算有钱了，也改不了自己的土气和层次。媳妇怎么也是大学生，没法交流也可以理解的"。所以，读过书的坏人的危害总是特别大，持这种观点的读书人也好，媒体人也好，公知也好，都是错误的。我们离他们远一点，离他们的观点远一点，会让社会变得更好。

王宝强是一个底层逆袭的典型，如果说《天下无贼》是运气好，《士兵突击》是本色出演，甚至《泰囧》也是本色出演，但是到了《hello，树先生》《一个人的武林》，他其实已经是一个很优秀的演员了。这中间的各种苦楚和提升，想必是外人所不知的。而在《唐人街探案》中，虽然还有本色的影子，但也已经变得非常成熟。所以我们必须承认，王宝强的起步，也许有些运气，但他没有变成一颗流星，而是持续地红了下来，这源于他很大的努力和坚持。这其实就是一个典型的中国梦的成功范本，相信也激励了很多人为此努力。

然而，现在你不得不面对一个残酷的事实，先不说你能不能逆袭成功，就算你逆袭了，你的钱也可能被身边别有用心的人一口气都卷走。不但可以赚你的钱，还能睡你的老婆，然后你还毫无办法地在离婚的时候被抢劫一半，甚至所有的钱可能已经都被卷走出逃，自己打拼多年可能都身无分文。相信每个有中国梦的国人，都会人人自危。这会造成人与人之间尤其是亲人之间的极大不信任。而一个好人，得到了如此下场，在中国人的文化中，是无法接受的。所以我一直说，这不仅仅是一个婚姻家庭的问题，还是一个社会底线问题。很多人都谈起了武大郎，可武大郎是因为西门庆贪色、潘金莲爱财的一拍即合而被陷害，而不是武大郎被算计得人财两空啊，更不用说孩子的血缘疑云了。

很多人觉得不管怎么说这都是家务事，如果没有经纪人这个角色，只是单纯的第三者插足，比如之前有和健身教练出轨的这种，我们都可以理解为感情纠葛。但经纪人安排着王宝强的各种工作，老婆又掌管着王宝强的各种内务，这种里外勾结，贪钱贪色的布局让人不寒而栗。如果如传言所说，婚前宋马二人就认识，结婚只是布局的开始的话，那更是可以载入史册的仙人跳。他会让每个人都怀疑自己身边人的动机，会让社会充满了不信任，这绝不仅仅是一个出轨那么简单的事情，而是直接拉低了社会的底线。如果这一切还都是合法的，那我相信对社会诚信的摧毁，是超过扶老太太的南京彭宇案的。这不仅仅是做好事被诬陷，而是被合法地洗劫。当丧失了这种基本的社会信任，各种职业都丧失了基本的行业守则，那我们就必须自己把握一切，才能确保安全。连枕边人都要防范的社会，显然是一个大退步。

这甚至不是一个简单违法甚至犯罪的事情，而是一个违背公序良俗、挑战社会底线的事情。它不仅仅摧毁着人对社会的信任，甚至摧毁着人对至亲的信任。从这个角度来说，无论采用怎样的手段去处理这件事情，我认为都不过分。

希望正义只会迟到，而不会缺席。

导　语

　　2016年9月，郭德纲微博晒出德云社家谱并配文要清理门户。家谱中提到有曾用云字艺名者二人，逢难变节卖师求荣，因此夺回艺名逐出师门，疑指曹云金与何云伟。之后曹云金发文回应，历数郭德纲"七宗罪"。随后，郭德纲微博回应曹云金"七宗罪"指责，言辞犀利。曹云金不甘示弱，紧接着在微博晒出发票，发文回应。郭德纲和曹云金两人，你一篇我一篇，在微博上隔空"对话"。

郭德纲和曹云金互撕，后面是一卷长长的裹脚布

@廖保平的微博：专栏作家、诗人

　　郭德纲和徒弟曹云金的矛盾闹大了，闹翻了。

　　我稍微捋一捋，上周郭德纲在"纲丝节"上公布了德云社的家谱。曾经的两名云字科徒弟何云伟与曹云金并不在列，这显然是要将两位徒弟除名的意思嘛。

　　然后郭德纲又发微博：该清的清，该驱的驱。所谓的清理门户，是为了给好人们一个交代。凡日月所照、江河所至皆以忠正为本。留下艺名带走脸面，愿你们万里鹏程。从此江湖路远，不必再见。

这不指名不道姓的话已经很明了：我要清理门户，要和曹云金你们这些不孝之徒断绝关系，从此老死不相往来。

然后，曹云金发长文细述自己和郭德纲的恩怨，称曾被赶出家门睡公园，演出遭封杀。还说，"是你的江湖险恶，但我的世界阳光，……人生长路漫漫，确实不必再见。"这是一副从此绝别的话。

再然后，就是其他人，包括郭德纲的徒弟纷纷站出来指责曹云金"背叛恩师"，说"一日为师，终身为父"，曹云金此举是禽兽不如。

比如郭德纲的徒弟朱云峰就说了：德云社十大班规之首，不准欺师灭祖。守者立，犯者罚！一日为师，终身为父，老话乌鸦讲反哺，羊羔跪乳。出言不逊，犯我恩师。禽兽尚知眷念父母！总之，还字之前，请闭嘴。

无论是郭德纲还是其徒弟朱云峰的话语，都充满了让我熟悉而惊讶的口吻和气息，那就是过时的，江湖味极浓的，充满人身依附的师徒关系，散发着一股子霉味。

我记得我大学毕业到某银行办公室工作，行长是从过去老信用社过来的人，就跟我说，我们现在大学生多舒服，而他那阵子从业时不叫员工，叫学徒，在师父面前低三下四，早早就来到办公室，把卫生做好，把师傅的桌子擦得干干净净。冬天生好炉子，师父一来，温热的毛巾就递了过去。把师父侍候得舒舒服服，才学到一点业务。

这种情形在过去可能是比较普遍的，无论哪一门手艺，都还没有学校，缺乏成建制、模板化、批量性的学习，要想学点东西，就得拜师学艺，学到了手艺，才能够混出名堂，才能有安身立命之本。所以，任何一个学徒都有可能将师父视为再生父母，故而有"一日为师，终身为父"的说法。因为师父对徒弟的影响实在太大了，确实是徒弟的大恩人，恩重如山，甚至超过父母。

与之相对的是，师父给你如此大的恩惠，改变你的命运，给你一生的荣华富贵（比如成了名师、名角、名人）。相应地，你对师父要尽到更多的义务，这其中就有"不准欺师灭祖"，这其实就是要你"一日为徒，终身为徒"。背叛恩师的事，肯定会遭到圈子里以及社会的普遍指责，这是有其合理性的。

此外，在过去，一门讨生活的手艺、艺术，求学者众，师父有极大的挑选权。一些底层弟子无家可归，拜师学艺时也就将师父视同生父生母了，视师父的家为自己的家。而在过去，子女对父母有极大的人身依附，说不上有多少独立的人格和自由，这也让过去的师徒关系染上了浓浓的人身依附关系。

而且这样的父子关系毕竟非血缘关系。师父对徒弟的背叛自然舍得下狠手打击，加之像戏曲、相声这些群体多为江湖行走者，生存颇为不易，不冷血不行，一旦沾染了江湖规矩，翻起脸来，就会更为残酷无情。

这一点，我们可以从《霸王别姬》的电影里看到，那些学京剧的徒弟对师父是何等的言听计从，师父有着怎样的生杀予夺之权，可以决定弟子的前途命运。哪怕成了名震天下的名角，对师父也不敢有半点不敬。

然而，时代变化了，很多手艺、艺术都纳入到学校制，而不是门派师徒制了。在现代社会，师徒关系仍然有权利与义务之分别，但本质上是契约关系，彼此应该是平等而独立的，"一日为师，终身为父"更多的是讲一种尊敬，绝不是强调人身依附关系。没有哪个老师敢要求弟子对其尽无穷的责任，成为师父赚钱的工具，对其有绝对的指使。没有这回事。

只有仍然没有进化到现代教育模式的手艺和艺术，只有还停留在传统时代的思维，只有还迷恋江湖思维的人，才会觉得自己收了一个徒弟，就是收进了家门（门户），就是自己的孩子，可以一辈子指来唤去，幻想着自己仍拥有强大的父权，弟子稍有不从，就动用社会道德来鞭打他。

恰恰现在很多手艺、艺术都已经学校制了，有些手艺可以在职校学习，有些艺术可以投师艺术学校。而这样的学习之中，我们很少听说师生之间有那么多的书剑恩仇之事。唯有仍然保留着传统的、江湖式的传授方式的相声、二人转等艺术，总是不断地闹出一些幺蛾子，不断爆出内讧，不是师徒反目，就是徒弟之间互撕，圈子内的互殴，而且撕起来还不如泼妇骂街体面，斯文扫地，其状难看至极。

我想，这些落后的、过时的艺术传授方式真得改改了，还把过去那些裹脚布、小脚当宝贝，在现代社会还演绎得那么自鸣得意，除了令人不悦，还有太有多的时空穿越感。

导　语

在 2016 年 3 月 30 日包贝尔和包文婧的婚礼上，伴娘柳岩被几位伴郎试图扔到水里。过程中柳岩挣扎尖叫，幸好贾玲仗义相救。虽然婚礼上大家玩得都很开心，但柳岩当伴娘被捉弄的话题在微博引发热议，同时也引发了公众对于婚礼闹伴娘行为的讨论。

当柳岩说不生气时，话题更有讨论意义

@女王 C-cup：性科普作者、两性专栏作者

包贝尔的婚礼本不会引起大众太多关注，直到柳岩被闹伴娘的视频被传到网上，讨论的热度持续了好几天。一个常被负面舆论环绕的性感女星，一个在《南方人物周刊》的采访中曾说"我知道很多女孩不喜欢我"的女性，因为一场丑陋的闹剧，一个被闹的伴娘身份，得到了网络世界巨大的同情，而这些同情大多数来自女网友。

当这个话题进入公共空间的时候，柳岩本人生不生气对公众来说已经不重要。这个事件不再仅仅是她个人的事件，它足以成为一个文化议题。柳岩本人也不再仅仅是她现有身份的载体，在这个议题中，她的身份是女性。

在以宗族社会为社会基础形态的传统中国，婚礼中常有闹洞房的环节，

洞房闹的不是伴娘,而是新娘。这可以被理解为是一种族权对夫权的侵犯。新娘在正式成为新郎所有的那个时刻,族权既见证了新郎对新娘的所有,但又通过拂逆这种所有,来确立族权的更高序列。妻子不是丈夫独有的,她更属于宗族。宗族中序列越低的男性,越有可能承受更出格的闹洞房。妻子接受宗族的虐也好、戏也好,越低序列的男性夫权越隐形。

闹伴娘是闹洞房的现代延伸,但形式的不同,也带来了新的解读。伴娘是无夫无父的所在,不是某人的女儿,不是某人的妻子,她们是孤立的、脆弱的,不为任何人所有,也就不为任何人所保护。她唯一身份就是女性。闹伴娘代替闹新娘时,或许意味着宗族概念的淡化,对夫权、对男性保护的承认,但这种承认却建立在对无夫无父的伴娘的戏谑上。

福柯说,身体是文化铭刻的载体。几百万网友能共鸣到被闹伴娘的情绪,是我们共同分享的文化在起作用。也许意大利的女性面对柳岩事件,不会有同样的感觉。性别概念不是自然而成的,所谓男女,不是一个天然存在的规范,不是生理性别为女,以后就可以自然而然地按现有的女性规范行事。性别是一个被建构出来的世俗身份,我们的社会文化里,男性女性被套入性别身份中,接受不同的教育,面对不同的社会控制手段,面临不同的社会标准。所以即使男性与女性同样湿身,男性与女性暴露程度相当,男性与女性都被摸大腿,他们所面对的舆论也不同、投注的视角也不同、承受者心理感受也会不同。女性的身体被赋予了更多耻感,投注女性身体的目光也裹挟了更多性赏玩的意味。伴郎与伴娘都被丢进水里,伴娘却处于更糟糕的境地,因为即使是同样的行为,两性却没有分享同样的文化脚本。

身体同时还是权力的重要战场,作用在女性身上的权力是多元而混乱的。

社会控制根植于文化土壤，道德与风俗观念是其强大的助力。性控制是社会控制的一种，例如对女性的贞操教育，对发生过性行为女性烙上越轨的标记，对离异女性打上失败的标记，强调女性对父权和夫权的忠诚。在非常长的一段时间里，甚至直到今天仍然存在，女性的身体是她的家族、父母、丈夫／男友之间权力竞争的战场，女性的身体实现的是其他人的意志而不是自己的。在一些父权社会里，有极端的对女性的性控制，比如阴蒂切除术，部分或全部的切除女性的阴蒂，锁阴，将女性的外阴唇缝合，只留一个小孔供尿液和经血流出，至今全世界还有1亿到1.3亿的女性在承受对性器官的人为损坏以确保对她们的性控制。中国的社会没有对女性的生理割礼，但精神割礼却根深蒂固。未婚女性的贞操仍然被主流认为是保证未来婚姻稳定的非常重要的砝码。一个经历过性行为的未婚女性更容易与负面的人格品质联系起来。当一个女性经历初夜，她常常感受到对父母的愧疚。通过性行为，女性被划分为纯洁的女孩和可以随意对待的荡妇。即使结婚之后，女性也更容易让丈夫支配自己的身体，成为性行为的被动接受者，女性的生育更受丈夫的意愿决定。她们更愿意满足丈夫的性幻想，相比取悦自己，更愿意取悦丈夫，更容易将阴茎－阴道性交视为最重要、最合理的性交方式，也更焦虑于无法以阴茎－阴道性交方式获得高潮。

　　女性的身体被普遍资源化，进入了社会资源交换的程序中，在对待女性身体的话语权上，男性分享了非常充分的权力。女性的衣饰，比如"在外不应该穿那么性感，便宜别的男人，性感是留给丈夫和男友"；女性的身材，比如过度减肥、使用束衣达到对丰乳纤腰的追求；女性的生育，比如能不能在性生活中按自己的意愿实施避孕，能不能在生育环节享有关键决策权。女性在自己身体上所拥有的话语权往往比她们能意识到的更少。她们不能自由选择成为"荡妇",而且需要放弃一些自主权以避免被定义为"荡妇"。与此同时男性不需要控制自己的衣着和人际交往以避免成为"荡夫"。但矛盾的是,女性常常被认为必须学会在性感放荡和清纯端庄之间转换以迎合男性审美。

多种权力在女性身上施展带来的结果可能是混乱的、矛盾的。女性对于自己身体应该秉持何种态度可能是迷惑的。当我的身体被触摸时,那是性骚扰吗?还是对性吸引力的恭维?当熟人冒犯了我的身体时,我可以生气吗?我生气会不会让人觉得我反应太过?尤其是关系中的权力施展常常会隐形,被朋友骚扰的女性、被伴侣强暴的女性、被父母严格控制的女性,她们也许常常需要与自己"本能的不适"进行斗争。

那些在不恰当对待中失声的女性,有些是因为压迫而失声,但还有一些失声则是因为她们无法确定自己到底经历了什么,是性骚扰、强暴、控制,还是玩笑、恭维、爱?从而无法确定自己应该拥有什么态度,是抗议、拒绝、愤怒,还是理解、顺从、享受?

柳岩的回应中说她在当时受到了惊吓、发出尖叫、紧紧抱住贾玲,这些是她下意识对闹伴娘做出的回应。她遣词谨慎地说"也不是多委屈尴尬","大家都是好朋友,不会把我怎么样",我只是觉得,她心中或许也感到过迷惑和矛盾吧。

导　语

尽管社会上不乏对90后的吐槽和批评，但90后作为"富有朝气，勇于担当的一代"的社会形象渐渐得到了许多人的认可，90后开始登上社会舞台。由于时代的发展和变化，90后的思想与理念与老一辈中国人有很大的不同。

90后新文明宣言

@孙宇晨：马云湖畔大学首期学员、"陪我"APP董事长兼CEO

自我进入大学算起，已经整整十年了。十年对于二十六岁的我来说，已经是一个很长的时间了，更是我人生觉醒与思考的十年。期间经历了入学北大，毕业，去美国又回来，又开始读书，又毕业，工作，创业，与许多朋友分开又重逢，与许多观念拥抱又决裂，与这个社会冲撞又言和。

以上是变的部分，不变的部分是，这十年，我越发地意识到，中国虽然一天天在变得精致，但是绝大多数的问题，我二十六岁意识到的，与十六岁意识到的，并没有什么大的不同。这是我失去的十年，也是中国失去的十年。

束缚我的问题，永远在束缚同代青年人，乃至所有后来之人。

唯一好的方面是，我的立场与观念渐渐坚硬起来，即便观念的洪流袭来，裹走了所有人，它也裹不走我。

裹不走我，也许就是下个十年的变化。

以下是一些坚硬的观念。

一人

1. 一人之本，我永远都不会为他人而活，也从不要求他人为我而活。

无论面对谁，勇敢地说出这句话。利己永远是第一位的，牺牲自己的独立与自由，永远无法换取国家的独立与自由，相反，一个全民牺牲独立与自由的国家，将会走向奴役之路。

一人是一国，一国便是一人。

2. 个人奋斗取得成功理应成为中国的共同信仰。

中国对于个人奋斗普遍不够宽容，中国可能是全世界通过个人奋斗实现财务增长人数最多的国家，但也是被黑得最惨的国家。在中国，个人奋斗本身甚至就是原罪。王健林在中国受到的实质争议要比王思聪大得多，因为王健林要解释他的财富来源，而王思聪不用。相信个人奋斗，相信互联网时代给我们提供了足够大的增量空间。

相信靠个人奋斗获得成功，突破阶层板结，是这个世界上最体面，最值得骄傲的事情。

3. 赚钱是最重要的，我们应将通过个人奋斗实现经济独立摆在首位。

经济独立是实现人格与自由独立的先决条件。合法赚钱是年轻人应该首要关心的事情，因为合法赚钱本身就在推动着整个社会与国家进步。承认赚钱的合法性，是中国当下最需要解决的问题，这个国家闷声发展了三十八年的经济，赚了三十八年的钱，但是赚钱在中国还是一件不可言说的敏感问题。

我们有义务让中国进入好人赚钱的时代。

4. 这个世界根据你的结果回馈你，而非你的努力。

努力本身没有任何意义，个人努力的意义最终要呈现为你对他人的价值与结果。努力的廉价自我感动是绝大多数人无法赚到钱的核心原因之一。

永远对结果负责。

5. 念大学、读书只是一种个人选择，不意味着赚钱、社会地位。

在市场经济浪潮中，那个寒窗苦读，改变命运的时代已经结束了。读书不应该被赋予改变命运，甚至赚钱的职能，这仅仅是一种个人选择。一个人初中数学不合格，与打德州扑克输钱是一个性质，只要不影响正常生活即可。读书不意味着任何事情，受教育程度高并不代表赚钱多，更不代表社会地位高，早点接受这点，能让不少年轻时期以为自己是知识分子的人好受不少。心里不好受，就去看看第二点。

读书是一种很好的爱好，仅此而已。

6. 推迟买房时间到至少到 35 岁，甚至不买房。

在中国，高房价是正常的，一个国家货币超发的直接后果是房价高企。但是这并不意味着你需要把自己的人生绑在高房价的车轮上。供一套房子可以摧毁一个年轻人的梦想，这是毫无疑问的。其实一个爱买房、爱供房的年轻人的梦想本来就没那么值钱。

未来五年，北上广的房子还是一个年回报 5%—10% 的投资品，但是那个十年十倍的黄金时代已经结束了。任何一个选好互联网方向的年轻人，自身一年实现 50% 的增长不是难事。

推迟买房的年纪，甚至不买房是最好的选择。

7. 尽量减少固定资产投入（房，车），选择共享经济。

固定资产投入，成本高，折旧快。互联网已经为我们提供了大量共享经济的可能，付费共享他人的固定资产，把专业的事情交给专业的人，能够更大限度地提升自身的自由与空间。

除了你自己，你不必拥有什么。

8. 相信现代医学的力量，相信医生的价值，而非药物的价值。

面对不确定性，我们有太多无法治愈的疾病，但是现代医学是我们唯一的依靠。每一个现代医学的医生对于疾病的理解与判断是最宝贵的，我们应该将金钱的奖励给予他们宝贵的判断，而非药物本身。

在死亡面前，相信科学的力量。

9. 尽量选择互联网＋私营企业作为工作的首选，甚至不工作，选择新兴职业。

互联网＋私营企业是全中国最结果导向的地方，结果导向注定了最大限度地避免了拼爹导向与上级导向。保持高度的竞争力能让你最终依靠自己的价值与能量，而非平台、体制、领导。

如果不想工作，互联网创业、电竞选手、主播、网红、公众号创业，都是不错的选择。勇敢地选择互联网的新兴行业，高额的报酬将是对你的奖赏。那个有"编制"才能在中国立足的时代已经一去不返了。

不要害怕一个人。

两人

1. 婚姻是爱情的起点,并不是一种维持生存的方式。

婚姻在中国人眼中,普遍被认为是一种面对残酷生活的避难所,而非爱情的终点。两人在一起的原因并不是因为相爱,而是因为经济上降低成本。这就是财务独立的好处,也许到了这里,我们可以谈谈真爱。

婚姻与爱情原本是一回事。

2. 不因任何非爱的因素缔结婚姻,包括来自另一半、社会、父母、经济的压力。

如果没有爱的人,不婚也是一种选项。"无后为大"的传统农业社会伦理已经瓦解,在互联网的新时代,每一个人都应该是一个自由的个体,婚姻自由,其中不仅包括选择伴侣的自由,更包括不结婚的自由。

结婚不是必经之路。

3. 婚姻不应损害任何一方在工作、事业、人格上的自由。

结婚理应比不结婚更幸福,才具有存在必要,结婚是让两个人更强大,而不是互相损害,结婚不应以损害任何一方的人格自由为代价。

结婚理应美好。

三人

1. 尽量不接受父母的经济帮助,或者尽早摆脱这种帮助。

我们应该明白,任何经济资助都伴随着条件,哪怕来自父母的帮助,也会伴随着控制，天下没有免费的午餐。

独立，独立，独立。

2. 尽早实现个人的独立，让父母成为你的朋友，而非保护伞。

父母与你是一种平等的关系，一种平等的至亲关系，我们的成功与独立不应牺牲父母的福祉与自由，反之亦然。父母没有权力要求子女为其而活，反之亦然。中国文化把父母子女捆绑在一起相爱相杀的年代已经结束了。

多年父子（女）成兄弟（妹）。

3. 父母对于你人生的建议只是一种参考，而非命令。

绝大多数父母的人生轨迹与互联网年代的我们有太多的不同，很多已经丧失了参照意义。相信自己的直觉和判断，互联网时代，相信自己，比相信任何人都可靠。

超越父母，让他们骄傲。

4. 若有不满，请反抗，但尽早与父母和解。

与父母从反抗走向和解，是一个与过去传统和解的过程。独立是和解的前提，和解是幸福的先导。两代人必然有冲突，尝试和解是成长与释然的证明。

前路迷茫，让我们搀扶前进。

多人

1. 多人之时，缔结契约，相信契约。

契约精神是整个文明世界多人互动的根基，无论事业、感情、家国、天下，对契约的尊重遵守，比金钱、权力更具力量。

相信契约，相信博弈，相信透明。

2. 我们面对多人之时的责任，我们的态度，会成为后来人的态度。

我们是互联网的第一代原住民。坚持我们的态度与生活方式，本身就是感召多人的过程。我们要对所选的新的生活方式有信心，我们是第一代人，在中国，可以自由选择自己的生活态度，我们也将为后来者提供一个新生活方式的范本。

在互联网现代文明来临的今天，让我们去建立一个美好新世界。在这里，任何独立的个人与组织都可以根据公开的游戏规则与契约来博弈，透明地追求自身最大化的利益，表达自身的观点，而免受世俗道德的谴责与惩罚。

短评

@渝西锋光

中国名博沙龙常务理事

炮轰中我们应坚守底线思维。网络社会的主要群体，集中为80后、90后、00后青少年，他们中大部分为"城二代"或出生于农村但年幼便随父母进城，鲜有机会深入体验农村生活。而几起网络热点事件均采用了以偏概全的手法，刻意放大农村习俗或环境的某个细枝末节，而不解读农村整体风貌或乡土风俗的全部流程。几起网络热点事件有个共同倾向，就是将舆论事发地"地域化"、舆论主角"标签化"。同时，无一不进行精神道德、传统文明、农村经济体制改革等更深层次的负面指向解读。

（背景：2016年春节期间，一篇帖子在网上热传，一名自称是小康家庭出身的上海女孩随相处一年的江西男友回农村过年，在见到男方父母准备的第一顿饭后便提出与男友分手，并以最快速度返回上海。一时间引起网友们的热评，事后被证实是谣言。）

@朱永新

中国教育学会副会长、苏州大学教授

天妒少年英才。林嘉文的去世给我们的教育再次提醒，生命教育不能可有可无，应该成为学校最重要的基础课程。教育本来应该为生命而存在，教育本身应该为延长生命的长度（自然生命），拓展生命的宽度（社会生命），提升生命的高度（精神生命）而存在。教育应该关注生命的问题。

（背景：2016年2月23日晚，被誉为"史学奇才"的陕西省西安中学17岁高三学生林嘉文跳楼自尽。校方称，此前他患抑郁症有段时间了。）

@叫兽易小星

导演，万合天宜合伙人

1. 无论男女，在公共场所蹲着是会引人注目的。2. 只要不破坏公共秩序、不占用公共空间或影响他人，躺在地上其实也可以。3. 小明的爷爷能活到九十岁是因为他从不多管闲事。

（背景：2016年2月26日，有网友将两个女孩在地铁站蹲着的照片发布到网上，并配文称没教养，引发热议。）

@马未都
观复博物馆创办人及现任馆长

读书有什么用？这是一名大学生向我提出的问题。在有书以来的文明史上，这本不是个问题，但进入知识碎片化的时代，这个问题的确成为他或她心底的发问。虽不振聋发聩，却也发人深思。我做了如下回答：读书可以让你与众不同，"腹有诗书气自华"（苏轼语）即是贴切的一种表达。学校所读之书可不视为书，故有"课本"之谓。此读书则是文史子集外加科学一类，读之与不读有天壤之别。多读书之士，知恐惧，知羞耻，知艰难，古人以为有此"三知"方可成人。无此三知徒有人之躯壳而已，惜今天这类躯壳充斥视野。

@作家陈岚
作家，代表作《背后》

就算是西门大官人这史上第一急色鬼，见了美女命也不要的主儿，也晓得一个真理：追求自己心仪的女人，要有章法，要有礼貌，要有节奏。"斯文，斯文"——这风水轮流转到21世纪，受了高等教育的中国男孩们竟然已经到吃相如此难堪之境？

（背景：三八妇女节前夕，许多高校男生打出了祝女生节日快乐的横幅，但内容直白、露骨，毫不文雅。）

@晚生三丰

在我看来，孙硕宁愿放弃治疗也要考入衡水中学，已经不是在乎于生命与梦想之间的衡量了。可以说，那是一种纯粹的信仰。健康不是躺在病床上抗争病魔十几年就叫健康，更多的是精神上的执着与坚强。支撑他活下去的，除了必不可少的药物，还有他内心深处的执念与信仰。

（背景：重病学霸孙硕戴氧气机参加中考，考入衡水中学。）

@李松蔚PKU
北京大学心理学博士

在抑郁症的诊断标准中，"自杀倾向"只是症状之一。不意味着被诊断的人一定会有自杀倾向，更不意味着他们一定会自杀。我们关心一个人，原因不应该只是他/她可能有自杀倾向。即使被诊断为抑郁症的人，也有开心的时候（即使他们心里仍有悲伤），并不一定是强颜欢笑。在任何情况下，把别人的开心当成"伪装"，认定其是一种（诊断标准上没有的）症状，我认为都是一件过于武断和不尊重他人的事情。

@崔永元

知名主持人

总有人诗意盎然地说：抑郁症就是一次心灵感冒。其实，得病就是得病，哪有那么浪漫。治疗抑郁症和治疗其他病无异：一是承认有病，二是寻个好大夫，三是配合治疗，四是防止复发。我个人的经验是，有关抑郁症病症的一些常识公众知道太少，合格的医生也严重不足。

（背景：2016年9月16日，艺人乔任梁因抑郁症自杀去世，再度引发大家对抑郁症的关注。）

@徐瑾微博

FT中文网财经版主编、专栏作家

暴富者高高在上无需承担与他们的财富不相匹配的义务，苦逼的中产阶级却必须时刻紧盯自己的钱包，免得一不留神就坠入他们看不起的下等阶层中。从抱怨被中产到"12万"引发的愤恨吐槽，可谓集体焦虑的意外投射。

（背景：国务院于2016年10月21日发文明确，进一步减轻中等以下收入者税负，适当加大对高收入者的税收调节力度。）

@记者-薛洪涛
法治周末记者

青少年性教育要趁早。学校加强性教育，要把对处于青春期的青少年的性教育提上议事日程。家庭教育中也要提倡青春期教育。有些学校把青少年生理教育作为应付检查的"花瓶教育"。建议今后主管教育的行政部门要更加重视起来。

（背景：妈妈给将去外地上大学的女儿打包行李时，顺便往里面放了安全套，结果被女儿排斥称：你有病啊！）

@小儿外科裴医生
小儿外科副主任医生

在骗术横行的当下，科学观念比医学知识更重要，传播科学观念，可以让骗子空间小一点，癌症患者生存机会多一点。

@东大夫
北京大学肿瘤医院主任医师

癌症患者，在能治疗的时候积极配合医生争取治疗机会和最好的结果，一旦放化疗失败后进入关怀治疗，临终前不要疯狂地输液、试偏方等等。临终患者以家属的陪伴、医生的心理安慰为主，不要盲目地应用各种神招儿，试图延长患者"痛苦"时间。

（背景：90后女演员徐婷因患淋巴癌去世，其生前采用的刮痧、针灸等中医疗法是否加速了病情的恶化引起了网友的讨论。）

@张仕元
西南证券研究发展中心首席研究员

延迟退休是社会的进步，但压力仍将长期存在。延迟退休是应对抚养比不断下降的一种措施，也是人口健康水平提高的表现。但解决养老长期难题的根本，还是要有一批引领人类社会发展的好企业，而不能纠结在传统的隔代养的西方养老模式。

@ 苏芩
知名作家

"我养女儿是因为我爱她,不是为了让她给我生孩子!"赞一下这位母上大人!——女儿在婚姻中的自尊心往往来自于父母对待她的态度。那些老是在婚姻中玩自虐的姐们儿,背后一定有位老是劝她凑合着过日子的爸妈!记着,在婚姻问题上,母亲的态度,也代表着女儿的身价!

第五章　国家实力与正能量

导　语

20国集团是一个国际经济合作论坛，于1999年9月25日由八国集团（G8）的财长在华盛顿宣布成立，由原八国集团以及其余12个重要经济体组成。2016中国杭州G20峰会于2016年9月4日—5日在中国杭州召开，峰会主题为"构建创新、活力、联动、包容的世界经济"。

G20提供中国方案

@孤烟暮蝉

G20选择杭州，是因为这类会议选址有选择风景优美之地的传统。中国正在逐步习惯成为世界政治经济中心的角色，虽然我们还不是很成熟，我们的身段还有些稚嫩，但是我们确实在回归世界的中心，这也是西方不愿意接受却又不得不接受的现实。那么在 G7 江河日下，成为昔日土豪抱团回味过去好时光的茶话会的时候，G20 该如何成为世界经济复兴的强心剂，如何在世界舞台上展示中国力量，提供中国方案，还需要我们考虑很多方面的因素。这些在我们的前面没有引路人，一切都要靠自己摸索。

首先，在全球民粹泛滥，抵制全球化声浪高涨的当下，如何玩转全球化经济组织是个不小的难题。英国脱欧，美国两个总统候选人明确表态不支持 TPP，欧盟拒绝 TIPP，一系列选票政治下的操作，都在经济外环境压力之下选择内收政策。西方经济危机确实没有起色，加上发展中国家经济也出现了问题，金砖五国，除了中国是"金"，其他的都成了"砖"。巴西、南非社会出现了极大的问题；俄罗斯在能源市场低迷的情况下，经济受到重创；至于印度，虽然被西方捧上了天，可是实质给出的经济数据亮点并不多，在修改了统计方法之后才把经济增长保持在一定的水准上。

这说明什么？西方的经济发展方案或者说是美国经济方案出了问题，这种吸全世界的血以维护美国繁荣的经济方案最终导致的结局，就是大家都是肉，只有美国的寡头们在吃肉。在这种方案规则之下，很难体现公平，也无法解决问题，世界不过是强权下的一场游戏。本质上 G7 就是强权集团的会议，之所以最后形同鸡肋，是因为这个世界上的发展中国家新兴经济体也需要话语权，所以才有了 G20。G20 的出现，最终目的是构建一个适合全世界经济稳步发展的经济模式，这也是我们的责任。经济危机之下，故步自封无异于饮鸩止渴，开放包容才是唯一出路，但全球化如何不被寡头控制，使之成为真正为世界经济发展助力的工具，这是中国走上国际舞台核心去谋求解决方案的关键所在。

其次，中国需要承担更多的大国责任，需要更加适应自身的角色，增加使命感。我们已经过了闷声发大财的阶段了，体量到了目前这个吨位，也无法玩一些以前玩的手法。当前，国际形势也出现了变化，我们需要更加自信地去参与国际间的事务，用中国的方式去帮助解决问题，去为发展中国家争取更多的利益与话语权。习总书记说，我们（在联合国）的一票永远都是属于发展中国家的。这是对的，我们在世界上代表的是弱势群体，我们的利益长时期被漠视、被剥夺，我们需要去争取、去经营、去占领。也许我们确实是丐帮，但是谁也不能小看丐帮，这算是国际版的农村包围城市战略。

这么多年来，中国自身的发展，其实是很好的样板，也就是中国道路是适合人类发展的，特别是发展中国家发展的模式。我们在解决贫困，发展经济，科技进步等方面都有非常先进的发展经验，我们可以把这些经验进行分享，并且不会跟西方国家那样附加任何政治条件。我们需要共建一个"大家好才是真的好"的世界新型经济合作模式，而不是极权吸血自肥的掠夺模式。中国不依靠任何海外掠夺压榨的手段就完成了自身经济飞速发展，这本身就是鲜活可信的实例，我们要做的就是把这种经验推广。通过 G20 这样的舞台，我们提供给世界全新的中国经验与中国方案。

最后，中国在世界舞台中心确实还是新手，我们还需要不断地学习与总结；我们的处理手法或许还比较生硬，但是我们确实走向了世界中心，走向了属于中国的舞台。我们可以更加自信，因为我们终将带给世界一个中国引导的未来。

导　语

国庆节前后，电影《湄公河行动》口碑刷屏。该片根据"10·5中国船员金三角遇害事件"改编。2011年10月5日上午，"华平号"和"玉兴8号"两艘商船在湄公河金三角水域遭遇袭击。13名中国船员全部遇难。10月31日，在中国政府倡导下，中、老、缅、泰四国在北京决定建立湄公河流域安全执法合作机制。2013年3月1日，案件主犯糯康、桑康·乍萨、依莱、扎西卡在云南昆明被执行死刑。

"湄公河惨案"五年祭

——不仅仅是严惩凶手

@江宁公安在线

2011年发生的10·5湄公河大案已经过去五年了。关于这个案子，大家这几天看到的各种新闻、视频、图片资料以及相关电影也已经不少了，不再多说。

今天要说的，是在抓获糯康贩毒集团后的这五年间，中国警方所做的工作。

在刚刚上映的电影《湄公河行动》中，一开场就提到了在 2011 年 10·5 "湄公河惨案" 发生后，在国家有关部门的努力下，中国、老挝、缅甸、泰国四国在北京签署《关于湄公河流域执法安全合作的联合声明》，声明签署当天距离 10·5 案发生仅仅 26 天。

2011 年 12 月 10 日，中老缅泰湄公河联合巡逻执法首航仪式在云南省西双版纳关累港举行，四国联合巡逻执法正式启动。

转眼五年过去了。2016 年 9 月 23 日，中老缅泰第 50 次湄公河联合巡逻执法行动圆满结束。

截至目前，四国执法部门已成功联合开展执法行动 50 次，保持每月至少一次的常态化。不要简单地认为 1 个月 1 次的行动看起来频率不高，每次行动都只是一系列行动的统称。每次行动都会出动执法人员百人次以上，船只 10 艘次以上，航程数百公里以上。在金三角重点水域及地段开展水陆联合查缉 48 次，共检查船只 718 艘，人员 3151 人次，货物 5.142 万余吨，救助商船 138 艘次，为 850 余艘商船进行护航，有效维护了湄公河流域的安全稳定。

这些数字的背后，是更多惊心动魄的故事。

第二次巡航时，巡航编队在会龙河口附近，得知中国船只"盛泰 11 号"在湄公河上遭遇枪袭，巡航编队成功对该船实施救援，没有人员伤亡。

第四次巡航后，由于糯康被执行死刑，糯康的兄弟和他的手下在泰国购买了两枚火箭弹和发射器欲实施报复。我公安边防水上支队通过情报部门掌握了这一信息，和缅甸方面联系，进行了清剿。

还有一次，水上支队通过情报部门得知，糯康残余势力打算把水雷放在江底，在湄公河航道某一地点对编队进行袭击，也被提前处置。

每一次联合执法，那看似轻描淡写的"成功处置""完成清缴"的背后，是你难以想象的艰险和复杂。

随着第 50 次联合执法的胜利结束，今天的湄公河和金三角流域，已经不再是当年那个令所有过往船只谈之色变的"鬼门关"了。

"平安航道"联合扫毒行动

除了四国在湄公河上的联合巡航执法外，在中国公安部的努力下，针对打击毒品源头展开的"平安航道"联合扫毒行动也已经进入第三个年头。

2013 年由中方发起建立的中老缅泰"平安航道"联合扫毒行动机制，经过三年多的发展，特别是从去年四国签订《"平安航道"联合扫毒行动三年规划（2016—2018）》、邀请柬埔寨、越南两国加入以来，机制更加成熟、行动更加果断、效果更加突出，有力打击遏制了湄公河流域毒品犯罪活动，维护了整个地区的安全稳定。

自2013年4月中老缅泰四国成功开展了第一届"平安航道"联合扫毒行动以来，破获了"3·19"、"239"、"207"等一系列有影响力的跨国毒品大案。

在去年召开的第二届中老缅泰"平安航道"联合扫毒行动高官会议上，泰国国家禁毒委员会秘书长颇蓬通报了2014年行动期间所取得的战果。

每一个数字的背后，同样是各种难以用文字简单描述的故事。

而这样的行动，在中方的努力下，仍在更大力度地开展。

自今年9月1日开始，为期三个月的2016年第二阶段"平安航道"联合扫毒行动正式启动，该行动由澜沧江—湄公河沿岸中国、老挝、缅甸、泰国、柬埔寨、越南六个国家统一组织开展。

"湄公河惨案"已经过去五年，但是这五年间，中国公安却已经通过各种难以用文字简单描述的工作让湄公河不再令人闻之色变。

禁毒是一项艰苦卓绝的工作，参与这项工作的人，绝大多数都是既不能公开身份，也不能放出照片的幕后英雄。所以他们所做的一切，都注定是默默无闻的。

向他们致敬，向这些最可爱、最可敬的人致敬。

他们所做的一切，他们所付出的一切，就是为了让五年前的"湄公河惨案"不再重演，让毒品不再污染我们的净土。

有句话此刻绝不矫情——你之所以看不见黑暗，是因为有无数勇敢的人把黑暗挡在了你看不见的地方。

谨以此缅怀13位遇难的中国船员。

导 语

　　1934 年 10 月，第五次反围剿失败后，中央主力红军为摆脱国民党军队的包围追击，被迫实行转移，退出中央根据地，开始长征。长征是人类历史上的伟大奇迹。80 年后，战争的硝烟已经散去，昔日的腥风血雨早已恢复安宁，当富足和安康使我们把前辈们的努力只是看作历史书中的一页时，我们又该以怎样的态度去面对这段历史，去善待并铭记呢？

80 年后，我们为什么还要纪念长征？

@ 荞皮

　　80 年过去了，当年爬雪山、过草地的老红军，如今还健在的，没有多少了……

（一）

　　我的家乡，在金沙江畔。

　　小的时候，学校每年清明都会组织去烈士陵园扫墓。

家乡不大，烈士陵园也不大。两座山之间的小山坳里，有一圈淡红色的围墙。一条笔直的路，直勾勾地通向最大的两座墓碑——那里，埋葬着两位红军战士。

80多年前，中央红军长征途经这里，两位红军随小分队垫后，后来又留下来发动百姓革命。在军阀和地主武装的围剿下，两人弹尽粮绝被俘，牺牲前受尽严刑拷打。

几个胆大的百姓偷偷收殓了他们的遗体，在一个小荒坡上草草埋葬。新中国成立后，一位老人指着山上的两个小土包说："那里埋着两个红军。"

后来，政府重修了两座坟墓，立了碑，围绕着它们，修起了这座烈士陵园。

一年又一年，看护烈士陵园的大爷要给一波又一波的孩子讲两位红军牺牲的故事。小学六年，我听了六次。人还是那些人，故事还是那些故事，一尘不变。

他们的故事本就简单得可怜，见过他们的人很少，知道他们的人也很少，他们还没来得及轰轰烈烈，就牺牲在了这个偏僻的小县城边上。

除了坟冢，他们什么也没有留下。所以，也无所谓发掘历史。他们只是数万红军中的普通一员，如大海中的一滴水。他们什么样子，我们不知道；他们是哪里人，我们不知道；甚至，连他们叫什么，也没有人知道。

多少年来，我们听着他们牺牲的故事长大，却渐渐忘记了他们。

听到后来，我和同学都不再听了，眼珠子轱辘转，看蜜蜂，看蝴蝶，数坟头有几朵小花。走过了规定的程序之后，清明，其实更像是一场春游。

小学毕业后，我离开了家乡，再也没有去过那座陵园。据说，它的四周现在渐渐变得繁华，有了高楼大厦，通了宽敞的马路。守陵的老人年纪大了，身体不好，换了别人。

但墓碑还是那些墓碑，故事还是那些故事。那座陵园，一尘不变。

（二）

历史是会落上尘埃的。

后来很多年，我一直不明白，为什么要让我们一遍又一遍听那些不算故事的故事。

这或许是一个年轻人对于历史最初识的怀疑和否定吧。就像我的一位初中同学吐槽的：人是要向前看的，去他的唐宋元明清！

所以，高考填报志愿的时候，我的同学中没有人选择历史系，哪怕是被调剂。读历史，你让我将来去干吗呢？

是的，不论给年轻人讲多少大道理，历史就是这么尴尬。

突然有一天，我曾经念过的那所省重点高中，让一位历史老师当了校长。许多同学都愣了：你让数理化的脸往哪放呢？但大家又不得不承认：那是个深得老师同学喜欢的人。

尴尬的还有我。当我因为工作需要写一篇关于长征的文章，和昔日的一些学霸同学讨论起这个话题，许多人瞪大了眼睛：哈哈，你现在就干这个啊？你不是当兵的吗？

好吧，我无法解释——毕竟，如果他们认为部队就是高科技和信息化，那也挺好。

可我现在确实在干"这个"——无数个夜晚，办公楼灯火通明，许许多多和我一样的80后、90后埋首故纸堆中，用他们所能用的新潮而现代的方式，还原80年前的长征历史。

他们，许多人刚刚走出校门，从未接触过真正的历史研究。在接手这项工作之前，许多人不知道大渡河、金沙江、泸定桥有何关联和区别，许多人不知道红军从哪里来，到哪里去。

不是这个问题多么复杂，而是长久以来，许多人和我一样，不知道那段遥远的历史和我们有什么必然的联系，也不理解为什么要去弄懂它。

直到那一天，一个90后女孩熬了几天后，剪出了她的第一个长征短片。她怯生生地找来几个同事，小心翼翼地问道："你们看，还行吗？"

看完短片的同事红了眼眶，许久没有人说一句话。大约隔了一分钟，一个平时挺爱开玩笑的家伙，突然严肃地说："我现在觉得，我们做的事，挺有意义的。"

（三）

眼泪，让我想起了另一个故事。

一名叫陆昶全的大学生，曾从福建宁化出发重走长征路。当地人问他，你知道宁化也是长征出发地之一吗？他回答不知道。对方的回答让他震撼："你当然不知道，因为从这里出发的红军基本都牺牲了。"

那一天，他突然觉得迈出的每一步都很沉很沉。走到湘江边，大多数宁化红军的牺牲地，他和同行的人主动买了白酒，洒江祭奠。

这些年轻人，在那里哭了，因为长征。

一个国家，总要有一些人，做着无关风月的事，把有关这个民族的记忆碎片拾起。有时候，在很长很长的时间里，人们看不到这样做的意义。

几年前，一位重走长征路的年轻人，一路参观长征遗迹和革命历史博物馆，发现参观的人并不多。有一次，巨大的博物馆里只有寥寥两个人：一位退役老兵带着孙女。孙女心不在焉，耳朵上始终挂着耳机。

2006年，警察夏桂林跟随央视重走长征路。251天风餐露宿，夜以继日，夏桂林胡子拉碴、白发苍苍，连家人都不敢相认。妻子从电视上看到丈夫出发前的一头黑发全白了，在电话里失声痛哭："老夏，快回来吧，不要再走了。"

2014年，深圳一家公司负责人左力决定暂停自己的工作，独自重走长征路。更多的人问他，究竟为什么？几十年前的事儿和你有关系吗？他想起自己采访老兵，他们想说却形容不出，只是紧紧咬着牙关的神情。他想"换一种生活方式"，"寻找精神力量"。有朋友却甩给他一句话：你有病吧？

……

如果要罗列，重走长征路的人还有很多很多，上至花甲老人，下至青葱少年，他们的故事不尽相同，他们选择重走的理由也五花八门。可与中国人13亿多的庞大数目相比，重走者的数量又显得微不足道。

但正是因为有他们这样的人，更多的人才在一次次疑问中渐渐发现：原来，80多年前那些翻山越岭的人，还在影响着这个时代。他们就像一个又一个连接点，对接着过去，提醒着人们——生命还可以有另一种活法，除了衣食住行和功名利禄，我们也应当停下来想想诗和远方。

重走者，未必能影响很多人，但他们一定能影响一些人。

10年前，军旅作家王树增写了《长征》。写作之初，同行曾经多次问他：有那么多挣钱的题材你为什么不写？你写《长征》，有人买吗？一个作家写出来的作品没人买，那你写它干什么？你也拿不到版税。

当时，王树增说了一句很狂妄的话："你写卖不出去，我写就能卖出去。"这部书后来很畅销。回首往事，王树增却不狂了，他在一次演讲中说："读者不是爱我，而是爱我们这个民族。"

一个民族，不能没有人守望历史的星空。历史对于一个民族的重要性，就像记忆对于一个人的意义。

失忆，是一种大不幸。

（四）

长征途中，担任师长的贺炳炎的一条胳膊被打断了，半个身子被鲜血染红。他挺到了战斗结束，因为流血过多而昏迷。

在一个小村子里的打麦场上，卫生员抬了个大凳子，用绳子把贺炳炎捆在凳子上，什么麻药都没有，踩着贺炳炎的身子，用锯木头的锯子为他截了肢。

在场的贺龙从凳子底下的一摊脓血里扒拉出一些东西。后来做战斗动员时，贺龙从怀里掏出手绢打开说："同志们，这里面是你们师长的骨头渣！"

就像贺龙捧回的那几块骨头渣，历史里，藏着我们的根和魂。

我们这支队伍，曾不只一次次接近"石达开式的覆灭"，却没有人认为革命的火焰会熄灭。许多年后，当我回想起家乡埋葬着的两位垫后的无名红军，突然间产生了再去看一看他们的冲动。

在前有追兵、后有堵截的长征中，垫后往往是最危险的任务。强渡湘江时，担负后卫任务的红34师，整整一个师没能渡过湘江，牺牲殆尽。34师最后一次师党委会的记录上只有两条：第一，把所有的电报和机密文件烧掉；第二，如果谁还能活着出去，3个月以后井冈山上再见。

总要有人向前冲，也总要有人去垫后。历史，让我们懂得尊重。

在埋首长征故纸堆中的日日夜夜，我和我年轻的同事无数次被这种濒临死亡时的坚强所震撼。越接近真实，眼泪就越难以止住。

这种震撼，甚至超越国界和意识形态。

埃德加·斯诺所说："它过去是激动人心的，现在它仍会引起世界各国人民的钦佩和激情。"

1985年，美国作家哈里森·索尔兹伯里撰写的《长征：闻所未闻的故事》成为畅销书。从1972年向周总理提出要写长征，他用了13年探求长征背后的故事。

在这本书的序言中，哈里森·索尔兹伯里写道："阅读长征的故事将使人们再次认识到，人类的精神一旦唤起，其威力是无穷无尽的。"

2000年世纪之交，美国《时代周刊》邀请了全球几十位顶级专家，评选人类1000年以来发生的最重要的100件事。评选的标准是：入选的事件必须深刻影响人类进程。

结果，中国有三件事入选。第一件是火药武器的使用，第二件是成吉思汗的铁骑征服半个欧洲，第三件事就是长征。

美国，一个只有两百多年历史的国家，它的每一位伟人，几乎都被拍成过好莱坞大片，它所经历的每一场重要战役，几乎都是本国经久不衰的文艺创作题材。在这个年轻的国度里，随处可见各种各样的纪念碑和阵亡将士公墓，公园里矗立着一座又一座英雄的雕塑。它在不断宣扬真实英雄的同时，也在不断虚构着能力各异的超级英雄。

2013年，美国人潘亚当骑着摩托车重走了长征路，路上他一次次被问起原因，他回答："因为我对这段历史感兴趣。"

其实，美国人真正感兴趣的，是那群衣衫褴褛的人在超自然的极限条件下迸发出来的巨大精神力量。我们不用否认，长征是一场突围，是失败后在没路的地方找路的无奈之举。正因此，人们才习惯于用"奇迹"二字形容长征。

长征，历史是表，精神是核。有人说，物质和精神的关系，好比一个人的血肉和灵魂。人不能没有血肉，也不能没有灵魂。国家也一样，GDP是一个国家的血肉，民族文化、民族精神是一个国家的灵魂。

今天的人们，无须再去啃树皮、吃野菜，无须再徒步两万五千里。但我们前进的道路上，依然是荆棘与鲜花并存。要前进，每一步都可能碰壁，每一步都可能流血。长征，往大了说，是一个民族的精神所在；往小了说，就是一个人决不向困难低头的气概。

回望长征路，不是重复过去，而是面对今天。

（五）

一位作家曾讲过一个关于"沙漠玫瑰"的故事。

"沙漠玫瑰"并不是玫瑰，而是一种地衣，拿在手里，它是一蓬枯萎的干草，很难看。但把它泡在水里，几天之后，它就会复活。

一次，这位作家收到了朋友赠与的"沙漠玫瑰"，将它泡在了清水中，翘首以盼。每一天，"沙漠玫瑰"都会一点点舒展，吐出一些新绿。到第八天的时候，"沙漠玫瑰"已经完全复活，变成了一蓬绿色的地衣。见证了整个过程的作家欣喜若狂，而前来做客的邻居却不明就里：不就是把杂草吗？

作家说，这八天，就是历史。

如果割断了"沙漠玫瑰"一点点复活生长的八天，单纯看待当下，就会如邻居所见的一样，看到的不过是一把活着的杂草。然而，如果见证了这八天里生命复苏的轨迹，就会觉得它的美丽更胜玫瑰一筹。

历史里，藏着辩证法。不理解苦难，就难以理解辉煌。而现实中的人们，常常是站在苦难与辉煌之间。

今天，人们总是觉得，我们的国家还有这样那样的问题，有的人嗔怪：你的中国，怎么会这么不堪？

问题是客观存在的，但看问题的角度却可以不同。只看到了中国的种种问题，而否定中国从一穷二白到今天取得举世瞩目成就的历程，不正如看待那株"沙漠玫瑰"的不同眼光吗？

只有穿越历史的烟云，我们从能够懂得，中国为什么会走上现在这样的道路，未来又将去向何方，才能够发自内心地把"你的中国"变成"我的祖国"。19世纪法国学者勒南在他的著作《何谓国家》中曾写过："国家指的是有这样一群人：他们一起取得了伟大成就，并且希望以后能够继续创造同样伟大的未来。"

我们，延续着他们的希望。

在遵义有一处烈士陵园，许多红军连名字都没留下，夏桂林抚摸着墓碑，泪如涌泉。一名女中学生看到哭成泪人的他，静静地陪坐在他身边。夏桂林对她说："我以后可能再也来不了这儿了，你以后能不能代我常来看看他们，献一枝花或者只鞠一个躬……"

左立重走长征路，在路上几个月后，对他的质疑渐渐没了。他的坚持，开始成为朋友中的美谈，有人钦佩他的勇气，有人赞赏他的态度，有人开始从之前的反对和不屑，转而信服他的观点。回到深圳，他被很多单位请去做讲座。

在山区路上，警察设卡检查，得知左力在"长征"，一起竖起了大拇指；他借宿老乡家，对方得知"长征"，很多时候连借宿吃饭的钱都不要了；在四川抚边乡，房主大妈在左力出发前，硬是把干粮塞进了背包，大声说："饱饱地找红军哪！"

长征，其实从未远去。

（六）

历史昭示未来。

长征过草地时，红军最大的困难就是没有食物，只能吃野菜。当时，红军大部分来自福建、湖南、江西等地，不熟悉草地的植被，误食中毒的人很多。

于是，红军专门成立了一个小组，叫作试吃小组。这些人吃了某种草后，只要他们不过敏，没有死掉，就证明这种草可以吃。

要参加试吃小组有一个条件，必须是党员。

历史是有温度的。"历史是最好的教科书，也是最好的清醒剂。"我们总在说，走得再远，也不能忘记从哪里来，到哪里去。忘掉了从哪里来，往往就会忘掉到哪里去。

今天，中华民族比任何时候都更接近复兴，更接近实现中国梦。改革步入深水区，我们还有没有"试吃小组"那样趟路的勇气和精神？还能不能闯过改革面前的"雪山"和"草地"？

沿途的风景在变，路上的坎坷在变，但不变的，是人的决心和意志。

1935年2月26日那天，红军得到了一条战斗动员令——

"我们必须准备走大路，也必须准备走小路。

我们必须准备走直路，也必须准备走弯路……"

这条发布在遵义会议之后的动员令，被哈里森·索尔兹伯里写进了书中。

中国自古以来有千万种路。一地马铃声的茶马古道，记载着大国气象的丝绸之路，战火纷飞的秦汉栈道……而80年前，红军二万五千里的漫漫征程，将中国西部最激越的河流，最巍峨的高山和最广袤的草原串连起来，趟出了中国走向近现代文明的独立之路、复兴之路。

雪峰依旧，铁索犹寒。习主席说，长征永远在路上。

今天，在新一轮改革面前，我们又将是探路者。我们这一代人，必须走好我们这一代人的长征。

我们每一个人，也当走好我们自己的长征。

导　语

"中国是工业大国,而不是工业强国。"这句我们耳熟能详的话,概括了绝大多数人对中国工业的印象。2015年5月8日,国务院正式印发《中国制造2025》,以适应全球工业发展的风潮。经过60多年的发展,现在中国的工业和制造业处在什么样的水平?是否还是大家印象中的样子?本文给了大家一个不一样的答案。

你跟我说中国工业"大而不强"?

@飞扬南石:飞扬军事论坛资深会员,代表作《工业霸主》

中国是工业大国,而不是工业强国。

这是无数"专家"和领导们最喜欢用的一个语法。

中国是电力大国,但不是电力强国;中国是钢铁大国,但不是钢铁强国;中国是铁路大国,但不是铁路强国;中国是人力资源大国,但不是人力资源强国……

这种语法的巧妙之处,在于既能够对应上现实,又能够体现出忧患意识,让人感觉到说话者高瞻远瞩,远非一般吃瓜愚民可比。

没有人敢于否认中国是制造业大国,因为中国是蓝星上唯一拥有联合国

（向家坝水电站左岸厂房首台80万千瓦机组安装进入了总装阶段）

产业分类目录中所有工业门类的国家，有数千种工业产品的产量居世界首位，其中产量占到全球一半以上的数不胜数。

至于说中国是不是制造业强国，我们可以稍微罗列一下中国能够制造的高端装备目录，包括但不仅限于这些：

载人飞船、太空实验室、导航卫星、大型运载火箭、起飞重量超过200吨的大飞机、第四代战斗机、全球最先进的主战坦克、航空母舰、核潜艇、深海探测器、全球最先进的深海钻井平台、特高压输变电装备、全球最大的水电装备、全球最大的火电装备、大型风电设备、第三代核电装备、大型冶金装备、大型化工装备、大型露天矿装备、高铁、盾构机、超级计算机、数控机床等等。

(全球首座高温气冷堆核电站——山东荣成核电站反应堆压力容器吊装)

(使用国产芯片的超级计算机)

(国产七轴五联动数控机床)

(大型自由锻机)

蓝星上能够同时制造所有这些产品的国家只有一个，那就是中国。

就这里所列出的产品来说，要想"大而不强"，恐怕是很难做到的。因为这里所说的每一种产品背后，都需要一个强大而且成熟的工业体系支撑。

以核电设备来说，这一类技术涉及设计、材料、工艺、生产设备、制造经验等一个完整的体系，缺乏任何一个环节，都不可能生产出合格的产品。要形成这样的能力，需要有数十年磨一剑的积累，也需要有海量的装备投入。

举例来说，生产核电的压力容器需要大型自由锻机，年龄稍大一点的人都记得过去中学课本里那张"万吨水压机"的图片，那是江南造船厂1961年投产的12000吨水压机，在当年填补了国内空白，使国内的重型锻件生产技术跨进世界先进行列。

2006年以来，据不完全统计，中国建造了五台15000吨以上的自由锻机。目前，这五台锻机是全球最大的五台。拥有这样的装备水平，中国理所当然可以被称为自由锻造大国——我看谁敢加一句"但不是强国"！

在一些"专家"印象中，所谓中国制造，就是一群女孩子在踩缝纫机，或者一群大老爷们拿着长钎子在捅炼钢炉。他们根本无法想象80万千瓦水轮机组是如何制造出来的，更不会相信福特汽车两家美国工厂的大型快速智能冲压生产线居然会是中国企业提供的。

事实上，今天的中国制造已经把"专家"们的认知远远甩在身后了，中国企业拥有全球第一流的设计能力、第一流的装备、第一流的工艺，技术突破频繁到已经让最狂热的工业党徒都麻木的程度。

"专家"们喜欢说的"不得不依赖进口"这句话，所针对的产品目录已经变得越来越短，而且上面的产品名称也越来越冷门。

虽然"专家"们一直能找出理由证明中国"大而不强",但他们的理由却在不断地修正:

某某设备依赖进口,国产设备中某部件依赖进口,国产部件中某零件依赖进口,生产某零件的材料需要进口,生产这种材料的原料需要进口……好吧,就算你把所有技术都突破了又怎么样,你咬我?

回顾一个简单的历史:2007年6月20日,大型运输机项目(即运-20)正式立项。2016年6月15日,首批运20交付部队服役。

(中国自主研发的新一代喷气式重型军用大型运输机运-20)

一款起飞重量220吨的大型运输机,从立项到交付,仅仅用了9年时间,这背后需要何等强大的工业基础?

科技部的《"十三五"国家科技创新规划》中,列出了至2020年中国在科技创新方面的一些目标,我们可以摘录一部分如下:

核心电子器件、高端通用芯片及基础软件产品。突破超级计算机中央处理器(CPU)架构设计技术,提升服务器及桌面计算机CPU、操作系统和数据库、办公软件等的功能、效能和可靠性，攻克智能终端嵌入式CPU和操作系统的高性能低功耗等核心关键技术；面向云计算、大数据等新需求开展操作系统等关键基础软硬件研发，基本形成核心电子器件、高端通用芯片和基础软件产品的自主发展能力，扭转我国基础信息产品在安全可控、自主保障方面的被动局面。

高档数控机床与基础制造装备。重点攻克高档数控系统、功能部件及刀具等关键共性技术和高档数控机床可靠性、精度保持性等关键技术，满足航空航天、汽车领域对高精度、高速度、高可靠性高档数控机床的急需，提升高档数控机床与基础制造装备主要产品的自主开发能力，总体技术水平进入国际先进行列，部分产品国际领先。

大型先进压水堆及高温气冷堆核电站。突破CAP1400压水堆屏蔽主泵、控制系统、燃料组件等关键技术和试验验证，高温堆蒸汽发生器、燃料系统、核级石墨等关键技术设备材料和验证。2017年，20万千瓦高温气冷堆核电站示范工程实现并网发电；2020年，CAP1400示范工程力争建设完成。形成具有国际先进水平的核电技术研发、试验验证、关键设备设计制造、标准和自主知识产权体系，打造具有国际竞争力的核电设计、建设和服务全产业链。

……

看看上面这些目标就可以知道，中国制造早已不是"专家"们想象中的那种落后世界几十年的状态，而是处处以进入国际先进行列为目标，甚至在有些领域追求达到国际领先的水平。最重要的是，中国在技术上的发展是全方位的，"外国"中的任何一个独立国家都不具备中国这样的雄心和能力，即使把所有的"外国"捆在一起，中国也毫不畏惧。

(国产大型煤炭化工装备)

(中国高铁)

这样一个国家,如果还算是"大而不强",试问,蓝星上谁敢自称是强国?

短评

@67号喜羊羊

海军大连舰艇学院副教授徐绿山

对航母舰载飞行这样一个如此复杂的系统工程，在没有任何可借鉴经验的情况下，即便我们组织再周严、飞行员再细心，出现一些事故、有个别牺牲恐怕也是在所难免的，是不得不经受的"发展阵痛"。

（背景：中国一架歼-15舰载机于2016年4月在模拟着舰训练时突发故障，飞行员被迫跳伞，坠地受重伤，经抢救无效死亡。）

@破破的桥

前宾夕法尼亚州立大学访问学者

很多人抵制外国货或外国品牌,是因为缺乏起码的经济知识,不知道无论是外国的投资还是商品,对提高中国人的生活质量都起了重大作用;不知道积极参与全球化,才能获得最高的生产力和最广阔的市场。特别是,与发达国家的工人农民们不同,中国人反全球化不符合自身利益。而没有利益驱动,仅靠(也许是被忽悠起来的)激情在抵制,注定是无法长久的。

(背景:2016年7月,各地抵制肯德基事件层出不穷。浙江杭州、浦江,江苏扬州、连云港、湖南长沙、郴州等十几个城市都上演了这样的闹剧。)

（G20杭州峰会文艺演出）

@飞象网项立刚
飞象网总裁

G20和2008年奥运会一样，花了大钱，付出很多，都取得了良好效果，在世界上的影响很大。全世界都知道，中国人有钱，有能力。2008年对北京的品牌，这次对杭州的品牌和基础建设都有极大提升。花了这些钱，中国是不是打肿脸充胖子，国力大伤呢？事实是国力大增，能力大增。

@ 诗人记者袁毅

著名文化记者、撰稿人、主持人

G20杭州峰会文艺演出《最忆是杭州》在西湖震撼上演。这是一场中西合璧、情景交融、相得益彰、不卑不亢的文化盛宴！也是中国对世界最好的表达！中国故事，国际表达，这才是真正大格局，真正大气派的中国风、国际范儿。

（背景：2016年9月4日至5日，二十国集团（G20）领导人第十一次峰会在中国杭州举行，这也是中国首次举办首脑峰会。）

@ 徐XU耳朵

金华晚报记者

记住九一八这样的历史，并非就不是向前看。历史无数次证明，向前看的前提是分清大是大非问题。只有这样，向前看的脚步才不会打滑摔跤，才不会让历史悲剧再次上演。在当前，日本还有不少右翼分子不断妄图歪曲历史，国内也有一些"历史发明家"借着互联网的便利不断用所谓的"真相"去挑动国人的认知底线。这也是我们必须牢记九一八历史，以正视听的重要原因。

（背景：85年前，1931年9月18日，"九一八事变"爆发，这是日军企图武力征服中国的开端。）

@ 菉葭苍苍

紫网在线 签约专栏作者

今天,我们在中国这片土地上茁壮成长。虽然不曾经历那时的惊心动魄,没有体会过那时的艰难困苦,但这一段段可歌可泣的事迹离我们并不遥远,这一桩桩感天动地的往事在我们心中深藏。因为知道祖国不容易,所以她才会在我们的心里,我们才会去呵护和珍惜。

(背景:1934年10月至1936年10月,红军第一、二、四方面军和第二十五军进行了艰苦卓绝的长征。今年是红军长征胜利80周年)

@ 邓飞

免费午餐发起人

北京一个座谈会上,一位来自四川大凉山的全国人大代表站起来,突然鞠躬对我致谢,让我吃惊。她是四川大凉山的一名女老师,她说:"你帮助了那么多孩子,我代表孩子感谢你。"我告诉她,真相其实不是这样的。其实是孩子帮助了我,是那些身处困境的乡村孩子让我发现了另一个自己,发现了爱和柔软的力量,也让我和伙伴们能有一个机会去行动,去推动变革,帮助我们收获一个更好的自己。

地区与国际 >>>

第六章　国际和平与难民问题

导　语

　　2011年初叙利亚爆发内战，一直延续至今。部分西方国家为叙利亚反对派提供了武器和人员支持，与此同时，俄罗斯也为叙利亚政府军提供武器和军事援助，以对抗西方阵营。叙利亚内战爆发以来，造成数十万人死亡，上百万人被迫逃离家园。

激战叙利亚：黎明前的黑暗

@博联社马晓霖：国际问题专家、博联社总裁

　　尽管各方在2月12日慕尼黑叙利亚国际支持小组会议达成停止敌对行动并恢复和谈等成果，然而，墨迹未干，战事就以更加令人担忧的方式延续和升级：13日和14日，俄罗斯与叙利亚政府军对叙北部阿勒颇等地目标展开猛烈轰炸，土耳其首次对叙境内目标进行炮火袭击，沙特阿拉伯也放风称

将向土耳其部署战机用于对叙作战,并扬言通过军事手段推翻叙利亚巴沙尔政权。

微型世界大战

观察家们注意到,本月初,沙特宣布将联合土耳其向叙利亚派出地面部队"反恐",此后又有消息称沙特特种部队已进入叙利亚。正是在这种背景下,叙利亚战事出现新一轮的升级和扩大,美国媒体甚至用"微型世界大战"加以形容,担心战事彻底崩盘。其实,基本可以乐观地预测,叙利亚战争不会全面升级和扩大,眼下态势更像黎明前的黑暗,各方要抢在3月全面停火前争夺更多地盘和控制力,为未来的利益格局赢得更多筹码。

俄罗斯和叙利亚政府的意图很明显,即扩大和巩固首都大马士革南北两翼的防线,拓展对拉卡基亚和吐尔塔斯等战略要地周边的控制纵深,并试图完全夺取北部重镇阿勒颇,切断土耳其及沙特与其境内代理人武装的联系通道,进而将其孤立、击溃乃至消灭。阿勒颇战场的形势原本已发生倒转,俄叙联盟武装占据上风并首次突进叙土边境地区,此轮打击实施顺利,将帮助大马士革将碎片化的东部控制区连缀起来,实现重大军事和政治胜利。

正是在这一背景下,土耳其开始对叙利亚境内目标实施炮击,这也是近两个月来,继击落俄罗斯轰炸机并派兵非法进驻伊拉克北部后,土耳其围绕叙利亚战争采取的又一重大行动,凸显安卡拉对战场胜利天平向俄叙同盟倾斜的焦躁和愤怒。土耳其最担心的不只是土库曼民兵等代理人武装被对手吃掉,进而失去对叙利亚局势施加影响的抓手,更忧虑叙利亚库尔德武装扩大边境地区地盘后加剧分离主义倾向，进而使土耳其库尔德分离主义势力更加难以遏制。

沙特过去几个月曾对叙利亚战事表现得有心无力，甚至一度退出美国主导的空袭行动。如今，突然加大对叙利亚的军事投入力度，一是也门战事陷入阶段性僵持，二则叙利亚和平进程即将启动，沙特不想因为自己的缺位而让数年的战略投入血本无归。沙特的行为再次呈现出冲动和决绝的特点，一方面威胁直接通过陆空方式介入叙利亚内战，同时又公开宣称将通过武装手段推翻巴沙尔，并且在其境内组织大规模陆战演习，摆出不惜一战的决心和架势。

美国和欧盟对叙利亚局势的突然恶化极其不安，美国表态尤其清晰，一方面抨击俄罗斯和叙利亚政府在阿勒颇等地的军事行动，另一方面敦促土耳其停止炮击叙利亚境内目标，还警告库尔德人不要利用混乱局势"占据新领土"。美国显然不满俄叙打击异己收复失地，也不满土耳其攻击美国武装的库尔德反恐盟友并激化军事对立，而且要求库尔德武装息事宁人。美国的态度代表了西方大国的集体意志，即不允许叙利亚战争继续滑向深渊进而加剧恐怖主义和难民双重危机，而是必须沿着联合国 2554 号决议制定的和解时间表和路线图向前推进。这个态度和土耳其击落俄罗斯客机、土耳其军队进入伊拉克时的立场一脉相承，有相当的稳定性和连贯性。

是否衍生多国乱战

突然加剧的叙利亚局部战事会演变成多国短兵相接的乱战吗？答案基本是否定的。俄罗斯本身没有将战事扩大和延长的愿望，也着实没有打持久消耗战的本钱，这一点从其武装干涉叙利亚之际就积极寻求政治解决的两手准备足以显现，也从其轰炸机被击落后忍气吞声避免俄土关系彻底失控可见一斑。俄罗斯的战略意图当然是保住巴沙尔政权并控制叙利亚，但决不会为了巴沙尔政权重蹈苏联在阿富汗的覆辙，其最急迫的诉求就是以打促和，借助叙利亚政府控制更大地盘并通过重构叙利亚未来政治版图确保自身战略资产和长远利益。

叙利亚政府当然有消灭所有反对派和恐怖组织并重新一统江山的愿望，但兵源匮乏、资源枯竭和地缘环境恶劣的现实，只能使其借助俄罗斯的保驾护航撑到和平谈判，赢得相对体面的结局，这注定了它只能与俄罗斯进行有限的双打配合，不可能主导战争的走向，更不能奢望扩大战争来达到政治目的，唯一可做的是，通过局部胜利逼迫对手坐到谈判桌前并降低和谈条件。

土耳其尽管有美国、北约做舆论和外交后盾，但过去几个月的测试已证明，它们对这个北约小伙伴三心二意，既希望其发挥一定的搅局甚至抗俄作用，又不愿意它引发俄罗斯与美国乃至北约的军事摊牌。因此，土耳其在叙利亚的军事行动，小打小闹并不奇怪，大打出手几无可能，因为它无法单独承担俄罗斯军事报复的后果。没有美国的支持和北约的军事后盾，土耳其在局部军事冲突中赢得俄罗斯的概率几乎为零，内外交困的埃尔多安政府如果遭遇一场带给国家耻辱性的失败，将陷入灭顶之灾。土耳其所能理直气壮去争取的，就是避免战后库尔德分离主义势力的做大。

至于沙特，更没有任何号召力和威望在地区组织一场与俄罗斯及叙利亚政府的军事对决，沙特从来没有过单独采取重大军事行动并取得胜利的记录，其军队数量和质量均不值一提，缺乏实际战斗力并在干涉也门的战事中声名扫地。沙特组织的30多国伊斯兰反恐联盟不仅松散无力，而且徒有其表，它最近的高分贝战争调门除了给叙利亚反对派壮胆，并无更多实际价值，更何况，一旦冒险大举向叙利亚投入地面部队，沙特势必陷入南北两线作战、两线皆失的危险境地。

抛开单个国家而言，无论是美国主导的地区反恐联盟，还是沙特新撮合的伊斯兰反恐阵线，都不及俄罗斯与中东什叶派政权编织的铁血朋友圈更紧密、更默契和更有实际行动力，这种整体力量对比所显现的格局和态势，也决定了叙利亚战事只能短时间出现高峰，不可能持续上行，更不会彻底失控而演变为一场大规模的多国乱战。经过一段时间和一定力度的较量后，博弈重心将回摆到谈判桌上，最终通过谈判为叙利亚战争的结束找到出路。

诸多战争进程表明，无论参与方面有多少，投入资源多大，波及面多广，付出代价多高，一旦战事打成没有胜负的均势，必然通过相互妥协寻求出路。当然，和平总是来之不易，打不动就谈，谈不动再打，以打促谈，以谈助战，战场与会场较量交替进行，互为表里，直到达成各方利益的平衡点，战争才彻底宣告结束。从这个历史与战争规律来看，叙利亚局势由战争向和平转轨已是大势所趋不可逆转，一时一地的战事升级，都将是黎明前的黑暗。

导　语

2001年9月11日，恐怖分子劫持美国民航4架客机，两架撞毁纽约世贸中心"双子大厦"，一架撞塌华盛顿五角大楼一角，一架坠毁。3000多人死亡、数千亿美元经济损失……随后，美国以反恐为名发动阿富汗战争，拉开全球反恐大幕。15年过去，对很多美国民众来说，9•11的阴霾仍未散去，全球恐怖主义依旧猖獗。

"9•11"十五周年：我们更安全了吗？

@陶短房：知名评论人

"9•11"距今已过去十五年。在这过去的十五年里，从欧美到亚非拉，各国政府都不遗余力地加强反恐措施，从"布什主义"的全球反恐联盟到边境、口岸及本土安保的加强，从主动出击到严防死守，投注了大量人力、物力、财力，甚至众多鲜血和生命；在这过去的十五年里，各国民众为策安全，也不得不放弃了许多业已习惯且认为理所当然的生活方式、便利，不得不忍受某些难以忍受的东西，比如"爱国者法案"之类对个人隐私的侵犯，比如机场、车站、码头、地铁等公共场合安保层层加码式的加强……

人们曾经认为，在付出如此大代价和牺牲后，"9•11"这一页终究可以被翻过，国际恐怖主义势力的威胁在攻守兼备、有形无形战场同时开弓和全球拉网下将最终被消灭殆尽，"文明社会"将在忍受一段时间不便后重新找到属于自己的安全、方便。年复一年，当"维基泄密"把美国情报部门针对外国甚至本国公民的种种监控行径披露于光天化日之下，当伊拉克、阿富汗、利比亚、也门和叙利亚的"联合反恐行动"不断吞噬着欧美各国的资金、生命时，当"关塔那摩监狱"等争议性话题不断考验人们的道德标尺时……许多人仍一面困惑、质疑，一面用"这是为了安全所必须付出的代价"来自我安慰。

曾几何时，人们似乎看到了这种安慰的合理性："9•11"十周年之际，一手制造"9•11"事件的本•拉登在巴基斯坦被"海豹"突击队击杀。曾任美军驻阿富汗司令、时任中情局局长的彼得雷乌斯宣称，击毙拉登意味着"基地"组织的"战略性瓦解"。美国总统奥巴马更欢呼，美国已获得10年反恐的"最伟大胜利"。在第一次大选过程中及当选之初，奥巴马曾严厉抨击"布什主义"，并承诺一旦当选，将让在伊拉克、阿富汗的"孩子们回家"，尽管一波三折，但他的承诺终究还是实现了。美国人一度还为自"9•11"后，美国本土始终未出现成功实施的大规模恐怖袭击而自豪——尽管同一时期在欧洲发生了西班牙2004年"3•11"连环火车爆炸案和2005年伦敦"7•7"地铁／公交连环爆炸案等重大暴恐事件。

随后，被一厢情愿地认为"已成功改造"的伊拉克、阿富汗、利比亚、也门等地治安形势变得更加糜烂，随着"伊斯兰国"等新一代原教旨国际恐怖组织的异军突起，随着各种新型暴恐形式的花样翻新、层出不穷，随着"《查理周刊》事件"、"布鲁塞尔爆炸案"、"巴黎11•13系列暴恐案"和"尼斯7·14血案"等一系列骇人听闻、深入欧洲腹地的恶性暴恐案接连发生，随着2009年胡德堡军营戕害战友案、2013年波士顿马拉松爆炸案、2015年"12·2"加州圣迭戈枪击案和"6·12"奥兰多LGBT夜总会恐怖袭击案等一系列美国本土暴恐袭击案的惊爆，欧美"新旧世界"的人们沮丧地发现，尽管付出和牺牲了这么多，但这个世界并未变得更安全，相反，恐怖的威胁仿佛像中国古代传说中那位名医扁鹊对蔡桓公的"临床诊断"，从"疾在腠理"变成了"疾在腹心"。

不是吗？在"9·11"时代，人们至少知道暴恐威胁在何处，我们的敌人究竟是谁，可如今的情况却发生了很大改变：网络时代的恐怖渗透不再需要如"9·11"时基地组织那样，将大量专业恐怖分子派遣进入，并进行长期训练和周密准备，当前网络平台账号那样的"远程点对点洗脑"可以在彼此不见面的情况下培养出一个个神不知鬼不觉的本土恐怖"独狼"，这些人可能是非法移民，也可能是合法移民和难民，是如《查理周刊》事件或加拿大国会山庄袭击案凶手那样的移民／难民二代，甚至可能是和移民、难民、原教旨原本风马牛不相及的"清白子弟"（8月10日刚刚在策划恐怖爆炸案过程中被加拿大警方击毙的亚伦·德里维，就是个出生在加拿大本土基督教家庭的白人），他们所攻击的目标不再是重要军政目标或和世贸大厦那样的"地标"，而往往是普通民用设施、民宅和普通和平居民，他们所使用的武器也不再"专业"——波士顿马拉松爆炸案的凶器，是用电饭锅改造的土炸弹，而尼斯血案的"凶器"则索性是一辆在当地司空见惯的普通货柜车。

十五年前人们曾经相信，"非盟友即敌人"的布什主义可以消灭恐怖威胁，这个希望破灭了；不过奥巴马随即说服人们相信，他的"新措施"会更有效、更少代价,然而这也随即被证明只是一厢情愿。"奥巴马主义"消灭了拉登却并未消灭"基地",更滋生和纵容放任了"伊斯兰国"的兴起,奥巴马和希拉里让美国再次陷入反恐泥淖,却连布什时代的"霹雳手段"都不再看似那么凌厉。"难民门"的突然发酵和迅速失控,让整个欧洲陷入不安、恐慌,并在很大程度上成为英国"脱欧"的导火索,而"政治正确"则在很大程度上束缚了欧洲各国强化反恐手段的手脚。"老欧洲"不安地发现,如果说当年布什主义的问题在于"药不对症",那么"奥巴马主义"甚至连药也不打算开——为避免昔日政治"成果"的破产,为避免对自己"战略重心转移"产生掣肘,这位行将卸任的美国总统在"真枪实弹"投入反恐方面总是显得犹豫不决、吞吞吐吐。

令人不安的不仅是现实,更是前景:欧洲尽管一再遭到恶性暴恐打击,但囿于政治现实,仍很难达成协调一致。"拒难民于国门之外"不仅"政治不正确",事实上也于事无补(近期大多数欧洲境内暴恐袭击的实施者都是早已拥有欧盟各国国籍的第一代或第二代中东裔,而非"新难民");至于美国,奥巴马之后的总统不是希拉里就是特朗普,前者被普遍认为对美国驻利比亚大使史蒂文斯之死负有责任,而后者"在美墨边境筑一道长城"之类的"反恐安保措施",难道真有人觉得现实或者有效?

十五年后的今天,几乎所有国际社会成员都在高喊"反恐",却总是"各反各恐":以叙利亚为例,美国的"恐"是"伊斯兰国"和支持巴沙尔当局的黎巴嫩真主党等武装,叙利亚库尔德武装是其盟友,土耳其的"恐"则是美国的盟友叙利亚库尔德人,俄罗斯的"恐"是包括"自由军"在内一切危及其在叙军事基地存在的派系,而巴沙尔当局的"恐"则是所有想把巴沙尔赶下台的人和武装……如此"反恐"会反成怎样，不问可知。

在"9•11"十周年时，人们曾因拉登的死和伊拉克、阿富汗局势的暂时缓和而欢呼，认为"这个世界变得更安全了"。如今五年过去，大多数人的观感恐怕正好相反。其实更安全或更不安全，都不过是一种错觉或一隅之见，极端恐怖势力的根源和温床一如十五年前那样存在，无法对"文明社会"构成致命威胁，却足以成为令社会成员人人自危、令各国从政府到民间不断付出沉重代价和成本的腹心之患。只要国际社会一天不能改变这种源自根本战略利益冲突、分歧的"各反各恐"现状，即便"伊斯兰国"步拉登后尘，这个世界也很难变得比"9•11"时更安全。

导　语

　　非法移民是与难民问题相互交织的一个话题。非法移民由于涉及政治、经济、社会、文化等多种因素，成为一种复杂的国际社会现象，其根源在于全球范围内的贫富差距和各国间发展不平衡。

非法移民：对不起，你们应该被遣返

@sven_shi：德国 TU Braunschweig 大学学生

　　一个网友告诉我他是来自越南的华裔，在中国非法打工，现在每天都很害怕，不敢上街，担心遇到警察查身份证被遣返。他问了很多问题，他说为什么是一样是人，一样努力工作，他们却要在中国担惊受怕？老板也认可他们的工作，他们也觉得自己比去欧洲的难民要好出很多，为什么中国却偏偏不能给他们这些华裔一个当中国人的机会？他甚至还问，为什么警察要去查他们这些辛苦的劳动者，却偏偏放过那些在街头乱窜的非洲裔？打开搜索引擎，也只有零星的越南非法劳工被遣返的消息，他们这个群体的声音甚至都没有记者愿意去听，去报道。

　　我耐心地听了很久，最后还是告诉他，我觉得他们应该被遣返。我这么说并不是因为我生性冷酷，而是我很仔细地了解过相关的情况，而且曾经也有人问过我更加无奈的问题。

其实不是你不优秀

我刚到德国时业余时间给一家台湾地区的企业做询价。有一次，我和一个同事一起去一家德国工厂参观，工厂安排了一个中国留学生给我做向导。他对整个生产流程非常熟悉，聊天中他告诉我他在德国学的建筑，来德国三年，一直在这家工厂打工。他半年前拿到了硕士学位，但是由于德国建筑行业相对萎缩，所以很难找到相关工作。他听说工厂里在招新人，他想去问问老板能不能给他一个机会。他觉得他对生产流程很熟悉，留下来的希望应该会很大。而且他想要的工资很低，税前每月 2500 欧元，刚够签证底线。要是找到工作安定下来，业余时间他还能靠帮别人画图挣钱，顺利的话，工作一年他就准备和女朋友一起在德国结婚。

晚上我和同事一起去工厂老板家里吃饭。老板和我说他特别喜欢中国，所以他还让他的小儿子在业余时间学中文。我就建议他说，下午带我参观工厂的中国人很优秀，他也想在这里工作。要是他能给中国学生一个机会的话，以后他的儿子还能得到一个免费的中文老师。听完，老板顿了一会，和我讲起了另一个话题。德国有很多难民，他认为那个中国人非常优秀，将来肯定可以在其他地方找到更好的工作。相对而言他认为难民更需要帮助，所以他决定把工作的位置提供给叙利亚或者索马里的难民，让他们来工厂里接受职业培训。

听完这些话我就愣住了，不知道说什么好，只觉得莫名其妙。回家路上我问我同事,这到底是为什么?我见过很多难民,从索马里来的难民大都是文盲,也没什么工作意愿,根本干不好活。那个中国人做得那么好,为什么不要他?我同事回答我说,我能问出这样的问题,就证明我对德国社会根本不了解。一个学生打工,对雇主来说每小时成本15欧左右,正式雇佣之后成本翻倍,而且还必须承担失去薪资灵活性的风险。但是难民呢?正是因为他们大都是文盲,所以需要政府出钱来培训。提供一个职位给难民就等于有了一个免费劳力,还能借此向政府拿补助。这些培训当然大都会失败,失败了就再换下一个。德国的劳工成本很高,在低端劳动力密集产业当中选择难民加入,可以非常有效地降低工作成本。而且我希望那家工厂雇佣那个中国学生的希望其实根本不切实际。一个有着德国建筑硕士学位的中国学生,在德国找工作期间只能以建筑相关行业的工作合同申请签证。就算工厂流水线想要他,他也拿不到签证。

像我这样的穷学生看难民只觉得他们是一批需要政府供养的人,但是在他这样的富人眼里,每一个难民都是一块金砖,或者更准确地说是一根"水管",这根水管把德国中产阶级的财富输送到他们这样的人手里。难民需要医保社保,但是德国的富人大都参与私立保险,支付难民生活的公保与他们没有什么关系。一个有钱人也根本不可能去指望67岁甚至更晚以后才能拿到的养老金。但是难民却可以为这些工厂带来大量的廉价劳动力和补贴。收留难民对企业来说就是一件名利双收的事情。左手拿钱,右手还能获得有爱心的美名,提升企业形象。对德国社会来说,接收一个中国的硕士毕业生当然比接纳一个索马里的文盲难民要好,但是对企业来说则恰恰相反。

现在德国已经有了一个更具体的数字:德国在2016—2020年计划为难

民支出 936 亿欧元，里面包含 257 亿欧元的失业补助，57 亿欧元的语言班培训和 46 亿欧元的职业培训。这些钱大多数不会直接发到普通难民的手里，他们只是水管，把全民的社会财富从一个地方送到另外一个地方。

中国的情况相对德国而言要简单，非法雇佣越南劳工的老板自然喜欢他们，因为同样情况下，他不需要替这些人缴纳社保。这些越南劳工也开心，因为在中国他们可以挣到三倍以上的工资。但是因为他们的存在，很多同样的中国人就很难有工作岗位了。如果这些非法移民获得了难民身份，中国政府也必须根据《难民地位公约》像德国一样给他们提供相应的融入服务。当然，对很多企业来说这意味着发财的机会，可是对全民就不一样了。

平等也有代价，因为平等的代价太高，所以人人平等那一天可能永远都不会到来。同样是人，一个拿过诺贝尔奖的物理学家，他会受到全球各地的邀请；如果他只是一个目不识丁的非法移民，那么他往往只能面对被四处驱赶的命运。

人人平等的背后

"中国是解决全球贫困问题的希望。"我知道一听见这句话很多人都觉得可笑，但是事实上全球很多人权组织都是这么想的。面对一个在撒哈拉沙漠以南快要由于艾滋死去的病人，你可以给他 3000 欧元，送他偷渡到德国，在德国他可以得到每月免费的药物治疗，过上和普通人一样的生活，拯救他的生命。但是之后呢？一个这样的艾滋难民每年至少要花掉德国政府 9 万欧元。除了药品生产商，很少有人会喜欢这样的移民。而且这样的人数量超过

2500万。欧洲所有的国家加起来都没有办法解决这群人的问题。直接把他们送到欧洲，只可能造成社会系统的全面崩溃。就算通过经济发展去解决这些问题，那些艾滋难民也等待不了。很可能在经济发展起来之前他们就已经死了。所以只有中国才能解决这些问题。中国有相当优秀的基础建设，那些人更有可能找到工作自食其力。艾滋病人的药物由于有政府补贴，在中国一个月只用花费200—250欧元。在德国救治一个艾滋难民的钱在中国能救助十个。

这不是玩笑，是我在德国听一个德国籍华裔的演说内容。她和她的同事们都受过非常优越的教育，一直在中国努力想要促成这一结果。希望中国出力，欧美出钱来救助这些深受艾滋病困扰的穷人，还有全球那6亿多用不上自来水的苦命人。

在演讲之后她请我们几个朋友吃饭。我在吃饭的时候问她，帮助接收这些艾滋难民和非洲裔在中国定居对中国人到底有什么好处？她没有回答，只是从钱包里拿出了一张黑人小婴儿的照片，告诉我这是她在中国遇到的一对非洲非法移民的孩子。这个孩子在中国出生，因为父母没有身份，所以孩子也没有，这意味着这个孩子以后很有可能无法和其他普通的中国孩子一样接受义务教育，但是为了保障孩子的未来，孩子的父母有一个选择，把这个孩子抛弃到孤儿院弃婴岛，他就可以以一个中国人的身份接受教育了。

"看着这个孩子的脸，你忍心让她承受这样的痛苦吗？我们做这些事只是因为我们是人而已。"

我回答能够忍受。因为这并不是我们的错。每个人出生其实都有自己父母的原因。绝大多数时候，父母决定了我们出生时的国籍和之后的命运。这个孩子没有办法在中国和中国孩子一样接受教育关键在于他的父母偷渡。正确的做法应该是将他们一起遣送回自己原来的国家，那个国家有义务去负担这些人的教育。而且我很明白地知道，所有移民和难民政策的漏洞都是从孩子这里开始的。一旦孩子获得了国籍，他的父母就能在当地居留，以后他可以通过婚姻家庭团聚等方式接来大量的亲戚。由于很难融入当地的生活，他们会形成一个自己的聚居区。他们整体依旧会处在贫困之中，却给我们国家带来巨大的生活问题。德国的土耳其裔就是一个明显的例子。再退一万步讲，让一个还在执行计划生育的国家给外国人腾地方，这才是真正的悲剧。我们在面对个体的时候可以用情感行事，做自己想做的事情。就像面对这样一个孩子，我会捐钱让他读书。但如果面对的是针对一个群体的政策，我们最需要的就是理性。如果征求我的意见，我会希望把他们遣送回自己的国家。

她说我是她这辈子见过最残忍的中国人，但是我却想把她和她的那些同事送进监狱。因为没有这些人，中国能安定很多。但是事实上当然不可能。这些人大都接受过良好的教育，有绝对的能力去避免法律的处罚。他们在中国教导那些非洲裔和中国政府机关打交道的方法，告诉他们如何虚报信息以便帮助他们避免被遣返，我甚至怀疑这些人也在参与偷运非洲裔进入中国。因为没有这些"慈善家"的帮助，那些人根本没有可能在中国立足。

那些背后的问题

"46%的中国人表示愿意让难民到家里来住。"当你第一眼看见这句话的时候我相信你也一样会觉得可笑。但是要是你了解发布这句话的大赦国际的背景之后，这就真的不是一句笑话了。这是一个有着诺贝尔和平奖护身符和 700 万会员的国际组织。这个组织的宣传能力甚至比欧洲很多国家的国家机器更强悍。他们做调查的方式和结论都很可笑，甚至禁不起基础的逻辑推敲，但就是能够把信息散发出去，获得主流媒体的版面。一个有基础常识的中国人当然不会信任这样的调查，但是远在万里外的欧洲人呢？他们会不会做一个简单的算术题，中国有 14 亿人，46% 愿意接难民进家里同住，世界上有 6000 万难民。然后突然发现只要中国打开国门接收难民，全世界就不会有难民问题了！当这样认为的民众达到一定数量，他们的政府会不会因此对中国施压呢？

这就是这些组织的能量的一个小体现。他们占据了道德高地拥有最大的舆论喇叭。其他人微小的声音在他们面前不值一提。尽管你可能觉得这些组织说的话很蠢，可是事实上一群蠢人是绝不可能建立起一个横跨全球并拥有 700 万会员的组织的。他们的话或许很蠢，但是却往往有更深层次的动机。比如大赦国际这样的人权组织，出发点就和普通人有着本质的矛盾。对一个中国人来讲，中国是中国人的中国，但是在这些组织眼里，中国是世界的中国，欧洲也是世界的欧洲。从世界或者他们的角度上看，牺牲一个国家的利益去为另外一个国家谋取福利完全就是一件理所当然的事情。

就像我刚刚开始接触难民时特别讨厌经济移民。我认为这些假难民占据了本该给难民的资源。由于他们占据了有限的资源，导致真正的难民没有办法得到救助。但是事实上呢？随着我对难民制度的深入了解，发现了一个很有趣的现象：贫穷不是成为难民的理由。一个马上就要被饿死的人不算难民，而另一个仅仅因为不能在所在国家自由信仰自己喜欢宗教的人却有资格申请成为难民，获得优先的救助。可是设计难民制度的动机呢？就是去救助那些需要救助的人。所以我认为难民制度是一个不合时宜的制度。在 20 世纪 50 年代起草难民公约时,各个国家还没有建立起完备的福利体系,但是现在不同了。如果给予难民与普通人一样的福利待遇,来自贫穷国家的人只会不顾一切地奔涌向福利国家。之后的结果就是社会的动荡与不安定。

所以我觉得应该把那些非法移民送回自己原本的国家。就像美国不可能承载 14 亿中国人的美国梦一样,让中国绝大多数人过得更好只可能在中国实现。对越南、叙利亚这些国家也是这样。普通人最切实际的需求只是简单的"更好的生活"。

短评

@牛弹琴
资深媒体人

多元没有错，尊重民族差异，尊重不同信仰，这都是必需的，但治国者不能纵容多元。像巴黎的郊区，像布鲁塞尔的莫伦贝克，大量外来移民自成体系，与主流社会脱离，极端思想泛滥，后果必定可怕。有在欧洲的朋友就说，欧洲的恐怖袭击，有时真的属于"人善被人欺"。在这些国家，人道主义属于政治正确，人道主义也没有错，但过于强调人道主义来治国，结果就是被很不人道的恐怖袭击打脸。

（背景：在2016年8月里约奥运会上，有一支特殊的代表队，他们代表的是那些失去国籍、在救济营地里流浪、为了生存挣扎的难民们。）

@ 王冲

察哈尔学会副秘书长、高级研究员

如今的中东,潘多拉魔盒已经打开,伊斯兰国暴力肆虐,叙利亚苦苦挣扎,利比亚、埃及、伊拉克前景不明。我们无法知道佩雷斯弥留之际,有没有对这些问题的解答;我们知道的是,当这个世界上有历史纵深感的政治家凋零后,剩下的,要么是为一己之私谋利的威权统治者,要么是为了选票敢于做任何承诺的政客。

@ 王文评论

中国人民大学重阳金融研究院执行院长

今天是 9•11 事件 15 周年。作为 21 世纪初最重要的突发事件,9•11 事件改变了美国,也改变了世界,当然,也影响了中国,令中国多多少少都吃了 15 年左右的 9•11 国际形势"红利"。但好运不常有,未来中国的全球战略得更精细化!

@ 邱震海

凤凰卫视评论员

现在随着欧元危机，欧洲经济的不景气以及难民潮的涌入，同时加上恐怖袭击，民粹在不断地上升。民粹不断地上升，对欧洲以统一为主轴的长期以来的和平理想构成了挑战。老一代的欧洲人在渐渐地过去，新一代欧洲人又往往对欧洲理念、欧洲统一这些问题不是那么执着。

@ 宋晓军

军事专家

今天是阿富汗战争开始整整15年的日子。截至今天18点30分，战争直接投资已达7500多亿美元，平均每小时纳税人要为这场战争直接支付约400万美元。根据波士顿大学一项课题研究，若加上利息、支付抚恤金等附加支出，费用至少是直接支出的5—6倍。当年苏联从阿富汗一撤军，国家解体了。美国还死扛着，将来会是个神马结果？

（背景："9·11"事件后，美国以反恐名义发动阿富汗战争。如今，阿战已经过去了15年。）

第七章 大国内政与地缘交锋

导　语

南海仲裁案，即所谓"菲律宾控告中国案"，是一个临时组建的仲裁庭，就菲律宾阿基诺三世政府单方面提起的南海仲裁案进行的所谓"裁决"，2016年7月12日，南海仲裁案仲裁庭做出非法无效的所谓最终裁决，中国政府明确表态：不接受、不参与、不承认！

大国视角下的南海争端

@边境计划 firefly：《现代舰船》杂志主编

这是我很早之前写的一篇文章，至今观点有所修正，但基本观点没变，原标题是南海问题普及读本，后在好友建议下修改为现标题。

南海问题的社会关注度急剧升高，动武的呼声也日益高涨。大势之下我们喜忧参半，喜的是越来越多的国民开始关注我们的海洋国土，忧的是南海形势的复杂性很少被人注意到。

祖国的领土被侵占、资源被掠夺,是我们绝对不能容忍的,南沙问题非解决不可!而要解决南沙问题,首先必须透过表面现象,看透它的实质。

南海的价值,这里不是格鲁吉亚

表面上看南沙问题是中国和众多东盟国家间的领土纠纷,但实际上南沙问题已经远远突破了领土纠纷的范畴。它牵涉了亚太地区全部有影响力的大国,覆盖经济、政治、军事、文化等各个层面,大国间的制衡隐匿其间,把南沙问题变成了一个极其复杂的问题网,它的任何一个方面被触动都可能引发整个问题网大爆发。南沙争端已经成为世界上最复杂、牵扯国家最多的争端之一。

摊开地图,我们可以发现南海有着极其重要的战略价值。这片海域沟通了印度洋和太平洋,日本 75% 的能源要经南海运送,中国、韩国进口的绝大部分能源也要经此运输,全球航运量的 1/4 集中在南海。而对于利益遍及世界各地而且拥有极为强大海军力量的美国而言,这片水域包括全球最重要的 16 个水道中的 4 个(马六甲海峡、望加锡海峡、巽他海峡、龙目海峡),可以对北至亚洲东部、南至澳洲、西至印度洋,这一广阔地区的事件迅速反应,如此巨大的价值使美国没有理由不涉足其间。除美国外,历史上,苏联也曾积极在南海部署海军力量。冷战时期,美国海军在此海域的战时使命就是确保本方的自由通行权,同时确保苏联在此丧失自由通行权。简单地说就是确保美军在南海的绝对制海权,摧毁苏联在此地的军事存在。

1991年底，冷战结束，次年在老布什主导下，美军正式从菲律宾苏比克及克拉克基地撤出，将原部署于此的部队重新部署到关岛和日本，南海地区出现了短暂的权力真空。然而在放弃苏比克问题上，美国国内始终存在争议。日本偏北、关岛偏东，从地理位置上讲，只要美国不放弃全球干预，一个处于南海范围内的基地是始终无法替代的。因此美国迅速调整战略，开始重返南海，并对亚太地区兵力进行调整以提高它在南海地区展开军事行动的能力。

对美国而言，南沙问题已经成为牵制中国的一颗重要棋子，其价值可比台湾问题、人权问题。实际上中国进口原油的80%都经马六甲—南海运回国内，考虑到这一点，可以认为南沙这颗棋子对美国而言特别重要，对中国而言则更可能形成致命伤。从这一点出发，我们发现南沙所有问题的根源，或者说南沙问题的实质其实是中美实力对比的问题。中国的综合实力虽然在快速增长，但近期内与美国相比仍然存在差距（与美国加盟国相比，差距更甚），这就从根本上决定南沙问题难以在短期内解决。在此前提下，单纯的政治、外交、军事手段都不可能从根本上解决问题，尤其需要注意的是，在中美间实力差距没有改变的背景下，贸然使用军事手段，很可能会让我们付出非常巨大的代价。

有人把南沙之于中国比作格鲁吉亚之于俄罗斯，这是极端错误的。数数有多少具有国际影响的交通线或能源通道经过格鲁吉亚，你就会明白其实没有哪个大国真正关心格鲁吉亚的死活。格鲁吉亚仅仅是围堵俄罗斯的棋子。而南沙不但是牵制中国的棋子，更是中国，乃至整个东亚经济安全的命门所在。

如果动武，新王和老王

1997 年 5 月 7 日，菲律宾总统拉莫斯在美国发表讲话称南沙问题"对我们来说是一块试金石，它将检验中国作为一个大国是准备遵循国际规则，还是要自行其是"。

这句话虽然出自一名菲律宾人之口，但它却生动反映了美国对南沙问题的一种解读。南沙问题是中国面临若干重大地缘问题中，直接对峙的双方实力相差最悬殊的一个。因此在美国看来，也是中国最可能诉诸武力的问题，但在这个问题上美国是强烈反对动武的。现有国际秩序是美国主导下的秩序，一旦中国在南海对东盟动武，美国将会视此为挑战美国的世界秩序，如同一战时德国对英国的霸权发起的挑战。在这种情况下中国的行动必然会承受巨大的风险。此时中美间的经济联系并不会对美国的决策形成不可跨越的阻碍，因为相比其他因素，美国主导下的世界秩序才是美国最根本的利益，同时也是美国的核心竞争力之所在。

换句话说，既然中国动手了，美国自然不肯傻站着。当美国对南海的军事干涉开始后，我们不能排除美国直接参战的可能性，此时这场战争很可能从一场中国和东盟的局部战争变成中国和美国之间的战争，而且我们无法排除战争升级的可能性。常规力量对比上，中国与美国及其盟国相比居于劣势，所以不排除战局不利于中国的情况出现。此时可以肯定世界经济会因此遭受重创，但由于中国对美日资金和市场的依赖程度大于美日对中国市场和资金的依赖程度，中国将付出比美国更大的代价。世界会因此失去一个劳动密集型的工业中心，但不久会有另一个低劳动力成本国家（比如印度等落后国家）崛起成为世界工厂，而中国失去的工业转型或升级机会是没有替代品的。

我们的经济有明显的外向型经济特征，国民经济的外贸依赖度高达58.3%，这远远高于正常水平。一旦彻底失去外部市场和资金，必然导致超大量的企业倒闭和员工失业，进而可能引发难以承受的社会问题。权衡动武的成本和收益，我们发现最终的结果很可能是，中国只能获得较少收益，但却会付出极其高昂的代价。

我们相信中国迟早会参与世界秩序的调整，甚至会主导世界秩序的重建，但这是个漫长的过程，在实力对比处于下风时，尤其应该避免急躁的过激行为。

美国，预防性遏制

海权国家基本的行事规则是结盟和平衡。在南海，它利用东盟诸国与中国实力上的差距，通过盟约或不公开的默契，吸引东盟站在自己一边，以遏制中国向南海推进。对美国而言，平衡各方实力，维持南海现状是最有利的。

对于别国间的领土纠纷，美国政府一般的做法是持中立立场，不支持任何一方，避免卷入冲突。在南海问题上美国政府仍然持中立政策，考虑到中国在南海大量岛礁已经被非法侵占，美国的中立政策其实并不中立，它带有非常浓重的预防性遏制色彩。

冷战期间，美国在南沙争端中保持了比较严格的中立，因为它需要对抗苏联，相比东盟，中国显然更胜任"抗苏伙伴"的角色。因此20世纪70年代，虽然美国和南越间有密切的军事政治关系，但美国对西沙海战一直保持中立。就算有美国人在海战中被俘，也只是外交解决，因为此时的尼克松政府已经开始寻求与中国改善关系，不可能为几个小岛推翻自己付出的外交努力。

而20世纪80年代末的南沙海战里，越南已经成了苏联的走卒。中越发生战斗，美国自然乐得中立旁观。苏联此时也正在改善与中国的关系，因此虽然有盟约在先也无意军事干涉。倒霉的越南成了东南亚的孤儿，此时挑战中国，只能活该挨打。

20世纪90年代初，冷战结束，苏联解体把中国推上了与世界一流强权对抗的第一线。美国在南沙问题上一度陷入徘徊，但很快又明确起来。1997年，芒罗等人在《即将到来的美中冲突》一书里正式推出了"中国威胁论"。然而在数年前，美国政府就已经把中国视作威胁了。

在南沙问题上，同为大国的中美不可能直接对抗，因此美国迅速放弃了严格中立态度，开始鼓励东盟各国表达自己的主张。从克林顿开始，美国政府开始明确表示南海问题上的威胁是中国引起的。1995年，中国在领土美济礁上修建方便渔民作业的避风所，引起菲律宾的强烈反应，史称"美济礁事件"。之后美国发表正式声明强调"航行自由"是美国的根本利益，并且明确表示如果南沙发生军事冲突并且妨碍了海上航行自由，美国就要准备军事护航，以确保"航行自由"。美济礁事件中根本没有海上冲突，而且历次南海冲突也毫无影响航行自由的先例。所谓"航行自由"只是美国人的借口。说得明白一点，美国发现东盟国家不可能阻挡中国采取的强硬行动，于是干脆把挡在大棒上的衣襟掀了起来。2001年兰德公司在《美国与亚洲》报告中更明确指出，当中国决心实现对南沙大部分岛礁的实际控制时，美国必须做出明确的军事或外交反应。美国必须做出反应，因为东盟不可能阻挡中国意志坚定的进攻，中国的攻势会使南海的平衡瓦解，而所有反应中，最迅速、最直接、最有效的无疑是军事干涉。

1996年台海危机中，我们注意到克林顿政府是事后才知道美国航母战斗群的行动的，美国海军具有明显的预防性攻击倾向。"将在外，君命有所不受。"这不是假设，美国海军的确会在总统授权之前展开先期行动。

美国在南海的政策核心是对中国的预防性遏制，这种遏制是通过结盟和平衡策略来实现的。

东盟，合作安全和大国平衡

中国的存在名正言顺，美国的存在是赶不走的，东盟各国势单力薄，却非法窃取了中国的领土。在南海各方实力对比上，东盟看得非常清楚，这种认识直接催生了东盟在南海的两大基本战略：合作安全和大国平衡。

任何一个单独的东盟国家，与中国相比都存在巨大的实力差距，而在东盟看来，中国的强大是不可避免的。因此东盟采用集团外交与中国抗衡，以避免双边对话中的劣势。冷战期间，东盟就在努力整合自己的力。然而，冷战时期的世界秩序由大国安排，自然轮不到东盟插话。所以冷战结束后，东盟各国的安全关系的整合才开始起色，到20世纪90年代时，它已经基本做到了以统一的声音讲话。

由此可见，《吉隆坡安全评论》抛出的所谓"中国最怕的东南亚南沙集团"，实际上早已成形，并不是什么新鲜货。"最怕"二字真可谓滑稽之至，因为在南海地区，东盟虽然是力量中心之一，却是最弱的一支力量。它只能生存在另外两支力量的缝隙里，任何与其他力量的直接对抗都可能使东盟付出难以承受的代价。

既然合作安全还不能确保东盟各国的安全，东盟就必须接受第三方力量加入南海角力，其他两股力量彼此牵制，压在东盟身上的压力才可能减弱。同时，东盟成了平衡两方力量的砝码，这可以使东盟在地区安全上获得更大发言权。这就是东盟的大国平衡战略。

冷战结束后，中美日三方关系成为左右亚太地区安全形势的核心因素。中日两国是该地区的政治经济大国，对该地区的发展起着重大作用；而美国作为现在唯一的超级大国，对该地区的巨大影响依然存在。美日之间存在同盟关系，因此在南海博弈的力量可以粗划为两支，即中国和美日。一方面东盟可以利用中国与美日同盟实力对比上的劣势，在南沙问题上，给中国摆出有利于自己的选项；另一方面，美日同盟对中国遏制的同时，也希望中国在国际事务中承担更多责任，融入国际社会。东盟可以借此帮助中国提高国际地位，以对抗美日支配东南亚的意图。

我们还应该看到，大国平衡战略的根本着眼点在于维护东盟地区的安全和稳定。一旦东盟的安全受到威胁，它就可能放弃均势努力，倒向其中一方。

大国平衡战略中，存在着不利于中国的因素。东盟国家和中美日均有较密切的经济联系，但东盟与美日，特别是日本的经济联系要比中国密切很多。日本是东盟部分国家最大的投资国、援助国和贸易伙伴，日本外贸额的16%来自东盟。而中国的经济与东盟较少互补性，中国本身也是一个发展中国家，需要集中精力发展国内经济，不可能对同为发展中国家的东盟各国提供大量经济援助或支持。当美日以强大的经济实力向东南亚渗透时，中国不得不面对在自己的短板上与强手竞争的局面。

领海、领土问题在东盟对中国战略中占有特殊重要的地位，这很可能使东盟在台湾问题、中日东海争端等问题上与美日达成默契，从而使亚太地区最终形成以中国威胁论为基础的安全框架，形成海上包围中国的链条。

军事手段，情绪和理智的交锋

面对错综复杂的南海困局，我们可以仅凭一腔热血高呼战争来彰显自己的血性，如果靠简单的武力真能解决南海问题，我们毫不吝惜自己的生命。但现实是残酷的，60年的发展，我们海军取得了长足的进步，但是依然是一支防卫性海上力量，而美国海军的规模和实力已经可以超过这个世界其余国家海军力量的总和，这也是为什么美国会主导世界秩序的一个原因。

21世纪初，当中国军迷终于等到了真正具备区域防空能力的先进战舰时，同类型的军舰已经在美军服役了近20年，其中较陈旧的批次已经开始退役；当两会期间，我们听到海军高层直言要发展航母而欢呼雀跃时，美国已在90多年前装备了航母，并且在60多年前靠航母打赢了太平洋战争．我们不是"唯武器论"者，我们可以用自己的血肉之躯填平陆地战场的沟壑，赢得血染的胜利，因为我们能跑过去，甚至爬过去。但是我们要用怎样的牺牲去迎战1500千米外南沙海域的敌方舰队呢？难道要用我们毫无价值的失败去印证现代海战的残酷规律吗？

没有合适的装备，现代化海战是无从打起的，而这些装备中最关键的一项就是航母。中国海军中，最可能问兵南沙的是南海舰队，如果把近几年南海舰队战力的飞速提高和海军在航母问题上的高调发声联系起来，我们可以发现，其实中国发展海军的思路里已经包含了对南沙问题的考虑。

马汉的海权论问世已经百年，但是还有很多国人对海军和海权的认识十分匮乏和肤浅。海军不是一个简单的兵种，更是国家战略和意志的最理想载体。美国海军自己把航母称为"力量传送带"，哪里有美国利益，哪里就有美国航母在传递力量。海军的强弱彰显着国力，代表着一个国家工业水平的高低，中国这个刚刚进入工业化时代的国家，要想挑战已经完成工业化、正步入信息化的美国，时机尚未成熟。

翻开历史，我们发现，任何一次大规模海战的背后，都隐藏着新旧世界秩序的交替。从这个角度讲，海战之道就是国家的兴亡之道。当我们感情和理智纠缠在一起时，"打完再说"这种草率的态度是万不可取的。战争是为政治斗争服务的，只有在政治斗争走进死胡同时，我们才必须使用武力捍卫中国的利益，在南沙问题上我们依然还有很多牌可打。

解决之道，主动出击

我们需要认识到，没有解决南沙问题的灵丹妙药。现在所能做的只能是阻止南海局势进一步恶化，并逐渐增加中国在南海的存在，为将来时机成熟时根治南沙问题打好基础。近期实力对比中，我们还处于下风，暂时没实力去革美国人的命。那没关系，我们先不动武，不要以为不动武就是不作为，除了动武，我们还有很多方式维护我们的权力，彰显我们的存在。

美国要在南海搞平衡，而我们要逐步蚕食消化现有的不利局面，因此只要不主动上升到军事层面,那么理论上讲任何体现我国在南海存在的行为都是值得鼓励的。举例来说,南海首先是个渔场,农业部、交通部应该制定优惠政策,鼓励渔民去南海捕鱼,比如报销往返油钱,下南海的渔船一趟来回就要吃十几万的柴油,报销油钱无疑可以降低渔民的成本,激发他们下南海的积极性。除了捕鱼,任何去南海的经济行为、科考、探险都应该鼓励,所谓存在并不只是指军事存在,任何中国人的活动都显示着中国的存在!

有了中国人的存在,就必须有相关部门跟进,一方面规范他们的行为,一方面保护他们的安全。再以渔民为例,渔民去南海捕鱼了,渔政和海监的执法船就应该紧随其后,指导他们的活动,提醒他们注意别捕捞珍稀动物等等,同时,也确保中国公民的安全。渔政和海监应该树立主动出击的精神,不怕制造麻烦。你非法扣留我 1 艘渔船,好,我明天拘捕你 10 艘肇事渔船,对等行事,以牙还牙、以眼还眼。我们应该敢于折磨东盟的神经,要让它们对中国的存在习以为常,要让它们知道,中国的渔民在中国领海上,是容不得外人欺负的!

这里我们需要明确一点,上述所有行动都是民间行为,发生争执,那是民事纠纷,有渔政、海监这样的警察力量去处理。军事力量是不适合卷入其中的,海军舰艇应该保持远距离游弋,监控事态发展,万一对峙升级,对方军舰露面,事件的性质就变了,变成了对方的军事挑衅,这时海军舰艇应该坚决顶上去,寸步不让,对方敢动武,那就坚决击沉它!如此下来,南沙的目前的态势会被慢慢改变。只要南沙态势改变,中国政府就可以抓住合适时机,促使南沙问题朝彻底解决的道路前进。而这将是对政府有关部门智慧和行动能力的一次大考。

行文至此，相信朋友们已经对南沙问题有了一个全面的认识，对于到底该不该动武也有了自己的结论。爱国不是空谈而是实干，如果扯嗓子喊两句口号就叫爱国的话，"爱国者"这个称谓未免也太廉价了。

导　语

　　2016 年 7 月 8 日，美国和韩国正式宣布将在韩国部署萨德反导系统，引发韩国国内巨大争议以及本地区相关国家的强烈不满。有军事专家表示，若"萨德"系统部署在韩国，按照其雷达 2000 公里的侦察范围判断，中国近一半的国土将在美军的侦察监视范围内。

美韩舞"萨德"意在遏中俄

@ 书香满心：资深新闻工作者，军事评论员

　　意料之中：7 月 8 日，美国和韩国不顾中俄等国明确反对，宣布将在韩国部署"萨德"反导系统；理所当然：中国对此表示强烈不满和坚决反对，强烈敦促美韩停止"萨德"反导系统部署进程，不要采取导致地区形势复杂化的行动，不要做损害中国战略安全利益的事情。

　　美国想在韩国部署"萨德"系统的意图已谋划很久。早在 2010 年，就有报道说美国不断向韩国施压要部署这一系统；2012 年，美国国防部提出，将以美日韩和美澳日两个三边同盟为基础构建亚太反导系统；2014 年，美韩就部署"萨德"系统的问题频繁互动；今年 2 月，美韩又就这一话题展开商讨。因中国坚决反对等原因，他们始终未能如愿。

这次，美韩借朝鲜发射"光明星4号"地球观测卫星，以"部署萨德有助于增强多层次导弹防御体系，强化韩美联盟对朝鲜的导弹防御能力"为理由，宣布部署这一系统。韩国国防部还解释称：萨德部署后不会对准除朝鲜外的其他任何国家，仅仅用于应对朝鲜威胁。

事实真的像韩国所说的那样，部署萨德只是为了针对朝鲜吗？当然不是。"萨德"系统全称为"末段高空区域防御系统"，可在大气层内外拦截来袭的短程和中程弹道导弹，是美国弹道导弹防御体系的重要组成部分。其所属的X波段雷达，侦察半径至少达2000公里，其在韩国部署后，我国华北、华东地区乃至渤海、黄海和东海的弹道导弹发射都将处在监视之下，大大挤压了我国战略导弹部队的机动和作战空间，严重损害了我国的核报复能力。同样，俄罗斯远东地区大部分的中远程导弹发射活动，也在其监视之下。

因此，很多人认为，美国在韩国部署"萨德"系统是亚洲版的"古巴导弹危机"。一旦未来中美关系陷入危机乃至冲突，这一系统将成为观测中国潜射导弹的前沿探测器，大大提升美国对我国导弹的拦截能力。日本《读卖新闻》也认为，"萨德"系统或将成为监视中国军队的重要利器。

中俄都充分认识到了美在韩部署"萨德"系统的威胁。6月，习近平主席和普京总统三天内两次发表了包含反对在韩部署"萨德"系统内容的联合声明，强调中俄双方强烈反对"域外力量"以"臆想的理由为借口"在欧洲以及亚太地区部署反导系统。

美韩不顾强烈反对一意部署"萨德"系统，必然会招来中俄的强烈反制。除了影响双方战略互信、经贸关系和多边合作，在更广泛的领域引发大国间的直接和间接对抗外，更有可能引发新一轮军备竞赛。韩国同意美国的这一要求，将直接影响与中国的全面关系，甚至会影响中国的对朝政策，也等于把自己完全置于危险境地。一旦未来大国间有冲突，不管多强的导弹防御系统，都没法挡住中俄弹道导弹。

"偷鸡不成蚀把米"。如果美韩在此问题上一意孤行，对后面中俄可能给出的反制措施、引发的不可预测后果，他们如何承受，令人拭目以待。

导　语

2016年7月16日，土耳其爆发第五次军事政变。不到24小时未遂政变即结束，三千多名军人遭逮捕，上百家媒体机构被迫关闭，近十万公职人员被辞退，整个司法、教育等领域遭到清洗，抓捕了成千上万人。专家坦言，未遂政变对土耳其政治发展将产生重大影响。

拨开土耳其政变迷雾，幕后"黑手"究竟是谁？

@林爱玥 历史爱好者

土耳其政变"直播秀"只进行了短短十来个小时，很多人都大呼"不过瘾"，当然了，这也只不过是我们这些无聊的局外人站着说话不腰疼的调侃罢了。对土耳其人来说，虽然政变并不陌生——1960年以来，土耳其已经发生至少6次军事政变——但由于政变成败结果关乎每一个人的命运，所以，相信在政变过程中，土耳其人还都是高度紧张的。无论是支持政变的，还是反对政变的，他们都需要根据结果来重新规划自己的未来。还好，政变很快就结束了，土耳其人心里的一块石头也随之落了地。

土耳其政变共导致42人死亡，截至目前已有130名政变者被捕，土耳其总统埃尔多安已经表态将"肃清"政变发动者，以保持土耳其军队的"干净"。可以想象，还将有更多的策动和参与政变的人被逮捕。现在政变已经尘埃落定，或许每个人都会追问，造成此次土耳其政变的幕后"黑手"到底是谁？

2015年11月24日，土耳其击落了一架俄罗斯的苏-24战机，导致俄罗斯和土耳其两国的关系一度剑拔弩张。一开始，土耳其政府的态度非常强硬，尤其是土耳其总统埃尔多安拒绝就击落俄罗斯战机一事道歉，他试图用这样的态度换取西方某些国的实质性支持。然而，某些西方国家非但没有给土耳其什么实质性的支持，甚至连口头上的支持都欠奉。最终，土耳其只能独自默默承受俄罗斯的雷霆之怒，偷鸡不成蚀把米，只好认怂。在2016年6月底，埃尔多安扛不住压力，主动向俄方道歉，道歉之余请求俄罗斯的原谅。

如果说土耳其政变发生在埃尔多安道歉之前，相信很多人都会联想到是俄罗斯出于报复策动了此次政变，但由于埃尔多安已经主动服软，并表示将加强土耳其和俄罗斯在"打击恐怖主义和解决地区危机方面的合作"，这句话的潜台词就是在叙利亚问题上，土耳其将和俄罗斯保持一致，这表明埃尔多安政府已经放弃了对某些西方国家的幻想，转而在中东问题上倒向俄罗斯。

因此，俄罗斯没有必要在这个时候策动土耳其政变。那么有意愿、有能力策动土耳其政变的幕后"黑手"就已经呼之欲出了，特别是土耳其总统埃尔多安表示叛乱分子收到来自美国的政变指令，这就已经明确地将矛头指向了美国。其实，如果说美国是幕后"黑手"，一点也不让人感到奇怪。历史的经验告诉我们，二战结束后，世界上至少90%以上的政变是由美国操控或美国指使的，因此，美国"躺枪"一点也不让人感到意外。

那么，如果说美国就是幕后"黑手"的话，美国策动土耳其政变的动机又是什么呢？我想可能有以下几个原因：首先，政变是对土耳其埃尔多安政府选择倒向俄罗斯的一个警告和报复，中东是美国推行全球霸权主义的重要一环，如果俄罗斯—土耳其—叙利亚能够结成同盟，那么美国在中东的影响力和控制力将被大大削弱，这是美国万万不能接受的；其次，对美国来说，要么是朋友，要么是敌人，只要不接受美国控制的，那就是敌人，在美国眼里，土耳其选择倒向俄罗斯，而不是继续充当美国的炮灰，就是土耳其走向"邪恶国家"的"标志"，通过政变让土耳其的埃尔多安政府垮台，选择亲美政府上台让土耳其重回"民主国家"的怀抱明显是个不错的选择；再次，即便政变不能成功，如果能让土耳其陷入混乱甚至内战，有利于美国进一步推行霸权主义，毕竟"邪恶国家"数量有限，美国需要有新的"邪恶国家"来恐吓美国人民支持他们大力发展军工业，艾森豪威尔在卸任美国总统时曾说，美国已经被军火商绑架，就是这么个道理。

当然，土耳其政变也并不完全是美国这个幕后"黑手"的"功劳"，物必先腐而后虫生，更深层次的原因是土耳其自身的经济发展出现了很大问题。土耳其近些年的经济增长率从10%左右回落到2014年的2.9%，2015年的4%，在这种情况下，埃尔多安既不敢得罪少数的新兴资本家去损害他们的利益，也不敢得罪多数的底层民众去损害他们的福利，而只能拿中产阶级开刀，导致土耳其的城市中产阶级从2013年开始，多次和埃尔多安政府发生大规模冲突，埃尔多安政府的蛇鼠两端加深了土耳其的内在矛盾。

内因是事物变化的根本，外因是事物变化的条件。土耳其国内的矛盾重重，给了"黑手"干预土耳其内政的机会，然而，土耳其政变能够被迅速平息，说明土耳其人依然对他们的政府保持信任。但是，不管有没有下一次的政变，留给埃尔多安政府的时间都不多了，在这种情况下，埃尔多安也必须认清形势，大力发展土耳其经济，让土耳其的经济发展重新步入正轨，既然脱亚入欧行不通，何不换个思路，将目光转移向东方呢？一带一路欢迎您！

导　语

2016年6月24号英国脱欧公投结果公布，脱欧派赢得胜利，直接导致英国元首相卡梅伦辞职，全球市场巨震！失去欧盟成员国的资格，英国很难继续依托欧盟在欧洲和世界事务中发挥重要作用，其国际地位和影响力或将大打折扣。

英国脱欧背后的本土政治演变

@昭杨－法国历史：自由撰稿人、法国社会科学高等研究院博士候选人

大不列颠的未来还在欧盟吗？今年2月底，英国首相卡梅伦和欧盟达成一系列协议，旨在改善英国在欧盟地位。彼时留欧的呼声，在民意调查中一度保持领先。然而其后，脱欧的支持者得以反超。如今公投将近，双方民意紧咬，彼此拉锯仍在继续。

英国民众脱欧意愿的重新高涨，值得我们重新反思其后的深层原因。在世界主要国家和国际组织均希望英国留欧，英国脱欧外部障碍重重的情势下，要理解依旧活跃的脱欧呼声，需要深入英国本土政治语境，从政党政治的演变脉络中去找答案。

在这一脉络下，英国对欧洲的实用主义态度、撒切尔主义和欧洲一体化

的矛盾、执政党（保守党）面对欧盟问题的分歧以及英格兰的认同危机，共同造成了今日英国脱欧问题的日益严峻局面。

作为"他者"的欧洲

英国和欧陆国家，特别是最先推动欧洲联合的六国（法国、德国、意大利、卢森堡、荷兰、比利时）的最大不同，在于二战期间，英国本土并未遭受纳粹的控制和入侵。所以，英国并没有充分感受到欧洲联合的紧迫性和必要性。这种历史体验和英国数百年来坚持的"光荣独立"（splendid isolation）外交传统相结合，导致欧洲成了英国政治中和自身共存的"他者"。

欧洲在英国眼中的"他者"身份，体现在二战后历届英国领导人的言行中。丘吉尔首相是欧洲联合的倡导者之一，但他指出，英国是联合欧洲的支持者和伙伴，不是其中一员。丘吉尔构想的英国战后外交政策，即"三环外交"中，英美特殊关系占第一位，其次是和英联邦国家的关系，最后才是英国和欧洲的关系。

20世纪60年代初，英国保守党首相哈罗德·麦克米伦（Maurice Harold Macmillan）开始寻求加入欧洲联合进程。但当时导致英国改弦易辙的原因，更多是实用主义外交理念：1956年苏伊士运河危机，导致英美关系紧张；此起彼伏的殖民地解放运动，更让英美特殊关系和英联邦体系发生了动摇。相形之下，法德主导的欧洲经济共同体却蓬勃发展。英国权衡再三，才决定加入其中。

但是入欧并不意味着英国政界的欧洲观发生改变。作为"他者"的欧洲及相关议题，反而因此被卷入英国内部的政治争论中。不过，20世纪六七十年代的英国疑欧者，主要是左翼的工党——当时英国工人福利和权利都比欧洲高，工党担心加入欧洲共同市场会损害英国劳动者的权益。这与今天脱欧主力——右翼英格兰民族主义者不同。

对欧洲问题的争论，在这一时期甚至引发了英国工党的内部分裂，导致1975年哈罗德·威尔逊（James Harold Wilson）首相发起英国第一次脱欧公投。此次公投，三分之二的选民支持留在欧洲。那时看起来，欧洲国家经济发展和福利提高，将逐步消除英国和欧洲的矛盾。

然而，20世纪80年代撒切尔夫人（Margaret Hilda Thatcher）的"新政"和欧洲一体化的碰撞，再度让英国和欧洲越行越远。

撒切尔主义背离欧洲一体化

从20世纪70年代到90年代，撒切尔夫人对欧洲联合的态度经历了很大变化。1975年工党政府发起第一次脱欧公投的时候，刚出任保守党党魁的她是英国留欧的坚决支持者。然而，80年代中期开始，她却因为频频反对欧共体的决策，而被其他欧洲国家视为"Mrs. No"即"说不夫人"。甚至疑欧主义（Euroscepticism）这个词首次进入大众媒体，也是始于撒切尔当政期间，1985年11月，《泰晤士报》用了这个词，描述她领导的保守党政府对欧洲一体化疑虑。

1988年，撒切尔夫人在布鲁日发表演说，公开反对欧洲共同体的改革方案和中央集权。从坚持留欧，到怀疑欧洲，再到反对欧洲，撒切尔夫人对欧洲立场的转变不只是她个人观点的改变，而是折射了整个80年代中，她领导下的英国不断疏远欧洲一体化进程的事实。正是20世纪80年代的英国和欧共体的一系列改革，在英国和欧盟之间，形成难以调和的结构性矛盾，也为今天英国脱欧的戏码埋下了伏笔。

撒切尔夫人于 1979 年至 1990 年担任英国首相，她秉持保守党传统和新自由主义经济理念，限制国家干预经济发展，主张国企私有化和自由市场经济，限制工人结社和罢工权利，并减少公共支出特别是社会福利支出。她的经济政策一直充满争议，但确实通过削减福利，改善了英国的经济处境，对英国经济和社会产生了深远的影响。

撒切尔的改革和当时欧洲一体化的方向背道而驰。20 世纪 80 年代的欧共体在法国和德国主导下，强调建设"社会的欧洲"，社会主义和福利国家的色彩越来越浓，要求保障劳工权益。简而言之，撒切尔领导下的英国在向右转，而整个欧洲的大趋势却是向左转。

20 世纪 80 年代欧洲一体化进程的加速，更让这种"左"和"右"路线的分歧难以共存。当时欧洲各国刚经历 20 世纪 70 年代的两次石油危机的打击，经济不振，欧洲工业界面对困境的结论是：市场一体化程度不足。20 世纪 80 年代初开始，法国和德国开始提出"联邦的欧洲"的口号，要求加速欧洲一体化进程。1985 年各成员国签订《单一欧洲法案》，完成单一市场，并规划未来的欧洲联盟和欧洲机构改革。

按照时任欧洲委员会（Europe Commission）主席雅克·代洛（Jaques Delors）的规划，欧洲共同体将以三个阶段完成经济和货币联盟：第一步，完善欧洲单一市场，实现资金流通自由化；第二步，设立欧洲中央银行；第三步，未来的欧洲机构可以控制各成员国财政政策。

撒切尔夫人也签订了《单一欧洲法案》，但她只赞成单一市场，却反对欧洲机构改革。因为单一市场符合保守党自由贸易的经济理念，但欧洲机构改革意味着欧洲共同体权力的加强以及各成员国主权的削弱。雅克·代洛规划中的强势欧洲政府，是撒切尔夫人不能接受的，因为这不仅是主权问题，更关系到路线问题。在她看来，如果英国接受了大欧洲，那么英国经济模式也难免被欧洲所同化，她的改革成果将付之东流。

撒切尔在1988年的布鲁日演说中明确指出：英国和欧共体的分歧，是经济社会发展模式的分歧。她说："我们尚未成功缩减英国的大政府边界，却眼睁睁地看着其又扩展到整个欧洲，被一个欧洲的超国家组织在布鲁塞尔遥遥支配。"为了英国能够继续采纳新自由主义经济模式，她认为欧洲一体化应限定为主权国家的合作，并且主张欧洲必须鼓励企业成长，削弱保护主义。

正因为这种观点歧异，英国在欧洲一体化进程中，经常为了维护自主地位扮演反对者角色，阻挠欧洲共同体发展成为一个超国家组织。英国消极抵制的态度，也必然导致英国在欧洲地位日益边缘化，失去了主导欧洲事务的机会，进一步让英国和欧盟的发展路线难以弥合。

欧洲问题分裂保守党

撒切尔夫人的政治遗产影响深远。继任的英国首相们，虽然对欧洲一体化态度更加积极，但仍然无法让英国赶上欧洲一体化的脚步——比如英国始终没有加入《申根条约》（Schengener Abkommen）和欧元区。

更深远的影响在英国内部：一方面，欧盟已经被英国各党派视为推进大政府和福利国家的代名词，英欧关系因此成为政治论争的焦点；另一方面，相对于工党和英国独立党（UKIP）对欧立场的一致性，保守党在英欧关系上的内部分歧，从撒切尔时代末期持续至今，造成党内对立和分裂。2016年脱欧公投的发生，正是英欧关系危机和保守党内部危机共同发展的后果。

撒切尔夫人本人就是欧洲问题引发保守党分裂的首位受害者。1990年，她激烈批评欧盟委员会主席雅克·代洛，引发外交大臣贺维（Richard Howe）辞职，导致保守党内反撒切尔声音高涨，迫使她黯然下台。

1993年，梅杰（John Major）首相推动英国有条件地接受《马斯特里赫特条约》（Maastricht Treaty）时，保守党内部再次出现分裂，撒切尔夫人公开表示反对条约，一些疑欧主义最为强烈的保守党党员甚至决定脱党，加入志在脱离欧洲的英国独立党（UKIP）。

2008年后，伴随着世界金融危机和欧洲债务危机的爆发，英国经济不振，失业率增加，反移民思潮重新泛起。英国独立党因其"反欧洲、反移民"的立场趁势崛起，先于2014年赢得欧洲议会选举的24个席位，又在2015年英国大选时获得400万张选票，成了英国第三大党。该党的崛起对保守党造成了巨大挑战，不但分流了后者的传统右翼票仓，还再次刺激了保守党内疑欧派崛起，加剧了保守党内部的分歧。

2011年10月24日，一些保守党的后座议员（backbencher）不理会首相卡梅伦（David Cameron）反对，联署要求举行英国退出欧盟公投的议案，导致该议案顺利进入议会表决程序。表决暴露了保守党内部分歧。虽然自由民主党和工党议员在表决中站在了卡梅伦一边，退出欧盟公投案以111票赞成、483票反对而被否决，但赞成票中保守党议员竟占81张。英国传媒形容，这是保守党对欧盟立场的最大叛变，比前首相梅杰1993年的遭遇更难堪。

保守党的公开分歧，严重打击了卡梅伦的威信，也使英国和欧盟的关系持续恶化。2011年12月，卡梅伦否决了欧盟财政条约，使得英国与欧盟的冲突公开化，这被认为是英国的欧盟政策变化的重要转折点。

2014年，以道格拉斯·卡斯维尔（Douglas Carswell）和马克·莱克莱斯（Mark Reckless）为代表的疑欧派保守党议员改投独立党。在这种情势下，支持留欧的卡梅伦为了确保党内稳定，挽回民众支持，也开始打欧盟牌：一方面要求重新谈判英国留在欧盟的条件，塑造本届政府保护英国国家利益的形象；另一方面则允诺如果2015年保守党获得连任，将于2017年以前举行脱欧公投。保守党在2015年大选宣传册中宣称，卡梅伦政府史无前例地为英国纳税人节省了185亿英镑的欧盟税款，顶住了布鲁塞尔的压力，坚持远离欧债危机拯救计划，还否决了一项可能损害英国利益的欧盟新条约。

总之，执政的保守党基于胜选和化解内部矛盾等一系列考量，把欧盟置于英国利益的对立面，把脱欧公投作为统合党内和反制独立党崛起的手段。这些选举压力和党内分歧，让卡梅伦领导下的保守党骑虎难下，不得不寄希望于全民脱欧公投解决政治危机，这是此次公投出台的大背景。

脱欧的核心问题：移民问题

2016年2月19日，卡梅伦首相和欧盟达成一系列协议，以缓解英国不满，避免脱欧。协议的核心有两条：一是伦敦金融城获得更宽松的监管条件；另一条是控制英国境内欧盟移民的福利。前者反映了英国金融产业界的呼声，而后者更牵动大众的神经，成为脱欧公投辩论中的焦点。

实际上，英国脱欧和留欧两派，一直围绕限制欧盟移民福利问题展开辩论。前者认为卡梅伦和欧盟的协议微不足道，后者则支持和欧盟妥协。近几年欧盟经济整体不景气，大批欧盟移民——特别是东欧移民，借助欧盟劳动力市场一体化规则涌入英国，引发英国民众的焦虑和不安。根据 Ipos mori 网站的调查，移民是英国民众关心的首要问题。另据牛津大学移民研究所的长时间研究，移民问题在英国引发的关注从 2000 年以来便呈上升趋势。

在这种情形下，控制移民成了英国政界的共识。就连近年来对欧盟持友好态度的工党，也放弃原有立场，支持控制移民。移民几乎在所有国家，都会成为本国中下层劳工阶级遇到经济困难时的发泄对象，英国也不例外。但英国的独特之处是：不仅极右翼排外政党反对欧盟移民，连保守党政府和主流大众媒体也不时应和。

比如《每日电信报》曾于 2014 年 1 月公开声称：英国必须改革它的社会保障系统的效率——因为英国纳税人要穷其一生，慷慨地支持新移民的福利！这种观点的箭靶，是那些和英国居民享受同等福利的欧盟移民。此类舆论不但推动卡梅伦和欧盟重新商谈英国境内的欧盟移民问题，也为脱欧支持者提供了论据。

保守党为何顺应媒体，将移民问题归咎于"欧盟"？

诚然，欧盟移民在英国获得工作权利和领取福利，是欧盟立法所规定的。但是人员的自由流动和商品的自由流动一样，都是欧盟建设单一市场，完成经济一体化进程的重要条件——而从撒切尔夫人执政开始，英国在欧盟内部就是完全自由贸易的倡导者，反对任何保护主义和贸易壁垒。

保守党人也清楚：向欧盟开放劳动力市场和商品市场，是英国打开欧盟市场的平等条件。但是在宣传上，保守党一般避谈英国和欧盟协议的互惠原则，却强调这些可能损害英国利益的制度，都是非民选的欧盟委员会制定的。事实上，欧盟委员会只是欧盟政策的行政机构，欧盟首脑会议（又称"欧盟峰会"）才是欧盟政策的最高决策者。因此，欧盟政策根本上是包括英国在内的各成员国政治家制定的。

况且，把社会福利预算紧张归咎于欧盟国家移民，也有失公平。自从本届保守党政府于 2010 年上台以来，财政大臣奥斯本（George Osborne）就推行严厉财政紧缩政策，大刀阔斧削减各项福利支出。所以英国福利问题，除了欧盟移民涌入引发的"僧多"，还有政府削减福利开支导致的"粥少"局面。

总之，保守党政府出于民意和选举考虑，跟随大众媒体声音，有意无意地将移民问题和福利问题的责任推卸给欧盟——这是反移民思潮演变为疑欧主义思潮的重要因素。其也导致 2016 年 2 月底英欧协议达成后，脱欧民意仍居高不下。

"脱欧"的地理学：伦敦外的英格兰

法国的欧盟问题专家，巴黎政治学院教授克里斯蒂安·乐凯思（Christian Lequesne） 在 "La Grande-Bretagne et la construction européenne" 一文指出，英国媒体对欧洲的态度大致分为两种：左派的《卫报》和《镜报》以及较为严肃专业的《经济学人》和《金融时报》赞成英国继续留在欧盟，但是这些报纸的读者并不占多数；相反地，《泰晤士报》、《太阳报》、《每日电信报》,《每日邮报》表现出鲜明的反移民和疑欧立场，后一类报纸的读者数量是前者的三倍之多。

在持有疑欧倾向的报纸上，法国、德国等欧陆大国和欧盟，往往以负面形象出现。乐凯思注意到，这些畅销报纸在指责欧洲时，更强调受害者是英格兰人（English people）而非英国人（British people）。"英格兰受害者"和"欧洲侵害者"说明反欧洲的民族主义思潮正在英格兰兴起。

2016年2月You gov的脱欧民意调查发现英国各个地区对脱欧的态度截然不同，证明了以上推论。在苏格兰、北爱尔兰、大伦敦地区以及威尔士，留欧的呼声占据了主流。而大伦敦之外的英格兰，却更倾向于脱欧。因此，英国脱欧问题，实际上是大伦敦之外的英格兰居民的诉求。

这种现象其实不难理解，伦敦之外的英格兰，是20世纪80年代以来英国经济社会改革最大的受害者，尤其是英格兰中部和北部的传统工业区。撒切尔夫人时代的新自由主义改革，摧毁了当地的工会力量，削减了居民福利；继任的梅杰和布莱尔（Anthony Charles Lynton Blair）也放任产业向新兴工业国转移，当地居民的失业率和贫穷程度高于全国平均水平。他们因为担心就业市场竞争的加剧和社会福利问题，对东欧移民的涌入尤其敏感。

相反，历届英国政府都致力于促进伦敦金融业的发展。今天的伦敦金融城，已经成为欧洲最重要的交易中心，和欧洲的经济联系十分紧密，倾向于继续留在欧盟以享受成员国身份优势。2016年5月初伦敦市长选举，工党推出的南亚裔候选人萨迪克·汗（Sadiq Khan）击败保守党候选人的一个重要原因，就是前者愿意为了伦敦金融城的利益留在欧洲，而后者则主张脱欧。

而英格兰之外的其他地区，主流民意都主张继续留在欧洲。威尔士长期从欧盟获得补贴，苏格兰拥有北海石油的收入，北爱尔兰则和爱尔兰共和国存在广泛紧密的联系。这些地区经济社会发展的不同情况，是对欧盟态度不同的重要原因。

英格兰的自我认同危机

仅用经济危机解释英格兰的反欧情绪，仍是不充分的，英格兰还面临严重的自我认同危机。

英格兰人的认同危机，简而言之就是英格兰人难以接受英格兰政治地位下降，从而产生了失落感和焦虑感。某种程度上，正是这种非理性的情感，驱使英格兰的脱欧支持者无视"脱欧可能导致严重经济损失"的警告，在2016年2月底欧盟做出经济让步后，仍坚持退出欧洲。

纵观中世纪至今的英国历史，英格兰一直扮演英国的核心引擎角色。今日的英国版图，正是历任国王以英格兰为基础，通过武力征服和政治联姻等手段，先后整合威尔士、爱尔兰和苏格兰而形成的。从《大宪章》的签订到光荣革命的落幕，从殖民扩张到工业革命，英格兰不仅在英国历史上扮演关键角色，也是整个大英帝国的绝对核心。

在漫长的历史进程中，英格兰形成"王在议会"的政治传统；英格兰人将英国议会的权威视为国家主权的化身。议会权威至上，成了英格兰最重要的政治文化，也是英格兰人政治身份认同的基石。然而，近年来英国内部和欧洲的政治变革，却导致英国议会权力被削弱，冲击英格兰人的身份认同：

20世纪90年代末，布莱尔开始向地方转移中央政府的部分权力，苏格兰、威尔士和北爱尔兰先后了组建地方议会和地方政府。这项改革意义重大，意味着英国结束了数个世纪以来，以英格兰为绝对中心的政治体制。尽管英国在法律上仍然维持单一制国家体制，但从其制度安排和随后的改革方向看，英国已经成为一个特殊的联邦制国家。这一改革为近年苏格兰独立运动提供部分制度条件，同时却使英格兰人体会到被剥夺感。

权力转移进程中，英格兰人认为自己由"高高在上"变成"低人一等"——苏格兰、威尔士和北爱尔兰，都有自己的地方议会和地方政府，唯有英格兰没有专门的地方议会和地方政府，须接受英国议会和政府的直接管辖。在改革前，以英格兰议员为主体的英国议会，是整个英国甚至大英帝国的唯一权威；改革后，英国国会的部分立法却只施行于英格兰，对英格兰以外的地区无效。英格兰居民对苏格兰等地区的"特殊待遇"非常不满。近年保守党内已有部分政客要求立法，规定英格兰专属法律交由英格兰籍议员表决。

同理，伴随欧洲一体化进程的深入，原属于英国国会的部分立法权，不可避免向欧盟转移。在英格兰民族主义者看来，欧盟立法高于英国国会立法，就是一种来自外部的剥夺。所以在主张英国脱欧的论证中，经常出现对英国"议会主权"的担忧和对"远在布鲁塞尔的欧盟官僚主义"的抗拒。

在英国，主张脱欧者和主张留欧者，往往都同意英欧关系需要调整，两者的分歧在于解决方案。前者认为只有收回所有让渡给欧盟的主权，英国议会重新获得立法领域的完全自由，英国的难题才可以彻底得到解决；后者则认为，只要修改不合理的条款即可。

对欧盟立法权凌驾于英国国会之上的抗拒和对欧盟移民涌入的担忧混合在一起，让英格兰民族主义思潮通过怀疑欧洲来定义自身，走到了今天公投决定去留的一步。

导　语

2016美国大选，候选人特朗普VS希拉里。此次美国大选是看点最多的一届：两位候选人都深陷争议，特朗普的"税单门""大嘴门"有增无减，希拉里的"邮件门""健康门"和克林顿基金会政治捐款丑闻则持续发酵。微博用户 @黎蜗藤 持续跟踪大选进程，不断发布50余篇解析文章，在此摘录其中一篇。

美国大选：黑暗无比 VS 一直伟大

@黎蜗藤：历史学者

上周进行的民主党大会，希拉里历史性地成为美国首位主要大党的女性总统提名人。但民主党显然无法尽情庆祝，因为在党大会效应之下，共和党大会后，特朗普的民调已经超过希拉里。民主党大会旨在一鼓作气，让希拉里反超特朗普。

民主党大会在共和党之后进行，占了时间上的便宜，更有针对性。整个大会希望达到五个目的：令希拉里没那么让人讨厌，令更多人讨厌特朗普，团结党内桑德斯的支持者，凸显美国的多元性和合作的重要性，说服国人美国没有特朗普说得这么差。

前四件事上民主党都做得不错。民主党内各位重量级人马倾城出动,与星光黯淡的共和党大会形成鲜明对比。

希拉里和桑德斯在初选时的裂痕能否弥合是大会一开始最大的关注点,尤其是民主党中央电邮在大会前夕被黑客公开之后。但两个阵营其实在初选结束之前已经在商量如何弥合的问题,最终的结果就在号称"史上最进步主义"的行动纲领中得到体现。桑德斯阵营要求的最低15美元工资、大学学费问题以及全民医保等三个最关心的诉求得到接纳,换取了他们不强烈反对TPP等外交贸易方面的让步。以此为基础,对桑德斯等人来说,电邮被黑事件不过是"令人尴尬的事实"而已。加上党主席舒尔茨辞职下台,已经给足了面子。为了压低代表的怒火,桑德斯亲自发送短信呼吁他们不要在场内搞事,希拉里方面也要求支持者在第一天低调。于是,尽管周一成为支持者发泄之夜,桑德斯和沃伦还是顶住支持者的嘘声,力撑希拉里;而当晚米歇尔·奥巴马的大气的压轴演说,与"抄袭者"梅拉尼亚形成鲜明对比,终于基本压制了桑德斯支持者的怒火。

接下去几天,克林顿在周二演讲回忆了和希拉里的点点滴滴,塑造希拉里"人性"的一面;周三,奥巴马和拜登登场力陈信任希拉里,一如以往地精彩;副总统候选人凯恩的演说,严肃而不失幽默,与共和党对手彭斯形成鲜明对比,为这个在全国范围内知名度不高的候选人打下口碑,也为未来的副总统辩论带来信心;前阿富汗司令带领多个原共和党籍的前军方和情报部门要员上台力撑希拉里,对共和党温和派和军政界有相当说服力;周四,希拉里不过不失的演讲发言,为民主党大会良好地收尾。在他们倾情支持之下,民主党大会也成为"团结"的大会。

但大会上最令人印象深刻的演讲都来自意想不到的嘉宾。周三晚,前纽约市长、亿万富翁彭博(Bloomberg)突然现身。彭博是白手兴家的亿万富豪,资产比特朗普多十倍。他以前曾是共和党也曾是民主党,现在却以独立选民的身份,力陈为什么独立选民要投票给希拉里。他的发言冷静而有说服力。留下诸多金句,包括:对我这样的独立选民来说,每次投票前考虑的都是候选人,而不是党派标签,没有一个党能完全代表自己的价值观;我和希拉里有很多分歧,但无论这些分歧如何,现在都应为国家利益放下分歧,阻止危险的煽动性的特朗普;我是一个纽约人,纽约人看到一个骗子,就能认出他;特朗普要用经营他自己企业的方式经营美国,上帝救救我们吧!

大会上最激情的时刻却是原先毫不起眼的穆斯林律师卡恩(Khizr Khan)的演讲。他的儿子2004年在伊拉克为拯救战友,被自杀式炸弹杀害。卡恩代表穆斯林爱国者,缓慢而激情地回顾了儿子如何为国捐躯。然后强调:"我的儿子代表美国最好的品质,但是如果是特朗普当政,他根本不能来美国。"在发言的高潮,他拿出一本宪法说:"我在这里要问你一个问题,你是否读过美国宪法,在宪法中,请你去找'自由'和'法律面前人人平等'的字眼。如果你去过阿灵顿公墓,请你看看那些为保卫美国而牺牲的爱国者,你会看到各种信仰、性别和种族的牺牲者。而你,没有牺牲任何东西、任何人!"卡恩的发言极具感染力,迅速成为各大新闻网、社交网站的热门话题,几乎被一致公认是大会中最感人的演讲。

然而,从大选的宏观角度来看,民主党大会存在一个极大的隐忧,那就是在整个大会中,民主党一直强调"美国是最伟大的",可是除了希拉里的发言提到美国还有一些不足,其他发言都没有正视美国面临的问题。即便撇开经济不谈，民众对安全问题的焦虑和不安是切实存在和不容否认的。希拉里提出的方案，比如加强空袭ISIS、为盟国培训地面部队、加强情报联系等，这些都是美国政府一直在做的。如果这些措施真能有效，那么早就见效了，何以恐怖主义袭击至今还是欧洲越来越大的威胁？民众又凭什么相信美国本土一定会是安全的？

而作为在野党候选人，特朗普甚至不用提出具体的方案，只是提出这个问题，就已经有足够的杀伤力了，何况，他还提出了"阻止穆斯林入境"等有煽动力的口号。

在两党开过大会之后，选情格局已经基本确定。两党在美国选民面前勾画了两个截然不同的美国：一个黑暗无比，一个一直伟大。到底哪一个才更符合选民心目中的感受和期望将决定两党最终的成败。这种矛盾已经反映在当前的民调中：七成民众认为国家正走向错误的方向，但同时对奥巴马的支持率又高达一半。因此，两党大会过后的两位候选人的民调会是最新、最重要的风向标。

目前看来，希拉里的民调已经重新反超特朗普。民主党可望稳固自己的基本盘，在争取独立选民的同时，同时拉拢新保守主义的共和党人；而共和党主要充分激发右翼，同时也试图拉拢桑德斯的激进支持者。民主党在选民基础上占上风，但暂时看来，投票热情可能不如共和党高。这样计算下来，民主党可能只有微弱优势。

现在距离11月8日大选投票还有三个月。此后计划内对选情最重要的大事就是九月底第一次总统辩论。但威力更大的还在于各种突发的事件，它们更可能改变甚至颠覆胜败的局面。

对共和党有利的是恐怖主义袭击。这几个月，无论欧洲还是美国都有不少涉嫌恐怖主义的袭击。对民主党来说，幸运的是民众对奥兰多的枪击案的关注可以被成功地转移到控枪问题的角度，抵消了反恐不力的指责。但一系列的黑人袭警事件，却有演化为"新的恐怖主义"的迹象，达拉斯和巴登罗支的杀警枪击案，令人草木皆兵。这种零散的杀警案，在短期内看不到系统的解决方法，民主党只能自求多福。而欧洲的恐怖主义袭击，美国更是鞭长莫及。美国可以尽力在情报上提供援助，但归根到底还是得靠欧洲自己。美国可以做的有限。至于中东乱局的问题，更不是短短几个月能解决的。接下来的几个月，恐怖主义事件发生是大概率事件。民主党只能见招拆招了。

但是，共和党也有最大的弱点，那就是特朗普自己的大嘴。单是这个星期，特朗普的大嘴已经两次惹祸。

第一件是民主党党中央电邮门事件。民主党和联邦调查局认为是俄罗斯有组织的黑客所为，怀疑是普京的指使，于是民主党的矛头迅速指向俄罗斯企图干预美国选举。这既涉及网络犯罪，又涉及"干预内政"，已经是很敏感的问题了。但特朗普还火上添油，不但没有对此表示谴责（不顾共和党纲领还声称要严厉打击网络犯罪），还声明"邀请"俄罗斯去把希拉里删掉的3万封电邮找出来。这一下子就捅了马蜂窝。民主党迅速指责，这是史上首次有总统候选人，要求外国对自己国家进行间谍活动。尽管特朗普得意洋洋地认为自己设下一个圈套，让民主党承认希拉里删除的3万封"私人"电邮涉及国家安全。但在共和党高层一致指责网络犯罪之后，过了几天还不得不出来澄清自己只是在"讽刺"。但民主党开始对特朗普和普京的关系穷追猛打。

第二件更是造成了令人意想不到的风暴。面对在前面提及的卡恩在民主党大会的发言，特朗普先是说自己也"牺牲"了很多，比如努力工作就是牺牲，这在一定程度上还言之有理（但这种所谓牺牲又如何能和别人的丧子之痛相提并论）。但他随后又毫无必要、毫无理由、充满文化歧视地借题发挥，"说不定他们的文化不允许女人发言"，指当时卡恩的太太也在台上，但是一言不发，对穆斯林攻击了一把。

特朗普如此针对一位获得"黄金星星"荣誉的烈士母亲，顿时引起全国的巨大反响。卡恩太太接受华盛顿邮报访问，反驳了特朗普的指责，称丈夫曾问自己是否要说话，但自己感到两人是一体的，丈夫已经说了自己想说的一切；而自己在台上一言不发，是因为大家已经可以从她的脸上看到自己是多么悲痛。在采访中，她又回顾了自己儿子的点点滴滴，催人泪下，形成事件的第二次冲击波。卡恩更在采访中指特朗普有"黑暗的灵魂"。舆论更加一边倒地站在卡恩一方。特朗普的应对已经成为公关灾难。

民主党方面铺天盖地的指责不用多提，社会各界，包括传统共和党支持者的退伍军人组织等纷纷发来"贺电"。就连共和党的要员也纷纷站出来和特朗普划清界限。卡西奇表态，自己会为他们一家祈祷。麦凯恩指责特朗普的话侮辱了军人。媒体列出的支持卡恩的共和党议员有一长串。就连一直勉为其难力撑特朗普的莱恩，也第一时间划清界线。在星期一的一个活动中，他声称共和党要重新占领道德高地。令人担心共和党刚刚凝聚的"团结"又重限危机。

把独立人士卡恩安排上台发言是民主党有意为之。只不过恐怕连主事者也想不到会这样成功。民主党一下子夺回了爱国主义和支持宪法（卡恩在大会挥舞的宪法便携本在亚马逊上连续几天成为排名第二的热销商品）的话语权。更不用提加强了特朗普种族主义和性别歧视的形象。最重要的是,这再次证明了特朗普是一个"一点就着"的人,他无法控制自己的脾气,不适合做总统。如果这件事再晚发生两个月,特朗普的竞选之路就直接说拜拜了。

特朗普的大嘴问题,看似是一时口快,但却时不时地涌现,这有系统性的因素。比如这次针对卡恩的言论,是在经过准备的采访中说出的,显然不是兴之所至。有报道,不具名的幕僚曝出,就他所知,不少的大嘴事件都是经过安排的。这种战术在初选中奏效,但是在大选中却屡屡产生反效果。在初选的时候,他嘲弄的对象多是自己的对手,建制派,但是这次他却攻击一个"小人物"、"英雄母亲"。特朗普能否吸取教训还是未知之数。即便不再故意安排,他能否管住自己的大嘴也是一个疑问。

导　语

中国与日本隔海相望，自古以来，中国就是日本学习的对象，但同时又是日本觊觎的目标。进入近代后，现代化道路更为顺畅的日本，发动了跨度长达几十年的侵略战争，欠下累累血债。日本对历史问题、领土问题的错误认识是中日间的最大障碍。作为日本现任首相的安倍晋三，上任三年闭口不谈"对战争的反省"，将中日关系降至冰点。身为世界第二与第三大经济体，两者之间的关系对地区稳定至关重要。同时，中国与日本是重要的贸易伙伴，日本各界希望改善中日关系的呼声也在日益高涨。

为什么九成日本人不喜欢中国？

@徐静波微博：亚洲通讯社社长

2016年9月23日，日本民间组织"言论NPO"与中国零点公司在东京举行记者会，发表了两家机构共同进行的年度舆论调查结果。这一调查结果显示，日本民众对中国的好感度继续下滑，超过90%的日本国民表示"对中国没好感"。

大家在听到这一个数据后，一定会很纳闷：日本人凭什么这么讨厌中国呢？

在分析日本人为何讨厌中国的原因之前,我们先来看一下这一次舆论调查的详细结果。中日两国的这一项调查是从2005年开始,每年进行一次,今年是第12次。今年的调查是在8—9月间实施的,日本接受调查的为1000人,而中国接受调查的为1587人。调查结果显示,有91.6%的日本民众表示对中国"没有好感",而去年的这一数据为88.8%。中国民众有76.7%的人表示对日本没有好感,而去年这一数据为78.3%。这说明,日本人对中国的讨厌感在上升,而中国人对于日本的讨厌感在下降。

日本人对中国没有好感的最大原因,是因为中国的海警船和战斗机经常进入日本主张拥有主权的钓鱼岛附近的领海领空,这个比例占到64%。第二个原因,是认为中国在国际社会采取的一些行动总是让人有一种霸道的感觉,这个比例占到51%。第三个原因,是认为中国在能源开发问题上只考虑到自己的利益,实行自我中心主义,这个比例占到49%。第四个原因,是认为中国不遵守国际行为规则,这个比例占到48%。

而中国人对于日本没有好感的最大原因,是认为日本在历史问题上没有很好地谢罪和反省,这个比例为63%。第二个原因,是认为在钓鱼岛问题上搞国有化侵害中国主权,这个比例占到60%。第三个原因,是认为日本勾结美国在政治、经济等领域围堵中国,这个比例占到48%。第四个原因,是认为日本的个别政治家经常发表一些不恰当的言论,这个比例占到44%。

看了以上的调查结果,我们可以发现,日本人沉浸在现实问题当中,而中国人是沉浸在历史问题当中。

我们现在来回顾一下中日两国关系友好与交恶的过程。中日两国在1972年邦交正常化以后,应该来说,两国关系是开启了一个和解的时代。虽然中国政府宣布放弃对于日本的战争赔款要求，但是日本政府也通过提供无偿和低息贷款的名义帮助中国搞建设。从1979年到2009年，日本总共向中国提供了350亿美元的ODA资金的援助，这笔资金占到中国接受外国援助资金的近一半，成为中国改革开放初期最宝贵的资金来源。

1978年，邓小平访问日本，明确提出了"放下历史包袱，一切向前看"的对日外交的总原则。此后，中日两国关系进入了蜜月期。

20世纪80年代初期的日本首相中曾根康弘曾经说过一句话："胡耀邦总书记打一个喷嚏，我就知道他感冒了。"中曾根曾经去参拜靖国神社，胡耀邦给他写了一封信，说这样的做法，会伤害中国人民的感情。中曾根马上回了一封信，说："这件事让阁下不高兴，那我不会再去参拜。"从此，中曾根就没有再去参拜靖国神社。那一个时期，3000日本青年访华，500中国青年访日，两国领导人之间有着很深厚的私人友谊和信赖关系。日本民众和企业也纷纷向中国贫困地区捐建希望小学，赠送学习用品，不少日本人跑到内蒙古和青海去帮中国植树造林抵御风沙。那时候，人们都相信：中日两国一定能够世世代代友好下去。

中日关系出现转折，是在1998年。当时，中国领导人访问日本，期望日本政府也能够像对待韩国那样，在历史问题上单独地向中国政府做出一个十分明确的"谢罪"。但是，日本政府以已经多次向中国道歉为由，拒绝了中国的这一要求。此后，中国开始强化爱国主义教育，大批的抗日剧开始上映。

2001年，日本首相小泉纯一郎不顾中国等亚洲国家的反对，坚持参拜了靖国神社，引起了中国政府和社会民众的强烈抗议。中日两国关系开始从友好转向恶化，也预示着两国持续20多年的蜜月关系宣告结束。

2008年，胡锦涛主席访问日本，与当时的日本首相福田康夫达成了建立战略互惠关系的共识，并提出了要让东海成为友好之海、和平之海的目标。但是随后由于日本海上自卫队的军舰和飞机，近距离跟踪中国的海军舰队，使得两国在军事互信上出现了问题。"东海问题"于是成为继历史问题之后，又一个影响两国关系的大问题。

2010年，福建的一艘渔船在钓鱼岛附近海域遭到日本海上保安厅巡视船的追逐，并发生相撞事件。当时的日本民主党政权采取了逮捕中国船长，并表示要对他进行审判的措施。日本政府的这一做法严重违背了中日两国签署的渔业协定，两国关系开始恶化。2012年，当时的野田佳彦首相又不顾中国领导人的再次警告，毅然宣布钓鱼岛国有化，单方面改变了钓鱼岛的现状，引发了中国政府的强烈抗议，也严重伤害了中国国民的感情。两国关系从此陷入邦交正常化四十多年以来最糟糕的状态，大有"一夜回到旧社会"的感觉。

安倍政权诞生之后，安倍首相借钓鱼岛的紧张局势，开始大幅提高防卫预算，强化对钓鱼岛和冲绳附近岛屿的防卫，使得两国关系从摩擦上升为对立，日本政府甚至在《防卫白皮书》中，将中国列为假想敌。喊了几十年的两国友好关系因此荡然无存。而中国政府也因此加大了对钓鱼岛的维权行动。这几年，钓鱼岛问题已经取代历史问题，成为影响中日两国关系最大的负面材料。

无论是日本内阁府的调查也好，还是"言论NPO"的调查也好，结果都显示，钓鱼岛问题发生之后，日本社会对中国的好感度是直线下滑。相反的，讨厌中国的比例是节节攀升，从去年的88%又上升到了今年的91%。这意味着绝大多数的日本人依然不喜欢中国。

也许我们会说，日本人喜欢不喜欢中国，不管我们什么事！但是，日本人对中国的那一种讨厌感，直接影响到两国的一些正常交往，譬如，日本人游客不再喜欢到中国来旅游，来中国的日本人数量逐年减少。日本年轻人也没有了到中国留学的热情。同时，一些企业家由于讨厌中国，把他们的投资从中国移到了东南亚国家。2015年度，中日两国的贸易额跌破了3000亿美元，日本对华的直接投资也减少了40%。虽然这一种减少还有中国生产成本提高，企业负担增加，以及日本企业自身的一些原因，但是，当一个人讨厌中国的时候，他自然不愿意把钱扔在一个自己不喜欢的国家中，所以感情问题也是影响日本对中投资的一个很重要的因素。

在这一次的舆论调查中，还有一个数据很值得关注。凡是来过日本的中国人，有59%的人对日本有好印象。但是来过中国的日本人中，只有13%的人对中国有好印象。当然，日本人总是拿日本的环境标准、社会标准、道德礼仪标准来衡量中国社会。但是为什么日本人好不容易到中国来一趟，结果有将近九成的日本人并没有对中国留下好印象，这也是值得我们自己反思的问题。因为这些因素往往与钓鱼岛和历史问题不搭界，而是与中国人和中国社会搭界。

我们在20世纪90年代与苏联国家划分国境线时，切割掉的土地面积要远远大于钓鱼岛。那么为什么我们唯独对于钓鱼岛的主权要求有如此强烈？因为它是被野蛮侵略过中国的日本抢去的，对于许多中国人来说，这有不共戴天之仇。所以，钓鱼岛问题看起来是一个领土问题，但是本质上还是个历史问题，因为大多数中国人认为，日本是在中国最为贫弱的时候把钓鱼岛抢走的，因此即使过去一个世纪，我们也要把它夺回来。况且我们现在还有突破岛链封锁的战略需求。

而日本人认为，日本对钓鱼岛已经管控了100多年，这个岛屿自然是属于日本，中国人现在突然对钓鱼岛提出领土主权要求，是没有道理的。

对历史问题，中日两国国民的认识和感情也是很大差异，我们小时候也有抗日电影，如《地道战》《地雷战》《铁道游击队》《小兵张嘎》等，在这些电影里，日本鬼子都是一群软弱无能、不可一击的窝囊货。所以我们那时与其说是痛恨日本鬼子，更多的是嘲弄日本鬼子。但是在2000年之后，大量的抗日神剧登场，并通过电视这一个大众宣传平台，大量描述日本军的残暴，重新点燃了我们两代、甚至三代人对于日本的仇恨。随着中国国力不断强大，有一部分人甚至要求对日本实施报复，所谓"君子报仇70年后也不晚"。

那么在中国人对日仇恨感不断高涨的背景下，日本的中青年两代人又是如何看待这个历史问题的呢？他们觉得，这是我爷爷的爷爷犯下的罪行，为什么还需要我们现在这一代人来承担。同时一些日本政客也认为，日本的天皇和日本历代首相，已经在历史问题上向中国作了将近30次的道歉，但是中国依然是没完没了地要求日本继续道歉，这是中国缺少肚量和政治胸怀的表现。同时由于日本在最近十年当中，在教科书当中刻意淡化了发动侵华战争和犯下的"南京大屠杀"、慰安妇等罪行的记述，因此相当一部分年轻人不了解70多年前日本犯下的罪行，甚至不理解中国人揪住历史问题不放的原因。

所以，在历史问题上，我们能不能像在八十年代和九十年代初期那样，记住历史，但是不刻意追究，这对中国社会和许多中国民众来讲，是一个困难的考验。同时，日本的政治家们能否回应中国人的善意，在历史问题上不要有挑衅的言行，也是考验日本人的良知。

中日两国关系不仅仅只是一个钓鱼岛问题，更多的还有经济与产业技术的合作，市场的共同开发，亚洲地区安保合作。因此，两国政府如何履行邓小平当年确定的"搁置主权，共同开发"的方针，让钓鱼岛问题逐渐回归平静，把这一个影响两国关系的最核心的问题轻轻放下，也需要两国的领导人拿出更多的智慧。只有把钓鱼岛问题解决了，让东海真的成了和平之海、友好之海，中日紧张关系才会趋于缓和，整个东亚的安保局势才会出现改变，双方的互信互惠关系才能建立起来。

我自己也是一个媒体人，在日本从事新闻工作已经21年，是一步步看着中日两国关系从友好转为恶化，由恶化转为对立。作为这一历史的见证人，我们在回顾与总结这一段历史的过程中，发现中日两国关系走到今天这一步，两国的媒体都应该承担相应的责任。无论是日本媒体也好，还是中国媒体也好，都应该冷静地去看待钓鱼岛问题和历史问题，而不应该把这些问题进行过度的炒作，甚至成为一种煽动民意的手段。

另外，中国有关部门也需要改变一些对日本的舆论公关和宣传的方式，让更多的日本民众心平气和地了解中国政府和中国人的真实想法，通过一种和风细雨的方式，用日本人能够接受的手段来宣传我们的主张，讲好中国故事，而不是单纯地说教与批判。

我的日本同事曾经跟我说过这样一句话，他说：可能中国人自己没有感觉，中国无论是站着还是躺着，无论是吭声还是不吭声，在日本人眼里都是一只大老虎。如果你这一只老虎再经常咆哮的话，那么自然会让周边的人感觉到你对他的威胁，他会做出一种本能的自卫和反抗。所以，中国默默地做自己的事，静静地发展自己的国力，不要过于高调，让大家感受到一份善意，一份友好，才是和平相处的关键。

我不完全赞同他的话，因为当一只老虎发现有人扛着枪瞄准它的时候，他也必须咆哮扬威。关键在于，大家都需要一个和平共处的、信赖友好的环境。这种环境需要老虎和猎人相互创造，而不是谁想占谁的便宜。

总之，增进两国民众的相互理解，是推动两国关系改善的关键。我通过新浪博客，将日本的真实介绍给中国朋友。我也很希望有一位日本人，能够像我一样，把一个真实的中国，用客观公正的立场介绍给日本社会。我们民间的力量虽然有限，但是，滴水也能成河，中日友好的大河就是靠我们每一个人的努力才能形成。期待明年的中日关系出现友好的转机，更期望明年的调查数据能够显示有越来越多的日本人喜欢上我们的中国。

短评

@ 进击的女武神

《战争与大国崛起》作者

朝鲜第四次核爆将对东北亚局势产生如下影响：一、朝鲜对外将变得更自信、更大胆，地区不稳定因素上升；二、美韩关系将更加紧密；三、日本国内将出现拥核呼声；四、美日将加速构建东北亚地区反导系统。

（背景：2016年1月6日，朝鲜宣布成功进行了氢弹试验。）

@曹景行

资深媒体人、新闻评论员

媒体报道大多忽略了最高法院大法官提名的问题。最近同几位美国回来的老同学谈到大选,他们都表示如果希拉里当选,提名自由派大法官人选,就可能打破最高法院目前自由派与保守派平衡的状态,今后长期倒向自由派。有些着眼长远的美国人,就是为此而支持特朗普。

——在第八个关于最高法院大法官的问题上,特朗普说:我在选择一位德高望重的最高法院大法官人选,就像去世的斯卡利亚大法官一样的。

(背景:2016年2月13日,美国联邦最高法院大法官安东宁·斯卡利亚辞世。这一突然变故,打乱了最高法院的正常秩序,更在本就不平静的大选年激起了新的争斗。)

@ 阎学通

清华大学国际关系研究院院长

关于南海前景的问题。南海冲突长期化趋势比较明显，但短期内发生军事冲突的危险较小。我国领导人与外长均已表态，中国将继续通过谈判方式和平解决南海冲突。美日目前尚无意主动发起军事冲突。虽然战争的风险不是很大，但南海军事对抗将呈上升趋势。中美海军实力差距较大，不具备竞赛的条件。

@ 王冲

察哈尔学会副秘书长、高级研究员

朝鲜国内不安全感非常强，需要核武增加核威慑。1992年中国与韩国建交，但美国并没有与朝鲜建交，因此朝鲜和美国始终没有和平协定，它始终处于强烈的不安全感之中。我在朝鲜参观了阶级教养馆，里面的反美反日教育其实渗透在朝鲜各个层面，要改变非常艰难。其实，朝鲜从领导层到精英层都不是"疯子"，非常清楚自己要什么，他们知道只有拥有核武器之后才有谈判的筹码。

@ 王江雨 Law

新加坡国立大学法学院教师

G20是当代国际社会一个重要而独特的国际组织，目前看来它在全球治理方面较之以往的国际组织，发挥了更为有效的作用。这是因为，它具有较强的全球代表性。在G20发挥其全球经济治理作用之前，讨论全球经济事务的主要是G8，后者完全是那几个最发达的国家组成的论坛，根本不能代表广大发展中国家，甚至也不能代表全部发达国家。G20的成员如今将主要发达国家和几个最重要的发展中国家囊括进来，使得中国、印度、印尼、巴西这些最大的发展中国家成员能和主要西方国家共济一堂讨论国际经济事务，这在代表性方面是巨大的进步。G20成功地提供了一个平台，让全球主要经济体来讨论那些迫在眉睫的国际经济问题。G20峰会创立本身是为了应对2007—2010年产生于欧美并蔓延到全球的金融危机，而且G20确实也实现了一些相当有效的共识，帮助发达国家度过危机。从G20过去的表现看，它主要是较为有效地在国际社会动员各种资源，凝聚共识，帮助发达国家度过金融危机。在未来，G20也应该将其注意力转向发展中国家的需求，解决全球经济发展不平衡的问题，尤其是要面对全球保护主义上升以及一些最重要的经济体如美国可能转向孤立主义和贸易保护主义带来的潜在性威胁。

第八章 两岸关系与港澳发展

导 语

2016台湾地区领导人选举,蔡英文获胜,成为台湾地区首位女性领导人,民进党再次上台。国民党为何会输,蔡英文与台湾的未来会如何?本书收录以下两篇文章,从不同角度分别给予解读。

国民党的前景

@赖海榕 cn:中央编译局研究员

(一)历史负担的影响

中国国民党在2016年1月16日台湾地区的选举中惨败,引发了海峡两岸关心中华民族命运的各方人士对国民党前景的各种讨论。青年观察家徐和谦先生发表了题为《这一次，国民党恐怕真要掉下历史的舞台了》的长文，从国民党威权统治的历史负担、亲大陆的意识形态和两岸交流红利的吸引力下降、组织溃散、在新世代中声望衰败等几个方面展开长篇论述，认为国民党极有可能从此退出历史舞台。该文历史感强，观察细致入微，若干分析的理论基础坚实，因此所做的分析深厚透彻，非常值得一读。这也刺激了笔者对这一问题的思考。笔者对照了其他地区和国家的历史案例以及政治学的一些理论概括，认为有一些方面徐先生似乎没有看到，而这些被忽略的方面可能导致对国民党前景的另一种看法，即，这无疑是国民党的一次重大挫败，但是国民党再起的可能性更大。

从台湾当前的舆论环境看，国民党的历史似乎全部是负担。在威权统治时代侵犯人权的记录，如"二二八"、美丽岛军法大审判等，一再被对立阵营端出来猛烈攻击，国民党无言以对，只能概括承受。然而这只是历史的一个方面，另一个方面，国民党也有带领台湾摆脱贫穷落后跨入高收入门槛的光荣业绩，有带领台湾从威权体制和平转型为民主体制的巨大功勋。当国民党掌权却理政不力时，负面的历史当然成为舆论的焦点，但是当国民党处于在野地位，而执政的民进党处理政务不得力时（这是必然会发生的），正面的历史也会得到人们或明或暗的称道。这其实已经发生过，2008年谢长廷对马英九的选举以及之前的"立法委员"选举中，国民党的财经专长和领导经济腾飞的历史业绩被一再唤起，对选民是有说服力的。未来一旦民进党执政出现问题，国民党的正面历史必将被唤起，也一定能够带来一定的支持率。

就负面的历史而言，国民党承受压力的高峰已经过去。负面历史最严重冲击国民党的时候，是李登辉以国民党主席和"中华民国总统"之尊说出国民党是外来政权的时候，是民进党也高喊国民党是压迫者、是黑金卖台集团的时候，即大体上处于1994年到2006年。这段时间是国民党虽然拥有实际权力（2000—2006虽然失去行政权但是还有主导的立法权和地方层级的主导权力），却在精神上抬不起头的时候。此后，历史负担（也包括历史业绩）的选民动员效用迅速衰减。例如本次选举，在主要场次的攻防上并没有看到民进党对国民党基于历史的严厉指控，选民由国民党转向民进党是因为国民党最近的"无能"和"酸腐"，而不是因为国民党身上背负多么沉重的历史包袱，不是因为这些历史包袱引发选民们的深仇大恨。

历史因素的效用递减，很大的原因是台湾完成了政治转型。台湾的政治转型涉及两个层面，一是权力在族群之间的重新分配，二是权力分配体制的改变。在政治转型以前，台湾的政治经济权力主要集中在追随蒋介石到台湾的外省军政要员和大小官僚的手里，外省精英把持权力的手段主要是政治压制和经济收买。国民党身上的负面历史负担主要与此有关，一旦这种结构解体，国民党身上的负面历史负担也就失去了可以让对立阵营攻击的力道。只有国民党高高在上，而且用强制力钳制民进党及其支持者的时候，民进党对国民党历史负担的抨击才能在民众中唤起共鸣。如今国民党已经被两次推翻下野，不再掌握任何强制力。经济权力已经在台湾地区经济腾飞的过程中分散在各族群的手里，政治权力中的行政权力已经两次转移给民进党，这次还加上了立法主导权也转移到民进党手里。就权力分配体制而言，在威权体制下，国民党是威权体制及其一切压迫特性的象征，但是在政治转型完成以后，国民党只是一个普通的政党，可以被自由批判，可以通过选票推上台赶下台，国民党的政治象征意义已经发生了根本的变化。在这样的情况下，如果民进党继续猛烈攻击国民党的历史负担，除了对历史上直接受到国民党严重打击、有深刻仇恨的家庭有效，普通人未必会对民进党翻国民党的历史旧账感到激动人心；相反，多数人恐怕只会认为是不得要领、推卸责任、欺负弱者，甚至引起民众反感也未可知。

如果与曾经处于类似状态的政党相比，也许有助于加深对这个问题的认识。世界各国最近的转型案例中至少有以下三个对照组：韩国保守的右翼政党、苏联东欧共产党的后继党、南非种族隔离制度的施行者南非国民党。这三个对照组中的政党都背负着沉重的历史负担，在政治变革后命运却有着巨大的差异。

韩国的政党政治有一个特殊的显著特征，即政党名称不断更换，其骨干成员却基本上是同一群人，这显示政党政治的发育在韩国处于初级阶段。韩国当前的执政党是新国家党，属于保守右翼阵营，从骨干成员的师承关系和政治象征的继承关系，可以追溯到带领韩国经济起飞的独裁者朴正熙，即现任总统朴槿惠的父亲。这个阵营的历史轨迹与台湾地区的中国国民党高度相似，金大中、卢武铉及其继承者所领导的激进左翼政党从来没有停止过猛烈抨击保守右翼阵营的历史罪过，也曾经因此取得了韩国的领导权力，但是并不能阻止保守右翼阵营在李明博和朴槿惠的带领下复兴执政。苏联东欧共产党的后继党涉及国家众多，情况各异，大致出现了三种情况。第一种情况是未改名、长期保持大党地位、在可见的将来还会保持巨大影响力的后继党，如俄罗斯共产党，在苏联解体以后俄罗斯国家杜马的历届选举中，俄共不是第一大党，就是第二大党，过去人们认为俄共只是领取退休金的老年人的党，但是近年来发现在青年中享有一定的支持率且有所提升。第二种情况是骨干力量和主要成员仍然是过去的共产党人，但是改了诸如社会主义党、社会民主党、社会党、民主左翼党等名称，经受了剧变后选举的洗礼，稳定成为所在国多党政治重要一极，如匈牙利、捷克、罗马尼亚、保加利亚、阿尔巴尼亚、斯洛文尼亚、波黑、克罗地亚、德国（原东德）等国的共产党的后继党就是这种情况。第三种情况是改了名，在剧变后最初的15年左右仍然有巨大影响力，甚至还曾经上台执政，后来却一蹶不振，如波兰和斯洛伐克共产党的后继党。

南非在20世纪90年代上半段发生了种族隔离制度向民主制度的过渡，种族隔离时期代表白人压迫黑人和有色人种的执政党是国民党，南非国民党施行威权统治的严酷程度远非国民党在台湾地区的威权统治所能比拟。经济和政治权利完全集中在占人口约18%的白人手里，白人对黑人和有色人种的压迫长期而残酷，黑人领袖曼德拉被监禁27年是其残酷程度的一个例证。20世纪90年代在黑人领袖曼德拉和执政的白人领袖德克勒克的共同主导下，从前的压迫者和被压迫者实现了历史性的和解，南非开始过渡进程，政治权力迅速转移给黑人。国民党改名新国民党，党内改革思想较强的成员与种族隔离时期就主张应该和平放弃隔离制度的在野的白人活动家结合，共同组建了南非民主联盟，经历了初期的低潮后，在2009年的议会选举中得票16.66%，在2014年的议会选举中得票22.23%，显示这个以白人为主的政党已经取得数量巨大的黑人和有色人种的支持。此外，南非民主联盟还在2014年西开普省的选举中得票59.38%，推翻了非国大在这个省的执政地位，显示该省大批黑人和有色人种转而支持这个以白人为主的政党。种族隔离制度的历史负担在白人身上依然沉重，但是南非人民似乎已经逐渐走出了这个阴影。

以此观照在台湾地区的中国国民党的情况，与上述几组案例对比而言，国民党的负担不能说是很重的，虽然有"二二八"、美丽岛大审判这样的事件，但是与南非种族隔离时期白人对黑人和有色人种的迫害，韩国右翼势力在"光州事件"和其他事件中对左翼活动参与者的迫害以及其他政党的错误过往相比，中国国民党在台湾地区的错误和问题是小一些的。而在业绩方面，国民党带领台湾地区经济腾飞，对照组中只有韩国右翼势力的历史功绩能与之相比，其他两组政党的历史功绩都远远不如国民党。此外，人们是否记仇，也是影响历史身影长的政党在未来的发展前景的重要影响因素。以儒释道融合的文化为主的台湾地区人民似乎不比以一神教为主导的东欧、南非文化更记仇。既然如此，假如历史负担不能压垮上述案例中的政党，那么历史负担会压垮国民党这一论断是令人高度存疑的。2016年1月的台湾选举，对阵双方的文宣主轴都鲜有提及陈年旧事，民进党基本不提国民党从前的压迫戕害，国民党也不提过去领导经济腾飞的业绩，说明无论来自历史的利空还是利好，恐怕都已基本出尽。国民党未来的前景，不会被历史上的表现——无论阴影还是光彩——所笼罩，起决定作用的是国民党当下和未来的作为。

（二）两岸红利下降问题

国民党在2008年选举时以与大陆的友好协商和沟通能力主打两岸关系牌，在当时陈水扁"烽火外交"杀敌一百自伤一万的比照下，获得了选民压倒性的支持，取得了巨大的成功。在2016年选举中，国民党继续强打两岸关系牌，但是选民的反映却不温不火，甚至可以说相当冷淡。这是什么原因呢？

至少有两个方面的原因，一是民进党看到选民正面看待两岸交流，因此开始学习并靠拢国民党的政策，降低了与大陆对抗的调门。从过去对"九二共识"嗤之以鼻，到"尊重"九二年会谈，尊重和维持现状，概括承接国民党执政时期与大陆达成的各项协议。与过去冲撞大陆的政策相比，危险性（在台湾人民看来）大为降低，民进党不再是选民避之不及的选项。国民党与大陆维持友好关系的优势仍然在，但是很大程度上被稀释了。二是国民党在其他方面的不良表现，如在洪仲丘事件中的迟钝傲慢、在有关服务贸易协议沟通中的笨拙、在党内团结上的失策、在维持核心支持者向心力上的冷漠、在产生候选人过程中等待抬轿子的酸腐和个人利益算计的狭隘、在"立法会"中推动议案的无能等等，都冲淡了自身在促进选民收获两岸交流红利上的优势。国民党执政期间遇到国际经济不景气，使得台湾经济增长举步维艰。这是大环境使然，世界上绝大多数国家和地区都受到强烈的负面影响，不能把责任全部算在国民党执政的头上。但前述各项问题却是国民党自身的问题，因此，无论国民党在两岸交流上能为台湾人创造多大的红利，都会在上述不良表现的冲击下被掩盖掉。

如此说来，国民党的趋向大陆的意识形态和两岸交流优势对选民的吸引力是下降了，是否意味着国民党从此就衰落了呢？回答这个问题要看台湾地区的社会分野（social cleavages）的情况以及国民党是否在这些社会分野的各端占据了稳定的位置。任何社会都存在多重社会分野，语言、经济收入、职业、政治地位、性别、族群、年龄、籍贯、对现状的满意度、对环保的重视度、对少数人群（如同性恋、单亲人士）的态度等都是分野。不同时期、不同社会，有些分野的重要性超过另外一些分野，但所有的分野对人们的政治行为包括投票意向都会发生影响。

假如一个政党只在社会分野的一端拥有支持者，那么这个党永远是小党，并且会随着时代和社会的变化而消失。国民党大批军政人员在1940年代末初到台湾时，确实是属于只在社会分野一端拥有支持者的党：说普通话、外省、收入相对较高、职业以军公教为主、大体满足现状等。但是经过70年的演变，特别是国民党自身的努力，国民党已经超越了最初的局限性，成为全民性的党，在所有社会分野的两端都有成员和支持者，因此有丰富复杂的、覆盖全局的，而不是简单的、服务局部的社会经济政治政策。两岸政策只是国民党庞大的政策体系中的一个部分，两岸政策固然是国民党吸引选民的一个重要部分，但仅仅是其中的一部分而已。两岸政策的吸引力下降，不意味着国民党不再有能够吸引选民的政策。

统独虽然是舆论场上声音最大的争论，是调动人们感情活动最有力的因素，是大陆人最关心的议题，但未必是台湾选民投票时考虑的第一因素。民进党吸引选民的政策远远超过统独之争，动员戡乱体制结束前后，民进党动员支持力量反对国民党的王牌是反独裁、反专制、反压迫；20世纪90年代加上了反黑金、反贪腐；2000年民进党初掌行政权以后，上述政策的攻击力量迅速减弱，"转型正义"（清算国民党统治时期留下来的不公正，如党产等）、环保、警惕旧体制班师回朝以及警惕卖台成为民进党的攻击主轴，只有这个时候，反对统一才成为民进党在政治竞争市场上与国民党角逐的主轴。反对统一是民进党长期以来的思想，但并非自始至终都是台面上文宣动员的主轴。在经过8年沉寂，经由反服贸的"太阳花"运动刺激后，反统一再次成为民进党选战的主轴之一，但是烈度已经大为降低，从陈水扁时期追求法理台独弱化为维持现状，不反对深化交流。这是一个显著的转变。梳理民进党的主打议题的变化过程，是要指出，民进党并非自始至终高举统独之争，而且民进党反统一的烈度本身也随着形势的变化而变化，因此，民进党并非主要依靠反统一来吸引选民支持。这可以从反面说明，趋向大陆的意识形态和促进两岸交流的优势也并非国民党吸引选民的唯一议题，尽管这个议题一度在国民党吸引选民支持方面发挥了巨大的作用。

统独议题冷却，并不意味着国民党的历史终结和民进党的永恒执政，只意味着两党要在其他议题开辟战场。我们还不能忘记，国民党并非从来就是两岸交好的政治象征。2005年国民党时任主席连战率团访问大陆以前，国民党跟大陆并不友好，国民党曾经长期是两岸对立的政治象征。相反，民进党后来在台湾取得"大位"的一些政治人物，20世纪80年代至20世纪90年代曾突破国民党当时的禁令，取道第三地辗转访问大陆，在国民党严拒大陆时，民进党对大陆抱着友好的态度，只是这一情景在20世纪90年代后期发生了反方向的变化，持续将近20年后，民进党再次调整方向。这个过程表明，国民两党对两岸关系的定位及其政治象征内涵不是一成不变的，换句话说，两岸关系上选票动员力量的兴衰也不是任何一个党派中长期兴衰的决定性依据。

这恰是一个普通的民主政体的常态。正常的民主政体里，并不应该是两个立场截然相反、政策针锋相对的政党，而应该是两个大多数方面相当接近，只在一些方面有些不大差别的两个党轮流执政，例如美国的共和党与民主党。共和党略倾向企业、富人、虔诚基督教徒、白人，但是绝不是不照顾劳工、穷人、非基督教徒、黑人亚洲人拉丁裔的利益；民主党略倾向劳工、穷人、非基督教徒、黑人亚洲人拉丁裔，但绝不是不照顾企业、富人、虔诚基督教徒、白人的利益。共和党在国家安全方面比较倾向与使用武力，但绝不是轻视外交；民主党比较倾向于使用外交手段，但绝不是不用武力。

英国的保守党、法国的保卫共和联盟、德国的基督教民主联盟比较类似于美国共和党，而英国的工党、法国社会党、德国社会民主党则比较类似于美国民主党。不考虑两岸政策的差别，台湾地区的中国国民党的政策取向比较接近美国共和党，略为倾向企业、商人、中高收入、军人公务员教师、北部、都市、经济发展；民进党的政策取向比较接近民主党，略为倾向劳工、中低收入、南部、农村、环保。就连两岸政策，两党的差别经过二十多年的演变，也已经非常接近，国民党是"不独、不统、不武"，民进党是"不统、不独、和平"，有什么根本差别吗？没有！不过是一个要保持130公里的距离（台湾海峡最窄处），一个要保持300公里的距离（台湾海峡最宽处）而已，并非南辕北辙、天上地下。国民党与民进党的对阵，已经从过去的代表体制与反体制的激烈对垒，演变成民主政体里两个立场接近的普通政党的对垒，国民党与民进党两者在这种体制里是缺一不可的，任何一方的沉浮都是暂时的，所谓的钟摆现象是社会经济运行和体制运行本身的周期决定的。

我们再来看两岸交流优势吸引力对于国民党的影响，固然在本次选举中吸引力是下降了，但是"台独"立场对选民的吸引力就上升了吗？当然没有，如果"台独"立场吸引力上升，民进党就会大力宣扬台独，而不是从陈水扁后期的激进台独立场退却调整。民进党在这次大选中不仅没有高声宣扬台独，反而是公开宣布维持现状，承接国民党执政时期与大陆交流的成果，不挑衅，不做麻烦制造者。所以在看到倾向大陆的意识形态和两岸交流红利的吸引力下降的同时，也应该看到另一阵营一度发挥巨大效应的神主牌也发生了变化，台独图腾的吸引力也是下降的。

徐和谦先生的文章引用最近苏格兰独立公投虽未达成目标，但是苏独的支持率从公投启动之初的20%多上升到40%的例子，说明独立意识的增长不可遏制。笔者以为，这自然是一种可能性，应该加以注意，但是台湾的情况并不能用苏格兰简单相比，例如：苏格兰在面积上与英国的主体英格兰差不多，而大陆在人口和面积上是台湾十几倍和几十倍；苏格兰虽然目前通行英语但有迥异的特殊语言和文字，而大陆和台湾使用同一种语言和文字；苏格兰与英格兰只是在1707年以后才结合为一体，大陆和台湾连结可追溯到纪元初；由于英国所处的国际国内环境，苏格兰追求独立的过程不会遇到英格兰的军事打击，而中国大陆则有着万不得已，将以军事手段解决台独问题的坚强决心；凡此种种都是苏格兰独立运动所不能比的。经过50年后，反攻大陆统一中国在今天的台湾人看来完全不具有可能性，因而是过时可笑的，但未必不存在这样一种可能，即，经过一段时间后，台湾人也会认识到法理台独不具有可能性。

此外，既然已经看到独立意识成长的苏格兰案例，也应该看到独立意识没有成长甚至有所回落的案例，如加拿大魁北克省的独立运动。还应该看到分裂民族持续存在统一意志的案例，如东西德。冷战时期东德曾经提出"两个民族"的理论，主张东德和西德已经成为两个不同的民族，永远不可能统一，可是冷战结束之际，东西德就统一了。还有很多各种各样的例子可供考察，但这是另需专文探讨的议题。我们在这里只需要说明，苏格兰的例子有启发，但是不足以类比台湾地区的情况。

（三）组织涣散问题

国民党派系林立，表面一团和气，实际四分五裂：党中央与地方派系只有利益联结没有理念认同，一旦没有利益输送，地方派系就转换忠诚；党组织人才匮乏、意志涣散、软弱无力；在需要勇敢承担责任的时候有需要众星捧月大家抬轿子的矫揉造作、忸怩作态的酸腐气，让支持者厌恶；党内大佬在需要牺牲奉献的时候精于个人利益计算，让支持者心寒。这些确实是国民党存在的问题，也是导致本次选举失败的重要原因。如果国民党在这次失败后不加以改变，确实有可能葬送未来。

然而，上述问题有些是国民党特有的现象，有些却是一般政党的普遍现象。例如派系就是一个普遍现象，国民党有，民进党也有。目前民进党里有新潮流系、美丽岛系、福利国连线、一边一国连线等，甚至有围绕重量级政治人物的所谓苏贞昌系、谢长廷系；民进党的前身党外运动和民进党成立早期也有所谓"编联会"和"公政会"两大派系。纵观20年来两党内的派系互动，大体上可以看到这样一个模式，即，在没有资源可供分配的在野时期，在仰攻政权的时候，各派系都能相忍为党，精诚合作；一旦取得政权，有资源可供分配以后，反而明争暗斗，闹不团结。

国民党如此，民进党也不遑多让。例如在陈水扁执政后期，民进党的内斗也是很厉害的，以至于谢长廷对阵马英九的时候，一些民进党人辅选热情很低，没有真正出力，只是做做表面文章，应付了事。国民党派系内斗厉害也是在朝的时候，如1990年代末以及马英九执政后期，前者是宋楚瑜系对连战系，后者是马英九对王金平；而国民党在野时，反而团结了，2004年连战和宋楚瑜就克服困难，团结起来仰攻政权。如今民进党上台，与国民党朝野异位，团结和内斗模式是否重演，且拭目以待。

党内民主的缺乏是国民党特有的问题，国民党带领台湾地区社会迈向民主，但奇怪的是，国民党自身的党内民主并没有得到同步的发展。这在上层和基层的关系中表现得非常明显，国民党县市党部主任委员多由自上而下"空降"任命，而民进党县市党部主任委员多由自下而上选举产生。各种选战中国民党候选人由党部指派或征召的比例远远超过同层次、同级别选举中民进党候选人的指派和征召比例。因此，国民党官气较重，有些人油润圆滑，整体上缺乏活力；民进党论功行赏，个个跃跃欲试，整体上活力充沛。2000年丢失行政权，李登辉被开除出国民党以后，国民党的党内民主进程才开始启动，然而未及深化，只在2008年重新取得执政地位以后有些旧态复萌。如果这次大败以后，能够痛定思痛，推进党内民主，国民党的组织再造并不是没有机会。

国民党、亲民党与新党的分裂，与国民党缺乏党内民主不无关系，甚至缺乏党内民主是造成分裂的主要原因。1990年代初，国民党内对李登辉拖延拉近两岸关系的主张持保留意见的一批人士由于李登辉的强力压制在党内没有活动空间，选择退出国民党组织新党，1990年代末出现连宋争议时，缺乏党内民主机制协调解决，仅凭李登辉一个人的意志做出决断，迫使宋楚瑜退出国民党以独立候选人的身份参加选举，并在选后挟高票落选的态势成立亲民党。

国民党与亲民党基本上没有理念的差别，主要是因为个人恩怨而分裂为两个党派，也分散了蓝营的力量。个人恩怨能占主导，表明个人强于组织，这是党内缺乏民主的典型表现。国民党和亲民党从亲民党成立不久就开始谈合并问题，但是由于关注焦点不是机制，而是人事，因此始终不得要领，不了了之，甚至旧怨添新怨（因为理念相同，所以不是新仇旧恨，而只是一些怨气）。但是选举政治的规律并不理会国民党和亲民党的纠缠不清，除了不分区立委选举，在比例代表制下，亲民党能够获得两个议席以外，所有区域立委的选举，居于少数的亲民党全军覆没，这是选举制度对亲民党的压力，亲民党最终必须寻求与国民党的密切合作，一旦深化了党内民主，而且世代更替移除了历史上的恩怨情仇，国民党与亲民党合并的可能性极大，将增加国民党的力量。

这次被选民看笑话的抬轿子文化、密室算计文化、大佬幕后指挥、配合了五任"总统"及六任党主席却还恋栈"国会"议长的歹戏拖棚政治，全部都是国民党缺乏党内民主的并发症。由于缺乏党内民主，国民党对于身居高位的政治人物在选民中间的认可度就频频判断失误。这次南部区域立委选举全军覆没，说明选民完全不认同国民党推送到前台的人物，而前台的这些恰恰是被国民党高层认为是个宝的人物。马英九和国民党的一批人看出了有些人物的问题，走了一条要把这些人开除出去的道路，这是错的。这个错误不在于没有预料到法庭竟然判决国民党败诉，也不在于没有预料到对国民党团结造成不利影响，而在于没有把力量用在党内民主的深化这个根本上。国民党只把注意力放在人事上而不放在党内民主的制度机制上，就永远解决不了组织涣散的问题，一旦国民党的有志之士突破瓶颈，能够深化党内民主的机制，国民党与亲民党甚至新党一定能够联合起来，联合起来的革新的国民党一定可以焕发曾经拥有的朝气和活力。

从2015年的"九合一选举"开始，国民党的"官二代"作为候选人纷纷落马，就有一种议论认为是选民讨厌官二代。这个议论看到了现象，但没有触及实质。实质不是特定人选，而是产生人选的机制。几个大佬密室磋商出来的人选，不是官二代也没用。经过公平初选考验的人选，就是官二代也不一定有问题。从2015年到2016年的选举，民进党里当选的候选人就有不少官二代，例如谢长廷的儿子谢维洲、苏贞昌的女儿苏巧慧，没问题，选民认可。关键是机制问题，通过党内民主机制产生的人选，无论什么出身，都有较大的正当性和战斗力；未经党内民主机制产生的人选，无论什么出身，正当性和战斗力都不足，还没有上选举战场，已经先矮人一截了。

选民用选票惩罚国民党，让国民党下台，是要让国民党反思，并给予国民党改革机制、重新组织的机会，而不是要消灭国民党，把国民党扫入历史垃圾桶。国民党的有志之士如果能够认真体会到这一点，奋力改革，重新站起来的机会是很大的。

（四）青年中声望低的问题

徐和谦先生的文章《这一次，国民党恐怕真要掉下历史的舞台了》中第四部分探讨了这个问题，他以一些外省子弟对国民党意兴阑珊的事例说明国民党在新世代中声望低落的情景，叙述真切，令人感慨。但是如何解读这个现象，笔者以为还有深入思考的空间。

国民党第二代不认同国民党，其实早已有之，最著名的例子是蒋介石的秘书陈布雷的孙子陈师孟，他家庭出身的国民党色彩已经无人可及。他1948年出生，1949年随家人移居台湾，1991年8月加入民进党，1992年4月任民进党秘书长，1993年12月起任民进党"中国事务委员会"委员、党部顾问，1994年8月参与发动组织"外省人台湾独立协进会"，并任副会长、执行委员，同年12月被陈水扁延揽出任台北市政府副市长，2002年1月任"总统府"秘书长。起初没人比他更蓝，后来没人比他更绿。

可是陈师孟以及一纵国民党子弟抛弃国民党加入民进党甚至台联党阵营，并不妨碍国民党在2008年重新取得执政地位。这说明国民党已经扎根台湾本土，深入台湾社会，外省族群固然是国民党迁播台湾初期的依靠力量，甚至是唯一的依靠力量和社会基础。但是随着时间的推移，随着蒋经国领导的国民党在地化的努力，国民党已经发生了巨大的转型，早已跨过了起初的单一族群，而逐渐深入台湾社会的各个角落。国民党在台湾如今是一个各族群、各阶层、各地域都有广泛支持者的全民党（catch-all party），蓝营第二代或第三代对国民党的观感发生分化，这应该是非常自然的现象。既然有本省人及其第二代、第三代从对国民党陌生到认同国民党，当然也就会有外省第二代第三代从对国民党的认同转向排斥。蓝营家庭第二代第三代对国民党的意兴阑珊不能说明国民党的衰落，只能说明蓝营家庭已经完全融入台湾社会，已经与本省人家庭毫无二致。

外省族群只占台湾人口约15%，但国民党在任何地方任何选举的得票率都远远超过这个比例。历次赢得选举的得票率超过50%，这就不用说了。就是国民党输了的选举，得票率也远远超过外省族群所占比例，在"总统"选举最低潮的2000年，国民党候选人的得票率是23%，2016年的得票率是31%。在"立法委员"不分区选举的部分，2016年是最低潮，得票率26.91%。这些数据未包括亲民党及其候选人得票率，是最严格意义上的国民党的支持率，而不是广义的蓝营的支持率。这些数据证明，国民党早已超越单一族群和阶层，获得了广泛的认可和支持，这是国民党未来能够再起的根本依据。

徐先生文中提到马英九仿效大陆中国共产党的体制，在国民党内成立青年团以培养青年人才和支持力量，但是成效不彰。这确实是国民党应该注意的问题。笔者在这方面掌握的材料较少，难以展开论述。不过这个组织成立于2006年，时间不是很长，给它下个结论或许还为时尚早。如果有什么值得议论的，那么仍然是其焦点应该是机制问题，而非人事问题。国民党似乎比较容易在创设新组织的时候陷入人事安排的漩涡，而在构建体制机制上下的工夫较少。

这几年国民党在进一步深化与台湾的联结，其中一个办法是努力挖掘1945年以前台湾人与国民党的联系。马英九多次出席这样的历史研讨和纪念会，阐述二者的密切关系。这是值得做的工作，但是正如前文所述，历史的利好或利空，其实都已出尽，人们虽然对昨天受到的委屈或得到的惠顾有所反思或眷恋，但是更关心明天是否会受委屈，明天能否得到惠顾。从这个角度看，国民党（任何一个政党）的工作重点，应该是今天和明天，应该甩开历史包袱，既不要为历史上的错误怀忧丧志，也不要为历史上的业绩自满自足。在民主选举民意流变的浪潮里，任何政党的形象虽然受昨天的影响，但是只要昨天的形象不是单一的不可救药的负面，而是多元的复杂画面，那么都不取决于昨天，而是取决于这个党对今天和明天的阐述。

从比较成熟的民主体制，比如美国的情况来看，执政必然带来负担。执政者掌握资源分配的权力，但是手中的资源永远比人们的期望要少很多，给了这部分人，必然引起那部分人不满意。因此执政时间长了，不满意的人一定越来越多。在野党就没有这个问题，只要在野党没有让人害怕的主张，跟执政党差别不大，人才也够，看上去在努力，也谦虚，那么，随着时间的推移，就会被人寄予希望。此外，选民还有需要权力制衡的考虑，不希望一个党做得太久，防止体制倒退；而让不同的党先后上台，能将前一任的作为暴露于天下，让其无所隐瞒，从而使各主要政党相互监督，有所顾忌，谨慎、合法地使用权力。这是发生钟摆现象的原因，但是钟摆不是几个月、一年、两年的短期，而是四年、八年、十二年的中长期。有时候，执政党没有做错什么，在野党也没有做对什么，选民可能仅仅因为审美疲劳就有可能转向支持对象。

在任内立下了终结冷战功劳的老布什总统干了一届就被选下来，执政期间经济发展表现很好的克林顿的后继人戈尔输了总统选举，原因之一是选民的审美疲劳。到老布什的时候，共和党已经做了十二年，人们已经厌倦；而民主党候选人戈尔，十分稳健，却也引燃不了选民的热情。事情就是这样，有时候很复杂，有时候其实是简单的。既然国民党不可能永远执政下去，民进党也不可能永远执政下去。国民党虽然有这样那样的问题，但是国民党仍然根基深厚、组织健全，虽然不能排除从此被扫进历史垃圾堆的可能，但更大的可能是其声望仅仅暂时受挫，未来仍然有较大的回升的机会。

郑永年：蔡英文与台湾地区的未来

@公共政策研究院：华南理工大学公共政策研究院

IPP：从选前的民调看，民进党领导人蔡英文赢得选举已经没有太大的问题。但是蔡英文的台独色彩，大家对她当选后的两岸关系比较担心，您怎么看呢？

郑永年：蔡的执政对两岸关系的影响当然是非常深远的。无论是李登辉时代还是陈水扁时代，蔡英文实际上一直是民进党在两岸关系方面的操盘手，"一边一国"也是蔡英文在李登辉担任台湾领导人期间炮制出来的。所以从意识形态层面来看，蔡英文甚至比陈水扁更倾向于独立，她可能跟李登辉更近一点。陈水扁可能更多是一个机会主义者，他就是为了政治，搞鲁莽的民粹主义。这么多年看下来，至少从意识形态上，蔡英文仍然是倾向于台独的。不过，她掌权之后，就必须对其台独意识形态有所调整，尽管蔡英文不会很乐意这样做。

例如，关于"九二共识"。蔡英文就是千方百计地不想承认"九二共识"，她只是说"九二共识"是一个选项。但实际上台湾是没有选项的，除了统一的方向，找到一个合理的统一方式是开放的，台独已经很难是选项，因为中国国力已经很强大了，足以阻止台湾的独立。所以，现实地说，她不可能走台独的道路，只能往统一的方向找一个对台湾最有利的选择，如果搞台独，那么完全是死路一条。前不久，马英九跟习近平在新加坡见面，是把"九二共识"作为一个底线——中国的红线已经被划定。所以，我觉得蔡英文当总统以后会很辛苦，因为她从意识形态上是倾向于台独的，但实际情况却表明，台独是一条极其危险的道路。就看她怎么调整了。

从经济上看，台湾高度依赖中国大陆。尽管从李登辉开始，台湾地区当局也是想分散它的投资和经济活动，比如希望加强与东南亚、印度或者其他地方的经贸活动，但台湾资本的走向并不是政府说了算的。资本有资本自己的逻辑。就台湾的发展而言，资本的逻辑跟政治的逻辑是互相矛盾的。蔡英文必须从现实主义的角度意识到这一点。

蔡英文的大陆政策肯定会相对于马英九的大陆政策有很大的调整。我估计蔡英文在上台之初有可能会有些冒险举动，不可能一上来就承认"九二共识"，走到马英九的路线上来。直到最后，在台湾地区和美国的关系、和日本的关系、和中国大陆的关系经历了很大的波折以后，或者遇到很大困难以后，她才可能会调整。这就是政治逻辑，尤其是她作为那么倾向于台湾独立意识形态的领导人。

IPP：您刚刚提到中美关系和中日关系。我们知道在中美关系方面台湾地区和日本一样，一直是美国制衡大陆的一个棋子。最近，美国通过TPP，意在形成一个制约中国的经济联盟。最近日韩关系有所改善，背后也有美国因素。蔡英文当选之后，对中美关系有什么影响，美国会不会借此机会把中国周边关系整合成建立一个制衡中国大陆的联盟呢？

郑永年：首先，我们要看台湾地区想有一个怎么样的台美关系。台美关系有一个法律上的保护，即美国的《与台湾关系法》。不过从陈水扁时代开始，因为陈水平搞激进台独损害了中美关系，中美两国就形成了一个模式，即在台湾问题上两国有一些比较好的协调。当然，应当意识到，在台海问题上，美国最大的利益是促成台湾的独立，对台湾来说也是如此。蔡英文上台之后，如果台湾能够和平独立，当然是美国的最大利益。但对中国来说，这当然是绝对不允许的。

在台湾事实上不能独立的前提下，美国人的最优利益就是台湾保持现状。这是美国的底线，也是中国的底线。对中国来说，维持现状是可以的，但是你往台独的方向走是不可以的，这是底线。对美国来说，维持现状是可以的，但是你（中国大陆）不可用武力手段来达到统一目的，这是底线。问题在于，最近中美关系并不是很好，无论在东海问题、南海问题，还是在其他一些方面，美国对中国有一个战略误判——美国认为中国在挑战美国霸权。在这样一个错误判断下，美国就要从各方面制约中国。在这个背景下，台湾地区就是美国手中很大的一张牌，要利用台湾因素来制约中国。但是，另一方面也有一个现实性问题，即美国在多大程度上会为了台湾与中国公开对决。

因为中国实际上并没有想挑战美国。尽管现在中国在东海问题和南海问题上的反应变得比较主动，但中国并没有说要把美国排挤出亚太地区。在这种情况下，中美关系有一些对峙，但不至于公开冲突。我觉得，如果中美之间没有重大的危机，美国在处理台湾问题时还是会比较理性的，不至于公开支持台湾搞激进独立。哪怕中国与美国有冲突，美国在多大程度上会卷入台湾，也是美国需要考量的。台湾被界定为中国核心的国家利益，中国在这些问题上绝对不会让步。即使中国自己在这方面并不占据很大的优势，也会不计代价地去保护自己的核心利益，主权问题不是可以用物质成本来计算的。

在这种情况下，台湾地区无论是国民党执政还是民进党执政，都需要考虑清楚。两岸发生冲突或者战争，牺牲掉的是台湾，而不是美国本身。如果台湾追求独立，就要牺牲掉他的利益。美国也许会卷入台湾问题，就像美国要卷入中东问题一样。不过，它牺牲的是台湾的利益和中国大陆的利益，而不是美国的利益。在这个问题上，台湾弄不好的话会沦为"乌克兰陷阱"。

像乌克兰这样的小国家或者地区，要在国际上追求影响力，必须在大国之间拥有非常高超的外交艺术。乌克兰的地缘政治是属于俄罗斯的，但是政治势力则倾向欧洲，领导层不切实际地亲西方，牺牲俄罗斯的利益。这是乌克兰悲剧的根源。如果台湾地区要避免乌克兰这类情况，需要其领导人有非常高超的外交艺术。台北市市长柯文哲说，如果台湾真的要争取国际空间，说不定台湾的邦交国一个都没有。外交是很现实的，和台湾建交的国家也是很现实的。或许有人在道义上支持台湾，但是在国际关系里，现实主义是最重要的。道德道义在原则上重要，但在现实中历来就是被牺牲掉的。这是台湾地区当局必须考虑清楚的。

所以，我想尽管中美关系现在有些问题，但只要中国不要犯重大的战略误判，在不犯大的战略失误的情况下，哪怕是美国对中国战略判断失误，也不会发生大规模的冲突。也就是说，两岸关系不会因为美国因素而马上恶化。中美两国间的竞争不可避免，但这种竞争是一个很长的历史时期，不会一开始就变得非常激烈。实际上，中美双方之间的关系，很多方面也是在不断发展的。

第二个问题关于TPP。TPP还没生效，它到现在还只是一个具有象征性的东西。但即使TPP生效了，它在很大程度上也不会对中国构成致命伤。中国现在是世界上第二大经济体，也有自己的办法来做具有世界性、区域性影响力的经济项目，比如"一带一路"。所以，TPP还是比较虚一点的。

就台湾地区的经济地位来看，台湾地区实际上越来越成为大中华经济圈的一部分，而很难成为美国经济体的一部分。即使美国这几年经济在好转，但是很多结构性问题仍然存在。台湾地区新领导人如果不像陈水扁那样冒险地往台独的方向走的话，基本上局势也是可控的。如果冒险的话，台湾地区则会输得很惨。当然，中国大陆也会有很大的牺牲。

日本在这方面的情况也和美国的情况一样，日本本身不足以促成台湾地区走向独立。民进党政府对日本有一种天然的亲近感，这是一个事实。但日本政府本身不足以促使台湾独立，它会公开或者非公开地支持，但日本政府没有这个能力。简单地说，就是因为中国国防实力日益强大，已经有足够的能力阻止台湾的独立。除非台湾地区领导人完全不顾台湾岛的安全一意孤行。

IPP：回到台湾岛内的问题。为什么马英九执政八年后国民党会输得这么惨呢？

郑永年：民主选举的结果不能用惨不惨来评价。所谓的民主就是政党轮替，赢的人肯定高兴，输的人肯定感觉到很惨。国民党把两岸关系搞得不错。台湾地区经济下沉实际上是一个全球化的现象，尤其2008年以来，世界经济不好，经济下沉不是台湾地区独有的问题。以前台湾地区刚刚民主化的时候，大家认为民主化会让台湾地区有很大的经济竞争优势，但现在看来民主化以后台湾地区的经济反而越来越没有竞争优势。这个既跟全球化有关，也跟台湾地区的政治局势有关系，因为台湾地区的政治局势对台湾地区的企业商家不利。在台湾地区，民主政府并不是一个亲商的政府。在很多民主国家，民主政府使得政府不能是掠夺性的政府，从这一意义上，政府是亲商的。但台湾地区的情况不是这样，台湾地区政府难以亲商。国民党政府不是不亲商，因为国民党政府在台湾地区还是被认为很亲商的，但是国民党没有能力亲商，就是说，没有能力在改善台湾地区的营商环境。而民进党是一个不亲商的政府。

国民党为什么没把经济做好呢？因为太弱，改变不了台湾地区局势，台湾地区的经商环境不好，既不能阻止台湾地区的资本往外流，也没有能力吸引更多的外来资本，这是民主本身所造成的。马英九政府要跟中国大陆签一个服贸协定，这本来是很利于台湾地区的，但因为太阳花激进运动就做不成，流产了。所以，国民党败选是因为马英九上台以来好多目标都没有达成，而这是台湾民主本身造成的。民主造成了一个弱政府。即使民进党执政也会是一样。今天的民主社会就是这样，谁来执政都改变不了弱政府的现状。我想，蔡英文上任以后，一旦两岸关系不好的话，台湾经济还会继续往下沉，"希腊陷阱"就是这样。

对外来说，台湾地区是"乌克兰陷阱"；从内政来说，台湾地区面临着"希腊陷阱"。在民主社会，一方面民众要求的福利越来越高，另一方面经济发展不了，这是一个很大的矛盾。政治人物毫无理性地向民众承诺很多。蔡英文在竞选中说马英九时代台湾老百姓"水深火热"，好像她上台以后就会光明一片。实际上不是这样，政治人物为了选票，可以许诺。就像马英九当年的许诺后来实现不了一样，蔡英文的承诺也是实现不了的。因为制度决定了经济会往哪个方向走。所以，如果说这次国民党输得很惨，当蔡英文执政八年以后，民进党也会面临同样的情况。

不过，国民党败选确实有其内部原因。从机制上来说，民进党比较团结，党内比较民主，各派系之间协调得比较好。国民党尽管是百年老店，但党内依然不团结，从大陆到台湾，党内派系从来就没有处理好。

马英九执政时两岸关系还是稳定的。尽管他没有跟中国大陆走统一的道路，但基本上能维持现在这个局面。我们确实要肯定马英九对两岸关系改善的贡献。但对台湾选民来说，尤其是偏向独立的选民，中国国民党的两岸政策会是一个负担。这个负担，马英九也是背下来的。如果马英九跟以前陈水扁那样搞台独的，国民党的选票可能会多。

台湾地区所谓的中国国民党人已经老去，以后国民党越来越会是台湾化了的国民党，跟现在的温和的民进党不会有巨大的差别。到那个时候，也许国民党的选票会稳定下来，但两岸关系就会陷入很大的困局。所以，做台湾的"中国国民党"是不容易的，既要平衡两岸关系的稳定，又要平衡岛内老百姓的容忍度，这是一个极其困难的任务。

IPP：刚刚说到经济因素对政党合法性的影响。我们知道全球经济都在下行，而台湾岛内，年轻人的激进倾向越来越严重。蔡英文执政以后，面临的挑战也会很多。您可不可以就前面没有提到的挑战问题再谈一下？

郑永年：我刚刚提到了，蔡英文上台后对外面临"乌克兰陷阱"，对内面临"希腊陷阱"。"希腊陷阱"问题尤其严峻。蔡英文在选前许诺那么多，要给民众那么多的好处，但是经济不增长，怎么做呢？台湾地区的民主现在就非常奇怪，当然跟其他民主国家也一样。一方面，民主社会现在被认为是最保守的社会，谁也做不了事。无论民进党、国民党或者其他执政党都是一样的弱政府，各党派之间互相否决、互相制衡、为了反对而反对，导致什么都做不成。这就是所谓的最保守。

另一方面，民主也是最激进的体制。任何一个政治力量，无论是初中生、高中生或者任何一个社会团体，都可以自己站出来声明自己的利益，利用上街抗议、集会、社交媒体甚至暴力等所有手段搞激进社会运动。民主现在是非常奇怪的一个矛盾体，一方面很保守，一方面很激进。很保守就做不了什么事，政府基本没有用，只能提供一个最低社会秩序的限度；很激进，但激进运动又能做什么呢，改变什么呢？激进就是用激进的手段阻止政府做事情，除此之外，激进运动本身就没有目标。这就很麻烦。蔡英文以前利用太阳花运动是为了政治上的选票，但是她是否意识到，激进运动能够达到什么目标呢？

蔡英文成为执政者之后，她不可能自己搞激进化的运动。如果她也做不了事情，台湾地区还会面临年轻人的激进化运动。很少有人会相信蔡英文有能力来改变现在台湾地区的经济发展和收入分配问题。这是个全球化的问题，无论是美国政府还是欧洲政府都很难处理好这样一个经济局势。所以，搞不好，她也会面临激进化的局面。

在台湾的去的民主环境下，就内部事务来说，蔡英文跟马英九的上台是一样的，只是国民党政府或者民进党政府的差别，只要社会经济情况不能得到有效的改变，青年的激进运动还是会进行下去的。台湾新生代的激进化通过社会运动又在崛起。蔡英文上台以后，还会支持激进社会运动吗？她上台之后可能就要面临社会运动的压力。从激进到保守，这一转型怎么来实现，我觉得比较难。

有一点非常确定，那就是她必须处理好两岸关系。如果两岸关系处理不好，台湾地区经济会下沉得更快。因为大陆的市场，现在想跟大陆做生意的国家很多。就像服贸协定，本来是大陆想先跟台湾地区做生意的，后跟韩国。但后来因为太阳花运动，现在这个生意很大一部分就被韩国人拿走了。台湾地区民主化以来，经济越来越没有竞争力。如果没有经济竞争力，政府税收怎么来，民众福利又不能减少。蔡英文拿到了领导者的位置，但也拿到了马英九所曾经面临的所有问题。

IPP：蔡英文的演讲大部分篇幅在谈论岛内事务。您如何看未来四年台湾地区在内政方面的挑战？

郑永年：台湾地区内部的发展主要是怎么看待民主和发展的问题。民主发展实质上是有两个相关的问题，一个是民主与台湾的未来，另一个是民主在台湾的未来。虽然只有一字之差，但这是两个不同的问题。

关于民主与台湾的未来，我们可以对比一下民主化前后的台湾。无论是中国的自由派还是很多西方学者，都说只要民主了，一个社会就有未来了。但你要是对比一下蒋介石和蒋经国所谓的"权威主义"时代的台湾和今天的台湾，就会看到问题并不是那么简单。当年台湾地区能够成为当时的"亚洲四小龙"，就是因为蒋经国时代的功劳。正是因为有了威权时代的社会经济发展，台湾地区后来的民主化才能比较和平理性地进行，至少没有发生大规模激烈的暴乱。人们不能忘记两蒋时代的功劳——把大部分穷人转变为中产阶级，因为中产阶级和平理性，接受了高等教育。但如果人们看看现在的台湾，说到大的建设成就，人们还是要追溯到以前蒋经国先生的时代，比如台湾十大建设工程，而民主化之后反而没有什么大的社会经济建设成就。

到今天，台湾地区是"亚洲四小龙"里面最落后的一个经济体了。例如，20 世纪 90 年代，新加坡和台湾地区的人均 GDP 差不多，但现在新加坡是五万多美元了，台湾地区只有两万多美元，连新加坡的一半都不到，这是民主化发生以后的事情。韩国的人均 GDP 虽然是三万多美元，但因为经济体总量大，他们已经不提"四小龙"，而是成为 OECD 发达国家了。香港地区都有四万多美元。台湾地区民主化以后，在经济建设上没什么大的发展，已经被大陆沿海城市赶上来了。

民主为什么影响了台湾地区的发展？台湾地区如果这样下去的话，民主会对台湾地区的未来怎么样？民主不见得一定会对经济发展产生负面的影响，但台湾地区的民主的确是这样。首先，民主在台湾地区是怎样演变的？台湾地区是怎样的一种民主？尽管台湾地区已经实现了第三次政党轮替，但它到底是不是西方式的民主？其实，台湾地区不见得有西方式的民主，因为无论是国民党还是民进党，大家都是用一党制的脑袋搞多党制的东西，还是相信胜者为王败者为寇、一方胜了就把对方往死里打的文化，而没有妥协文化。台湾地区的民主已经简化为选票，这个不是民主，而是民粹。再者，台湾地区还是"民嘴政治"，大家就是整天地说，搞得整个社会太泛政治化、泛民主化。

台湾地区的民主不是像西方民主那样是通过大家的妥协，达成共识，台湾地区的民主是为了分化社会，政治人物不惜一切成本地分化社会，只要拿到选票就可以了。以前陈水扁搞族群政治，强调本省人与外省人的区分，要构建一个台湾的 nation state，尽管台湾人如果真的要搞 nation state，那么不应该是他们，而是由台湾的土著人做主。在塑造话语方面，台湾地区一直在搞激进的理想主义，搞分化。在统独问题上，更是这样。

台湾地区民主化以后，在政治形式上向西方学，但在本质上，做不到西方那样。当然，我们要肯定，台湾地区的社会政策和社会福利在民主化以后进步得非常快，像台湾地区的健保制度，民主化发生以后没几年就发展为世界上最好的健保制度之一。不过，没过几年基本也是借债度日。在很大程度上，台湾地区的民主变为纯分配政治，就如李光耀先生生前所说的，民主政治变成了福利的拍卖会。这在台湾就发生了。好的民主政治，在生产和分配之间要实现平衡，但台湾在生产方面没人管，企业家出走，人才出走。台湾的人才出走问题很严重。

台湾地区还有一个问题就是越民主化就越地方化。以前两蒋时代台湾地区的精英是高度国际化的，现在台湾地区的精英越来越地方化。在这样的情况下，尽管蔡英文还是会很努力，但人们对台湾地区的经济还是持悲观的看法。大饼越来越小，但是分配却不能减。所以，尽管蔡英文的演讲大部分还是讲台湾地区的事务，但她是不是还想回到台湾的生产政治，而不仅是分配政治呢？从台湾地区的政治生态看，她很难回去。她是搞运动政治出身的，要安抚她的支持力量，要继续做好社会保障。但如果经济大饼不做大的话，这些都很麻烦。

刚才谈了民主与经济的关系。就政治而言，台湾地区的民主政治会不会演变成清算政治？蔡英文又如何去控制？首先，她自己和她的支持者有没有意图清算她的前任和国民党政府？第二，她能不能控制民进党里面的清算派？这里有很多麻烦的问题，现在都是未知的。

所以，民主在台湾地区要怎么发展？民主在台湾地区是怎么变形的？这些是学术界要好好研究的问题。民主与台湾地区的前途和民主在台湾地区的前途,是两个层面的事情。这也是亚洲学者不去反思的地方,大家把一切都押宝在民主身上,以为民主一来,所有事情都会变好。问题是,如果你需要民主,那么就要问你需要什么样的民主,你就要看民主对一个国家经济和社会的影响,对国际政治的影响。当民主演变成内政上的民粹主义和外交上的民族主义的时候,很多人就会兴奋得不得了,总觉得自己什么都可以做了。这就很危险。

回到社会层面,台湾地区这么小的经济体,要在大国之间生存,要保持现状已经很不容易了,如果再往独立方向走的话,就有很大的可能演变成乌克兰危机。

IPP评论:关于经济的问题,您对蔡英文四年任期总体的期待是怎样的?

郑永年:第一,她作为一个当局领导人能做什么,这非常重要。蔡英文政府能做什么?和日本建立准联盟、和日本经济整合,可能还要加入美国的TPP(尽管TPP本身的前途现在还不知道),这些都是蔡英文想做的。此外,台湾地区还会努力加入地区性的和国际性的组织。不过,在没有"九二共识"的情况下,中国大陆肯定是不同意的。

第二,台湾地区政府对企业界的影响越来越弱。民主化以后,台湾地区政府对企业界没做过多少好事情,台湾企业界是很独立的。台湾地区政府很难命令企业到东南亚去,到印度去。台湾的企业有自主的选择。因此,中国大陆不要把台湾地区考虑成一个整体,企业是企业,社会是社会,政府是政府,大陆对台湾地区不同的部门应该有不同的政策。如果你把台湾地区考虑为一个整体,反而会被台独分子所利用。

总的来说,今后一段时期,台湾地区的经济不会太好。马英九的八年实际上稳定了两岸局势，对台湾地区的经济还是有好处的。两岸经济关系的发展客观上说导致了台湾地区内部的收入分配不公。台湾年轻人错误地把这个责任归咎于大陆。实际上，这是全球化的现象，在台湾、香港、欧洲、美国、中国大陆都是这样。

收入分配不公是内部问题，但是台湾人，特别是台湾年轻人，把全球化这个普遍现象只归因于中国大陆，这是毫无理性的认识。即使台湾地区和美国、日本经济整合，收入也会高度分化，这是全世界的普遍现象。只是说台湾地区经济现在高度依赖大陆，如果台湾地区经济高度依赖美国，结果也会是一样的。

台湾地区还有一个完全错误的判断，即认为台湾经济只要减少对大陆的依赖，台湾就容易独立了。对中国大陆来说，台湾地区经济再依赖美国，大陆也不会放弃对台湾的主权。台湾不应该有这种天真的想法。

IPP评论：已经成为在野党的国民党未来四年如何对蔡英文政府形成制约？

郑永年：实际上国民党在马英九时代也不够决断，马英九只是一个保持现状派，在两岸问题上也没做出多少成就，否则今天的情况会大不一样。为什么谈到民主和台湾地区的前途大家比较悲观呢？除了在两岸问题上，台湾地区政治人物可以搞台独以外，在经济问题上谁也做不了事情。马英九政府做不了事情，蔡英文政府同样也做不了。这是人们悲观的地方。

如果蔡英文政府在内部经济事务上做不了事情，就很可能去搞两岸关系。这和安倍政府是一样的，国内的事务做不好，就挑逗中日关系，寻求支持的力量。这是比较麻烦的。国民党的洪秀柱能够做什么？无非也是两个方面，内部事务和两岸关系。尽管国民党成为反对党，是少数派，很难对民进党构成制约，但只要方法对头，还是可以在两岸关系上有所作为。

IPP评论：您认为大陆怎么做才能团结更多台湾的年轻一代？

郑永年：台湾年轻一代，从他们的角度而言，激进化是可以理解的，因为他们看不到前途，特别是在收入方面。大陆青年其实也是一样的，住房买不起，生存艰难，就业困难。只是台湾的年轻人的认识错了，他们简单地把困难归咎于两岸关系。香港的年轻人也是如此。香港问题根本不是因为和大陆的关系。如果没有和大陆的紧密经济关系，香港的问题会更糟糕。所以民主化的不好之处在于民主化之后使得年轻一代认识问题的角度越来越地方化，失去了国际观。新加坡和台湾地区的区别是台湾地区民主化以后越来越地方化，而新加坡仍然维持着有效的精英主义。

在台湾，媒体的声音都是地方上的一些小事情。现在台湾地区留学的人也越来越少了，大家往往选择花几年时间搞好关系再找个工作。民主化如果表现为地方化是一件很不好的事情。

特别是对小地方而言，它们需要在大国的夹缝中生存，更需要国际化人才，过度民主化和地方化的台湾地区内政可能会演变为希腊危机。天不怕地不怕的希腊总理上任后还是要生活在国际环境中。蔡英文也是一样的。国际环境无法改变，台湾地区既不能改变大陆政治，也不能改变美国政治，而只能在大国的环境中找到生存空间。台湾地区要有足够的现实主义感，年轻人也是一样的。如果台湾地区是一个富裕社会还能维持现状，如果台湾地区变成一个穷岛的话，统一的问题倒是容易解决了。（完）

导　语

在香港与澳门两者中，人们更多地关注香港的发展与未来，对澳门则了解较少。2016年，香港经济形势面临压力，社会不太平静，近在咫尺的澳门有着怎样的表现，有着怎样的发展空间呢？香港学者从英国脱欧的影响说起，解析澳门的机遇。

英国脱欧：澳门的机遇？

@ 沈旭晖 SimonShen：香港国际问题研究所主席

随着英国"脱欧"，各种后续分析文章已汗牛充栋。对于欧洲乃至世界市场而言，"脱欧"整体带来的影响趋于负面，但这并不意味着这场风波中全无机遇。与香港一水之隔的澳门，正如我在澳门演讲时分享，就可能从"脱欧"风云中有意外收获。

要理解澳门在"脱欧"后的战略机遇，首先需要回顾中国近年原本针对英国、欧洲的大战略部署。欧洲大陆是中国"一带一路"战略的重要着眼点，而英国又是欧洲大国中，近年来与中国合作关系最为紧密的国家之一。去年10月，习近平主席高调率团访英，与卡梅伦政府签下400亿英镑的投资协议，并获极高规格接待，其用意正是以英国作为跳板，促进中国资金和影响力，进入欧洲统一市场。也正是因此，外访期间，习近平主席罕见地就英国"脱欧"这一"他国内政"发表意见，称"乐见统一的欧盟"。然而事与愿违，随着英国人最终做出"脱欧"决定、卡梅伦辞职，"中国－英国－欧盟"的链接破裂，而将统一的欧洲纳入"一带一路"的盘算，也无可避免地遭遇挫折。

在原格局中，香港作为前英国殖民地，在"中英黄金时代"当中，也有一定角色，例如香港的金融服务业、法律服务业等优势以及与英国接轨的制度，就提供了中国"走出去"的基本配备。但英国"脱欧"后，中国借助英国进入欧盟的算盘已大失预算，加上香港和北京的关系越来越紧张，也令香港可被依赖之处进一步减少。新任英国首相梅姨上台后，英国忽然在最后关头"暂停"了中英法合作的核电厂，而那不但是习近平主席访英团的重要成果之一，也是中国首次成功投资发达国家的核电项目，加上中国代表团已出发准备"庆祝"，那种震撼，就非笔墨可以形容。无论真正原因是技术、经济还是政治原因，中英关系已因为英国"脱欧"而蒙上阴影。

不过，"一带一路"的欧洲环节重要性依旧，英国之外，中国在欧陆并非没有合作伙伴，澳门的前宗主国葡萄牙即是其中之一。近年来，中国与葡萄牙之间的经贸文化交流逐步升温，而这背后发挥催化剂效应的，就包括澳门。澳门本身保留有大量葡萄牙历史文化遗产，葡语国家与澳门企业也有较为密切的经贸往来。早在21世纪初，中国政府已经着手利用这一资源，2003年支持澳门建立了"中国－葡语国家经贸合作论坛"（"澳门论坛"），旨在依托澳门的"平台优势"，强化中国与葡萄牙、安哥拉、巴西、佛得角等八个葡语国家、两亿多人口的市场联系，我从前也曾介绍过。

澳门论坛建立以来，中国与葡语国家之间不仅经贸合作数额稳步上升，更在一些关键外交领域（尤其是人权、全球气候等问题），取得了葡萄牙等葡语国家的支持。当然，这论坛更多是利用澳门的身份，而不是真的有太多葡语人才在澳门可供使用，也得不到澳门本地人的太多注视，但纯以付出和回报而言，毕竟算是中国外交近年的一项本少利大的成就。过去澳门作为东道主肩负着将葡语国家企业引入中国尤其是珠三角经济区的重任，而如今中国实施"走出去"战略，澳门与葡萄牙的历史渊源，就被视为中国企业进入欧洲的跳板之一。加上葡萄牙作为欧盟成员国，享有欧盟境内商品投资自由流动的便利，而葡萄牙商业运作成本在欧盟诸国中处于低位，对中资企业就极有吸引力。与此同时，和英法相比，葡萄牙政局中欧洲怀疑主义尚处弱势，"脱欧"风险较小，而目前也不像法国、德国那样，成为恐怖分子目标，可谓欧盟内部的理想避风港，中国不会不知。

基于澳门和葡萄牙的渊源，目前澳门与葡萄牙、欧盟既有的经贸、社会文化合作机制已有不少，也广为中国重视。例如澳门在葡萄牙首都里斯本设有澳门驻里斯本经济贸易办事处，机构享有行政自治权，直接向澳门行政长官负责，专司促进澳门与葡萄牙合作、维护澳门各界在葡利益。澳门与欧盟早在1992年签署了贸易与合作协议，双方在法律与税收跨境合作、教育研究、翻译人才培养等方面都积极展开合作，同年又设立欧洲资讯中心，专门为澳门及周边地区中小企业，提供关于欧洲经贸合作的资料，积累了丰富的经验。欧盟亦向澳门提供了多项学术文化交流项目支持，例如与澳门旅游学院合作的"澳门－欧洲旅游研究中心"、欧洲研究学会与澳门大学等合作的"澳门欧盟学术计划"等，都令澳门年轻人有比香港更多的途径走进欧洲。我认识不少在葡萄牙的澳门留学生，都是以奖学金到葡萄牙读书，唯一条件，就是要返回澳门贡献政府。去年欧盟又与澳门订立合作备忘录，就"培养中葡双语翻译及口译人员"达成长期合作的课程培训计划协议。凡此种种，皆反映澳门积极与葡萄牙乃至欧盟在历史渊源基础上，构建全新合作框架。

当英国作为"欧盟桥头堡"的战略地位因"脱欧"而大受削弱，葡萄牙却可能成为中国在欧陆针对欧盟的新切入点。如果说，英国因与美国的特殊关系，在处理对华事务上尚受牵制，那么葡萄牙在对华战略利益和立场上，比英国更为开放。尤其葡国与澳门长期就经贸、文化事务展开合作，几乎不存在政治顾虑。倘若中国有意将"澳门－葡萄牙－欧盟"这一经贸文化合作框架加以发展利用，借助澳门与葡萄牙、欧盟的联系，促使中国资本、企业取道葡萄牙进入欧洲市场，其效果可能并不亚于前述的"香港－英国－欧盟"路线图。

这观点并不只是我个人意见，在欧洲也有不少回响。不久前，布鲁塞尔自由大学国际关系及欧盟研究教授 Mario Telo 表示，英国"脱欧"对香港造成的冲击较大，因港英历史渊源颇深、香港牵涉英镑金融业务较多，牵一发容易动全身。但葡萄牙尚留在欧盟，澳门本身也有紧密的欧洲联系，英国"脱欧"对澳门的冲击就极为有限。长远来看，倘若中国政府、澳门特区政府有心发力，澳门未来在"中国－欧盟合作框架"的地位可能急速攀升，相关战略角色和价值也就随之凸显，届时澳门在涉外关系层面上，足以在个别层面（例如欧洲事务）与香港并驾齐驱，亦非全然是天方夜谭。欧盟驻港澳的官员，就对港澳同样重视，这不是其他国家领事馆"重港轻澳"的态度可比的。

短评

@胡锡进

《环球时报》总编辑

台湾出政党轮替,这是西式民主的题中之意。蔡英文当选,是台湾民意变化的结果,这个结果值得尊重。但蔡也要尊重大现实:台湾可以有一个地区的集体尊严,但她强调的"国家尊严"是镜中花。台湾只剩下少数世人往往都搞不清位置在哪的"小邦交国",它们不少都渴望与北京建交。台湾要被尊重,就得讲规矩。

(背景:2016年1月16日,2016年台湾地区领导人选举,蔡英文当选,成为台湾地区首位女性领导人。)

@严锋

复旦大学中文系教授

无论世人对马英九怎么看,我对他始终充满尊敬与同情。不是他无能,而是局势太难掌控,对手太多、太狡猾、太没有下限。在这个混乱纷争不顾一切追求利益的世界里,一个洁身自好、有所为有所不为的理想主义者几乎必然失败。但这是一种有意义的失败,为缺少节操的政坛保守一息尚存超越利益通向未来的政治伦理。政治有短期利益和长期利益,民众最关注眼前实惠,但优秀的政治家要立足长远。否则要他何用?马英九在两岸经贸、文化交流,人员往来方面的布局符合台湾的长期利益,他也为台湾开辟了全新的国际空间。时间会证明马英九的价值!

(背景:2016年5月20日,马英九正式卸下长达八年的台湾地区领导人职务。)

科技与文娱 >>>

第九章 科技发展与文娱创新

导 语

贵州平塘球面射电望远镜 FAST 于 2016 年 9 月 25 日竣工落成。有着"超级天眼"之称的 FAST，与世界上最先进的望远镜相比，综合观测能力提高了约 10 倍，其探测异常灵敏。科学家打比方说，即便有人在月亮上打手机，也逃不过 FAST 的探测。

不再着急"变现"，中国的科研布局只会越来越从容

@ 陈迪 Winston：深圳卫视《正午 30 分》评论员

昨天，世界上最大的球面射电望远镜 FAST 在中国贵州平塘县正式竣工，这为我国目前在全球范围内领先的科学技术项目的清单又增添了新的一项。这台直径宽达 500 米的望远镜也被媒体称为"天眼"，它将成为未来相当一段时间之内，我们这颗星球上人们观测探索太空最重要的天文设备之一。

可能很多人都注意到，过去几年以来，中国重大的科研成果与技术突破出现得越来越频繁了。这当然不仅仅是最近发力的结果，我们要知道许许多多宏大的科技项目，都是需要通过多年布局才能够有所收成的。就好像这次的世界最大望远镜，那就是 22 年前埋下的种子如今才收获了果实。

回到当初那个年代，20 世纪 90 年代，那时候无论在官方宣传还是社会语境中，曾经有一句让几乎所有人都耳熟能详的宣言，那就是：科学技术是第一生产力。这句话虽然很接近宣传口号的形式，但它确实能够反映出当时那个年代，在国家层面上对于科研建设的意义的理解。用今天流行的话语来说，它非常强调科研投入"变现"的能力，也就是追求科学技术转化成为实际生产能力的效率。

很直观的一个体现就是，这么多年以来，中国的科学技术突破会更多地集中于两个方面：一是国防，二是产业。国防科技的飞跃是最好衡量的，在战斗机、预警机、弹道导弹、雷达等很多可以指名道姓的方面，中国在过去 20 年间都是做到了对世界最先进水平的跨代追赶的。产业技术的进步其实也挺好体会，如果说重型机械、船舶制造距离我们的日常生活还稍微远了一点，那么现在已经构成了中国人出行重要一环的高铁以及在国内外市场上都越来越受欢迎的国产品牌手机，显然都是能够让大家获得最直观感受的例子。

但是，无论是国防科技也好，产业技术也好，在这两个方面的科学技术进步，往往都会带有一种鲜明的共同特征，那就是：它们的意义往往是体现在国与国之间的竞争当中的；而一旦剥离国际竞争的现实背景，它们的历史价值很可能需要被重新评估。

这么说是什么意思呢？我们来设想一下，现在让我们站在一个想象中的外星文明的立场，我们在远远地观测地球上的人类活动。我们是不是会发现一种非常奇怪的现象，当一小部分的人类已经研究出了某种技术以后，这种技术并不会很快地就由整颗星球的人类所共同运用。相反，另外一部分的人类，他们依然需要花费几乎同样的时间与努力，才能够掌握这同样一门技术。而此时对于人类整体来说，这部分新增加的投入，其实并没有让这颗星球变得比原来更加先进。那为什么不能从一开始就让整个种族共享一切新的发现，才好把后来新增加的投入，放到人类并不已经拥有的技术上呢？为什么偏偏还要进行重复建设呢？

这就是人类依然由国界划分所造成的尴尬。只要国界之外的人依然会被定义为"他者"，那么，让一国人民较之他者更加富裕、更加舒适、更加安全，就依然是值得追求的。而只要这一个命题是成立的，国防科技与产业技术就依然会在很大程度上是排他的，是不能够被无节制地共享的。这在外星人看来或许会觉得很蠢，但这就是人类文明史至今几千年一直存在的现实，我们也不能免俗。

不过，在国防与产业技术以外，其实还是存在更加一般的、更加基础的科学研究领域的。它们未必具有很快"变现"的能力，但也正因如此，它们在国别上的排他性并不强烈，而事实上其对于人类整体的意义并不遑多让。这面最大望远镜 FAST 正是如此，它并没有被运用到军事或生产用途的潜力，1.8 亿美元的造价完全服务于纯粹的天文学，日后也会欢迎世界各国科学家共同充分利用这台庞大的设备。就在前段时间，国内还展开过关于是否要兴建高能对撞机的讨论，至少 200 亿美元的天价科研设施，也是如今的中国可资斟酌的选项了。中国目前正在越来越多地对这种"更多的科学、更少的生产"的项目进行投资，这反映了决策层在科研投入思路上的调整：中国对于科学技术的"变现"已经不像过去的一般急迫了。而究其原因，这当然与急速提升的国力所带来的余裕与从容有关。

但是，一旦巨额的科研投入被用在非生产应用技术类的领域，那种老生常谈的质疑声就又会冒头了：还有那么多穷人吃不饱饭，为什么还要花这种没有产出的冤枉钱呢？地球如今被划分为大大小小的百多个国家，而刚好具有那样的规模与资源进行昂贵科研投资、实现人类技术突破的，就只有那么少数几个。既然如此，大国挺身而出，肩负引领人类总体进步的道义责任，或许也构成了"负责任大国"内涵中不言自明的一部分。20世纪的美国就做得很好，而且重视基础科学发展的他们其实根本就没有吃亏，反而因此受益良多。中国目前情况的尴尬在于，国家总体实力的崛起与国内发展不平衡并行存在，这当然需要我们长期的努力。但是，一件很重要的任务尚未完成，并不会意味着另外一件也很重要的任务就可以无限期延滞。借用一句我在去年另一次评论中的结束语（用在今天的话题同样合适）："那些因为科研投入而失去一顿赈济饱腹的穷苦人们，他们同样是事实上的奉献者。每思至此，科技便多了一层关于理想与使命的悲怆。"

导　语

　　2016年8月16日,世界首颗量子科学实验卫星"墨子号",在酒泉卫星发射中心被送入太空,预示着人类将首次完成卫星与地面之间的量子通信,可从根本上、永久性解决信息安全问题。但与此同时,也遭受了不少质疑,更有网友恶意中伤科学家。

质疑科学得有科学态度

@中科大胡不归：中国科学技术大学副研究员、科技与战略风云学会会长

（墨子号量子卫星和地面兴隆站进行的通信试验,红光为地面发射,绿光为墨子号发射。图自微博 @曹俊IHEP）

日前，我国发射世界首颗量子卫星，引起民众对量子科学的空前关注。与此同时，对量子通信的怀疑甚至否定也在网络上掀起新高潮。

有一些学者对量子通信的技术性甚至其物理原理进行质疑。如有学者认为，量子通讯的信号安全是以牺牲通讯的稳定性为代价的，有了敌手就干不成事的量子通信系统最终也只能沦为一个摆设。然而在量子通信中，一旦有窃听就会被发现，这是个巨大的优势。然后可以一边中断通信，一边出动军队、警察抓间谍。传统通信倒是可以在窃听下继续通信，但信息泄露了，难道更可取吗？还有学者在舆论场发出声音，认为有许多实验证据、学术界普遍接受的量子纠缠现象不存在。

网友的所谓质疑就更多了。有些人把媒体报道中对量子通信的比喻当成科学表述，将量子通信等同于"大变活人"，觉得它不可信。有些人觉得中国不可能做出领先美欧的科技创新，还言之凿凿地说："我不懂专业，但从朴素的感情出发，我不信中国能做出世界第一的科技贡献。"甚至还有人直接造谣，说量子通信是滥竽充数。显然，这些质疑都不是科学范围内的讨论。

事实上，当量子计算机实用化时，传统通信将变成无密可言。不发展量子通信，就会被技术突袭。量子通信不仅是工程项目，也是科研领域。全世界有成千上万的科学家在进行研究，成果也都公开发表在科学期刊上。如果量子通信真像这些人说得这么糟，那早就会被提出质疑并引起激烈讨论了。而正是因为以上这些对量子通信的质疑不成立，它们才不可能发表在正规学术期刊上。如果量子通信工作者对如此繁多的无理搅三分的质疑都要回应，那么他们就没时间做研究了。

有些学者有学术身份，但却并没有学者应有的专业精神和科学态度。在学术界，如果不采用通行的方式，在经过同行审议的杂志上发表文章，质疑的观点就不会进入科学探讨。他们在舆论场中发声，说到底与"民科"差不多，不会影响科研，但因为其学者身份，却可能让民众受到误导。对科学问题，只有符合学术规范的质疑才值得认真对待。

民众当然可以在对量子通信议题有所了解的基础上讨论它，但结论不应建立在所谓"朴素的情感"等前提之上。而一些人往往对科学界有一种阴谋论想象，觉得好像科学家在共谋隐藏真相。这种图像根本不符合人性和事实，因为指出错误将收获巨大。要给出多大利益，才能让这么多人共谋呢？应该把科学家理解为正常人，而不是阴谋家。

相对于在网上不断质疑中国科学进步的那些人，中国的科学家们正在用脚踏实地、日拱一卒的态度，把科技创新推向人们的日用，降低我们的生活成本，推动科技进步，也提升了我们生活质量。而这些，却被很多人忽略了。

导 语

2016 年 4 月 4 日，曹文轩摘得国际儿童读物联盟（IBBY）2016 年度"国际安徒生奖"。这是中国作家第一次获得该奖项，国际安徒生奖评委会主席称曹文轩"用诗意如水的笔触，描写一些生活中真实而哀伤的瞬间"。国际安徒生奖于 1956 年设立，由丹麦女王玛格丽特二世赞助，以童话大师安徒生的名字命名，每两年评选一次，被誉为"小诺贝尔文学奖"。

曹文轩：永远的麦田少年

@孔庆东：北京大学中文系教授

曹文轩注定是一位代表中国形象的作家，也注定是一位具有世界意义的作家。这是我 30 多年来，从初识曹文轩、初读曹文轩，到初次听他的课，再到有幸留在北大中文系任教、成为曹文轩老师的同事，一路走来，由模模糊糊的感觉，渐次生发而成的、越来越明确的认识。而此番曹老师荣获国际安徒生奖，不过是这个世界对"实至名归"的正义尚存的一种证明。

2005 年 12 月初，我开始了"博客生涯"。过不到半个月，曹文轩老师也开始写博客。我给曹老师的链接命名为"麦田里的少年"。而那时，曹文轩已年过半百,按照生理年龄,走到哪里称他一声"老汉",都不冤枉。人对人的印象,往往定格于初识,就像金庸引来做《鹿鼎记》回目的查慎行的诗句"最好交情见面初"。我1983年考入北大的时候,曹文轩是个留校任教不久的小伙子,按照当下很不恭敬的调侃,颇有几分"小鲜肉"的感觉。我们都很喜欢听他的锐利而又细腻的课,在他的课堂上鼓掌过、哄笑过。所以他在我们心中的印象永远是一个"年轻教师"。许多年后,曹文轩这班人都成了"老教授",实在是我们很难接受的。而作为一种形象,曹文轩永远是一个少年,在清新的麦田里奔跑的少年。

"少年"印象,不仅是曹文轩给我一个人留下的,这也是某种共识。多年前我和曹老师一起去新疆石河子大学支教,到机场迎接的学生不认识我们二人,就有老师告诉学生:"那个长胡子的是孔庆东,那个年轻的是曹文轩。"学生按图索骥,果然对上了人,但是他们不知道,我比曹老师整整年轻十岁。

学术界曾经用"少年气象"来比喻林庚先生,那是从林庚先生所研究的唐诗精神演绎而来的一种学术气质。而曹文轩身上的少年气质,更多地来源于他的纯真。记得有一次,曹老师告诉我某本刚出版的书"很黄",我找来一看,感觉不怎么黄。这说明曹老师比我这个年龄段的人,更不能接受某些乱七八糟的东西。

数十年来,曹文轩用他那支并不只为儿童写作的神笔,给世界带来了持续的纯真和温馨。难能可贵的是,他不因同时从事学术研究而变得乡愿和虚伪,也不因时代的乖戾暴虐而变得粗糙和冷漠。曹文轩的存在,让文学界和学术界增添了几分不用声张的"红瓦"般的纯净和"根鸟"般的坚守。

而曹文轩能够发挥这样的作用,根源在于那份来自生命麦田的洒满阳光的爱和美。我是研究现代文学的,在课堂上讲到新文化运动初期的"问题小说"时,往往要善意地批评一下冰心、王统照宣扬爱与美可以拯救世界的"心灵鸡汤"。如果说五四前辈对爱和美的宣扬,基本上是"辞气浮露"的口号式文艺表态的话,那么曹文轩的爱和美,则深深隐藏于茂密的艺术麦穗之中,因为他的辛勤灌溉,而成为天堂之草。

多年前有一部以大学校园生活为题材的长篇小说,影射了许多北大发生过的真实事件。我和曹文轩等老师参加了这部作品的研讨会,在肯定了作者的才华和成就之后,曹文轩说,校园里那些负面的事情,我们也知道,但是我们不会那样去写,我们"下不去手"。这句"下不去手",显示出曹文轩的某种文学观,他像孙犁一样,更喜欢精描细写生活中的"荷花淀",而不愿意去放大和渲染烂泥塘。

认识曹文轩30多年来,在系里或其他场合匆匆相遇时,曹老师热情的招呼和嘱咐中,经常蕴含着一些令人回味的鼓励和启示。比如他曾说:"孔庆东你为什么不写小说啊?你的语言非常好啊。"曹文轩是非常注重语言的文学性的。我们现代文学专业的学者讲鲁迅,多是注重鲁迅深刻的思想、忧郁的灵魂、绝望的战斗之类宏大的话题。而曹文轩关注到鲁迅小说中把蜡烛写成"一支细瘦的洋烛",从细部去欣赏一个"文学者的鲁迅",这给了我很多启迪,我多次在课堂上引用曹老师的分析,带领学生走进鲁迅的美学。

曹文轩的成就,不仅具有跨国界的意义,也具有跨时代的意义。我们不难感觉到,他用优美的意象和正宗的汉语,顽强保卫着养育他少年时代的那种美学精髓。曹文轩用几乎等身的创作,就像自然科学界的屠呦呦一样,证明了他成长的那个时代的成就,证明了一代"工农兵学员"的成就。社会上曾经弥漫过对"工农兵学员"的妖魔化，认为他们不懂科学、不懂艺术，因为劳动而耽误了文化修养等等。而今天，成千上万往日的工农兵学员，用自己的"事功"，粉碎了那些流言蜚语。我们可以轻松举出长长一串由工农兵学员成长起来的著名专家学者的名字，在其他领域的成功者就更加不胜枚举。而曹文轩的作品，一方面保留了那个"红葫芦""蔷薇谷"时代的真善美，同时又超越了那个时代的一些历史局限，他的时间感和空间感都是贯通的。

因此，虽然曹文轩获得的是儿童文学最高奖，但是他的创作显然不仅仅属于儿童文学，也是一种普适文学，是成人文学，是为整个人类保存着天堂之纯美的文学。

由于在青少年写作教育领域有交集，我和曹文轩老师多次共同出席有关活动。我不止一次听到曹文轩表达过类似的观念："写一手好文章，是一种美德。"初听之下，我有些怀疑，写作跟人品具有"正相关"吗？有些坏人不也能写出好文章吗？但这种怀疑的逻辑，曹老师肯定是知道的，那么他这样讲，一定有更深的道理。这其实是一种充满理想精神的"德才统一论"，这个德才统一的精神，我首先在曹文轩自己身上看到了。在一次新生开学典礼上，曹老师致辞说，要有敬畏之心和悲悯之心，还说道，在我们成长的路上，站满了我们的恩人。从这里可以悟出，曹文轩的爱和美，在一定程度上，源自他的敬畏之心和悲悯之心，这是烙在他生命根底之处的"火印"。有了敬畏和悲悯，德才就会统一，有了敬畏和悲悯，那个少年就会呼吸着春天麦田里清新的空气，向世界高扬起纯真的旗帜。我由此而进一步看到了曹文轩"蜻蜓眼"般的世界文学意义，希望这种德才统一的少年气象，能够在越来越多的青少年身上看到，在未来的人类社会里看到。

导　语

2016年8月8日，里约奥运女子100米仰泳半决赛，中国选手傅园慧接受采访时说"我已经用了洪荒之力"并配上搞怪的表情，快速走红网络。甚至红到了国外。"控制不了体内的洪荒之力"也成为网友调侃的常用语。长期以来，在我国竞技体育制度中，金牌包含着太多的情感。国家的期盼、父母的等待、民众的苛求都给运动健儿们承担不起的压力。此次"洪荒之力"的爆发，正是民众体育观念的改变。

里约奥运会最大收获不是金牌，是洪荒之力

@ 大盗贼霍老爷：简书专题运营者、十五言撰稿人

一直没有意识到今年居然是奥运年，直到前几天。

相比起往年早早关注奥运信息，从电视台到网络，也早就是各种"中国军团出征里约"塞满眼球，连篇累牍地报道中国体育明星们的吃喝拉撒。然而今年，奥运成了我们生活中微不足道的一部分。与奥运相比，微博上的新段子，朋友圈的新鸡汤，可能才是生活的主流。

尽管首日无金，但中国观众已经学会了看淡这些问题，心态越来越成熟，杜丽银牌，孙杨银牌，没问题，观众已经懂得，属于中国的金牌总会出现。

果然，中国的首金很快来临，张梦雪为中国打破僵局，而且马上吴敏霞和施廷懋、龙清泉相继获得金牌。

相比起当年许海峰为中国获得首枚奥运金牌的"0"的突破这样的浓墨重彩，媒体虽然还想渲染张梦雪这枚金牌的意义，但观众和运动员却早都风云见惯。

真正刷爆媒体的不是这些金牌得主们，却是一个叫傅园慧的游泳队姑娘，她的项目既不重要关注度也不高，仰泳一百米，还不是决赛，是半决赛，成绩也不算好，是半决赛第三名。

这姑娘之所以大火，是因为她的赛后采访。

记者：：状态有所保留吗？

傅园慧：没有，我已经用了洪荒之力了。

记者：觉得恢复到以前的自己了吗？

傅园慧：已经是历史最好成绩了，我用了3个月恢复，鬼知道我经历了什么，太辛苦了。

记者：对明天决赛也充满希望？

傅园慧：没有，我已经很满意了。

记者努力把这孩子的采访节奏往传统优秀运动员的路子带，结果这姑娘在逗逼的路上一路狂奔，已经刹不住车了。

当中国的观众为这个小姑娘的段子手潜质刷屏的时候，却不知道有个男人正在深深自责。

这个人就是里约奥运会男子举重56公斤级的银牌得主——朝鲜举重名将严润哲。

严润哲是本级别四年的王者。

严润哲本来挺举成功，几乎已经确信自己是本届冠军得主，谁知几分钟后，龙清泉竟然打破世界纪录以 307 公斤的总成绩战胜了自己。

赛后，他在采访时说："对不起，我没能拿到金牌。至于你所说的民族英雄，我认为，一个拿银牌的人没有资格被称作英雄。金正日同志是永远给我灵感的人，我没能获得金牌来报答他，感到很对不住。"他是上届奥运会这个级别的冠军，他当时得到金牌后说："我能够取得令人瞩目的成绩，全部是因为伟大领袖金正日和金正恩的爱。"

严润哲在本级别统治了四年，四年未尝一败，直到龙清泉的惊天一举。这样的人只要一次失败，就认为自己没有资格称作英雄。显然，不是所有国家都能以娱乐的心态看待奥运，而我们当初，跟朝鲜也是一样的。1988 年兵败汉城，李宁这个洛杉矶奥运会的英雄，收到了国人寄来的刀片和绳子。回国的飞机上，金牌选手坐在头等舱，李宁等到所有人都下了飞机，才和跳高名将朱建华仓皇离开，以躲避外面欢迎的人群。

"那个时代人们需要金牌，不需要体育，体委需要冠军，不需要运动员。"那时候的李宁一样的神采飞扬，可那年代他绝对不敢像傅园慧那样快乐地说"我已经很满意了"，对那时候的运动员和中国人来说，奥运太沉重了。

奥运就像水痘，发过一回以后就有了抗体。幸好，我们中国的大多数人，已经有了这个抗体，虽然官员和媒体还是总想把运动员和奥运的氛围往为国争光的路子上套，但我们看重金牌，但也看重体育，更看重娱乐，运动员在我们眼里不仅仅是冠军，更是运动员，是段子手，是小鲜肉。

今天的傅园慧，不仅不会收到刀片，还会收到无数赞赏，这就是我们的进步。收获银牌、铜牌的选手不用对着镜头自责，说自己对不起国家和人民的栽培，这就是我们的进步。

不当运动员还可以当段子手，不为国争光，好歹自己乐个够。去除了英雄主义的光环，奥运冠军也是芸芸众生的一员，奥运会也只是我们庸常生活的一部分。

一个运动界的段子手带给我们的洪荒之力，要比十个八个奥运冠军多得多。

短评

@营养师顾中一
北京友谊医院营养科营养师

然而说实话,京味糕点的酥皮往往依赖饱和脂肪的塑形,美味的口感是来自其中令人心惊的糖。无论是糕点、糖果、含糖饮料甚至是精米白面,对于一个心血管系统疾病患者都应是限量的,它们不但会迅速升高血糖,更是容易升高血甘油三酯水平。

(背景:年初,电影《老炮儿》热映,冯小刚饰演的"六爷"被诊断出冠心病。营养师顾中一解读六爷患病的6个原因。)

@杜子健

社会化媒体营销研究者

"我有一壶酒,足以慰风尘",如果它是个营销(有了目的)事件,这事就不会有今天这么火。它已经是个现象级事件。让国人惊诧,原来诗歌还在,诗人未死!3000年诗词的骨血一直在暗中传承。大家都以为网络不再是文化之地。如今,这句话被自动消解了。有诗,真美好!

(2016年2月,@杜子建 发起"我有一壶酒,足以慰风尘"的诗句续写,微博网友大展才华,短短几天内获得近10万转发。)

@王志安

知名媒体人、前央视记者

马家军集体使用兴奋剂,当时体委管理层完全知晓,尤其是血检大规模发现证据,更是抓贼抓赃,但这一切当时都没有公布,更没有进行处罚。作恶的人只要绑定更大的利益,往往就会逃避制裁。现如今再公布,只是给历史一个交代而已,但原本该有的惩罚,都消散在岁月的尘埃里。多少罪恶,就是这样不断重演的!

(背景:2016年2月2日晚,著名报告文学家赵瑜在接受采访时披露了马家军使用兴奋剂的来龙去脉,以及运动员举报马俊仁的联名信影印件。)

@李淼在微博

中山大学天文与空间科学研究院院长

这个发现开启了物理学的引力波时代,引力波将从此由理论上的存在变成事实上的存在。这个发现仅仅是人类探测引力波的开端,因为这个发现仅仅限于可能辐射引力波多种源中的一种,即合并的双黑洞系统,且处于银河系外。但这个发现将极大地促进其他引力波探测实验的发展。天文学在21世纪将进入引力波天文学时代。

(背景:2016年2月11日,人类公开宣布首次探测到引力波信号。)

@姬十三

果壳网 CEO，科学松鼠会创始人

我们非常尊敬起于民间的科学家。但是很抱歉，"诺贝尔哥"这样的所谓"民科"，全都是瞎想。烘托和助长他们，是对前述真正努力的努力者的努力的践踏。

@奥卡姆剃刀

通信专业博士，高校教师

民科的研究领域集中在数学物理，从不涉足工科领域，毕竟工科是要以实践来验证的。但根据你自称的电路理论连个手电筒都做不出来，自然就没有说服力。而数学物理不同，可以扯上一大堆似是而非的公式，内行人不屑看，外行人会发蒙。

（背景：2016年2月，人类首次探测到引力波的消息公布后，被称为"诺贝尔哥"的郭英森在5年前参加节目《非你莫属》时提到"引力波"遭到讥讽的视频在网上传播，并引发热议。）

@乳腺科吕鹏威

郑州大学第一附属医院乳腺科主治医师

你们的老公仲基,估计救不活了!电极片贴错了、输血器没打开,而且还跟袖带在同侧,袖带也绑反了,快死了也不吸个氧,哭得这么梨花带雨的CPR还能做吗?这次真的死定了,这是最后一集了!

(背景:自2016年2月24日开播以来,韩剧《太阳的后裔》在中国掀起狂潮,其男主角宋仲基更是让无数姑娘的少女心泛滥。)

@影评老大爷暗夜骑士

知名影评人

奥斯卡影帝:莱昂纳多·迪卡普里奥(《荒野猎人》)!!!在他拿下金球奖影帝、美国演员工会奖影帝和英国学院奖影帝三大护身符的时候,这个奖项已经没有悬念了。一个人为了崇高的目标,长期不懈地付出努力,终于得到了回报。世界乐于看到这样的人获得成功,莱昂纳多就是对美国梦地最好诠释。这么多年,没有演过一部商业烂片,几乎全是能够留在影史册中的佳作。真的要感谢你!谢谢!谢谢!

(背景:2016年2月29日,第88届奥斯卡金像奖颁奖典礼上,莱昂纳多·迪卡普里奥凭借《荒野猎人》获得最佳男主角奖。)

@刘思敏

旅游专家、社会学者

黄山与徽州不必争个此消彼长，只要上升一个层面，完全可以做到各美其美、两全其美：其一，将本来就不属于古徽州的现有黄山市黄山区更名为县级黄山市，直属安徽省政府管辖，继续发挥黄山的品牌价值，创造新的地域文化，续写新的文化传奇；其二，将现有除黄山区之外的地级黄山市区域更名为徽州，同时将绩溪、婺源重新划归徽州，恢复古徽州"一府六县"的全貌，全面、深度保护古徽州这一我国最具价值的地方文化，使其在未来移动社会的文化竞争中占据有利地位。

（背景：2016年4月13日，《人民日报》刊文称不妨考虑恢复黄山市为"徽州"。随后，@人民日报官方微博发起网络投票，支持者占了71.4%）

@韩寒

作家、赛车手、导演

听过很多关于吴天明导演的故事，让我想起赵长天老师。心疼老方，还有荣超和常杰，他们也为这部电影付出很多。《百鸟朝凤》一路走到今天很不容易。期待艺术院线早日建立，可以给非市场取向的电影更多空间。

（背景：2016年5月12日，《百鸟朝凤》上映期间，制片人方励老师在视频直播里下跪请求增加排片量。）

@张颐武

北大中文系教授

杨先生对生死有极为深入的思考，也有极为深刻的了悟。她的晚年著作《走到人生的边上》，题目当然和钱先生的《写在人生的边上》相呼应，却让人有全然不同的感受。所谓"边上"，都是对人生的通透的了悟。但钱先生的那部作品是中年人对人生的敏锐观察，那种智者的透彻里有对人性弱点的尖刻，而杨先生这部著作则是已经到了垂暮时刻对于生命的执着地追问和探究。杨先生关于人生的思考，其实是很能打动我们的心怀的。可以说，杨先生是中国现代女性中不多见地把传统和现代融合得格外自然的人物。杨先生一生并不戏剧化，但她的人生和著作都是现代中国人的精神世界的独特的一脉。

@痞人周鱼

编剧、作家、电影制片人

杨绛先生今天去世了。忍不住拿出《我们仨》再来读一读，淡淡的温情仍然能弥漫我们的身心。在她的笔下，她与钱钟书大师和孩子，不过只是个平凡的家庭，她的作品犹如她本人一样谦逊朴实。动荡的岁月中，蕙质兰心的她看到的更多是三个人的小世界。现在，我们一群人，思念着你们。

（背景：2016年5月25日凌晨，杨绛先生与世长辞，享年105岁。）

@旅行中拒绝旅行
山东大学文学院教授

南京大屠杀的历史事实在历史课本、政治课本中明确而充分地讲述，语文课本也应该再涉及，但显然不必重复历史和政治课本，而要有语文教学的提升，包括对人的关怀。《南京大屠杀》换成同题材的《死里逃生》，如果包含此种考虑，应该肯定。对语文教材的批评实在不应该成为政治声讨。

（背景：2016年5月，语文出版社出版的修订版义务教育语文教科书进入《2016义务教育用书目录》，全套教材课文中有40%被替换。）

@欧阳千里
佳酿网专栏作家

长痛不如短痛，应该封杀。作者如果通过作品挣不到钱，那他就会通过别的手段去挣钱，一个长长的生态链往往还不如通过主业去挣钱。回过头来想，总不至于让所有的作家都像韩寒、天蚕土豆似的吧，根本不现实。敬畏文字，才能有希望。

（背景：2016年5月，百度全面封杀小说类贴吧，开展盗版侵权内容整顿行动。）

@ 陈朝华

知名诗人、资深媒体人

读完《北京折叠》,略失望。脱去"科幻"的包装,也就是一篇对当下阶层分化与固化、身份差异的焦虑、上升通道阻梗等现实问题在表象上有所指涉、有所解构的小说,跟好一点的一篇公号长文差不多。就小说本身而言,故事的叙述逻辑比较单线条、人物塑造也比较平面不够丰满,不过是把一个庸常的故事搁在几个比较有想象力的场景中罢了。

(背景:2016年8月21日,继去年刘慈欣凭《三体》获得雨果奖"最佳长篇故事奖"之后,中国女作家郝景芳凭小说《北京折叠》获得了第74届雨果奖"最佳中短篇小说奖"。)

@评论员杨禹
央视特约评论员

当代国人,应共同来品味"女排精神"的时代内涵。于党政干部,启发是:既不能乱作为,也不能不作为,奋发有为、尽责担当,皆为本分。于90后、00后,启发是:成长不仅是物质的堆积,也是精气神的塑造。于中国体育人,启发是:缺本事的赶快练本事,缺钙的赶快补钙。于全体中国人,启发是:精神并不万能,然而,没有精神,一事无成。

@董路
知名足球评论人、节目主持人

郎平带女排夺冠,能感觉到她最反感周遭溢美之词中的言必提"女排精神"——倘若没有科学的态度,没有高质量的训练,没有知人善任的用人,没有正确的技术战术,没有果敢的临场指挥……光有精神,到头来,最多是一群"精神病"。

(背景:2016里约奥运女排决赛,中国女排3:1战胜塞尔维亚女排,时隔12年再次获得奥运会冠军。)

@曹俊 IHEP

中国科学院高能物理研究所 研究员

杨振宁先生说:"今天世界重要高能物理学家中,中国占比不到百分之一二,建造超大对撞机,其设计以及建成后的运转与分析,必将由90%非中国人来主导。"这是一个先有鸡还是先有蛋的问题。当年提出大亚湾中微子实验时,中国在该领域重要科学家的占比还不到1%,经过十年,我们培养了一批年轻人,在设计、建造、物理分析中都占据了主导地位。中国人不缺青年才俊,缺的是成才环境。大型对撞机已完成概念设计并公开发表,基本上都是中国人做的。假如对撞机能够建成,也至少还要十几年时间,今天的博士生,那时正好四十来岁,迎来研究的黄金时间。

(背景:2016年9月,一场关于"中国是否应该建造巨型对撞机"的争论在科学界爆发,引起大众关注。)

@叶匡政

知名诗人，学者

这正像我们读唐诗宋词，所感受到的音韵和声音之美，既无法翻译成英语，也难以向一个不懂汉语的人传达，但这种美确实存在，我们也确实能感受到。我认为，鲍勃·迪伦诗中的"全新的诗意"，指的就是这样一种无法言传、属于声音和音韵的诗意，而不只是它文本所呈现出的意义。所以，鲍勃·迪伦的获奖，不仅是向西方文学"游吟诗人"传统致敬，也是向诗歌本质的一次回归，也即对声音的回归。

（背景：当地时间2016年10月13日，瑞典文学院宣布将本年度诺贝尔文学奖授予美国歌手鲍勃·迪伦。）

@奥运私人教练沈韦羲

《美丽俏佳人》栏目特约健身专家

行业的无序是现阶段的必然产物，因为投资人、管理者、员工、客户、体制都不成熟！我们大众能做的是：多看健身的书籍、资料并思考实践，有一天你可以成为一名接近私教水平的训练者时，健身行业自然就上道了！在这之前，大家都是痛苦的！

（背景：各大健身房基本都有私人教练服务。这些私人教练，从业门槛极低，一些机构称，上7天的培训班，就能拿到相关资格证书当教练。）

@郑峻
新浪北美记者

这次奥运会看微博一个感触是，之前的唯金牌论已经有了明显改变，对失利者更加包容和理解，这是心态成熟的一个标志。所有努力过的运动员都值得尊重和掌声。

@延参法师
河北省佛教协会副会长

奥运会的精神，是传递一种积极包容，分享合作，和平发展，为这个世界探索方向，为这个世界提出思考，为这个世界去发现光明未来的美好愿景。也许现实和这个愿景存在巨大距离，那么不停去努力，不懈去努力，去相信美好，去祝愿美好，去承认美好，那么它就是一种信心的接力和信念的坚持。

@ 西西河氏唵啊吽

放在大国竞争的全球背景下考虑,有一个优先排序的问题,量子通讯和量子计算是大国必争之地,但高能物理不是。用围棋术语来形容,投碰撞机可能是个缓手,可能会失去先机。目前双方争论的是哪个方案对中国科技进步的帮助最大,无关民生与科研谁先行的问题。科技投入不是大炮和黄油。

@ 严锋
复旦大学中文系教授

超越金庸?恕我直言,这样的网络作家今天我还没看见。金庸不是翘课关在宿舍里日更1万能练成的。你能写得出萧峰的豪情,段誉的憨萌,令狐冲的苦逼,程灵素的深情,黄蓉的精灵,韦小宝的无赖?你能写得出凌波微步的潇洒,六脉神剑的气势,天山折梅手的精妙?这些不是百度一下就能得到的,需要文化,文化!这文化需要你出身海宁书香门第,经过现代大学教育,在中国最多难但也是最有追求的年代,从内地辗转香港,见过人世的真相,体验过最无望的爱情,经过记者写作生涯的职业训练。以上种种传统与现代缺一不可的外在条件,再加上天生禀赋,在香港这个承接古今、贯通中西的大熔炉中反复锤炼，方能练成绝世神功。

@ 车径行
国家一级导演

关于电影：前两年 IP 电影蜂拥而上，简直到了泛滥的程度；如今经过市场一番检阅与一段时间的沉淀，IP 电影明显后劲不足。脱离了创作的基础，缺乏了细腻故事的填充，IP 就是泡沫，就是一个毫无支撑的陷阱。中国电影缺少的不是 IP，而是内容，因为真正的 IP 是无形的，它是一种藏得很深的精华，不仅仅是一个概念。

@ 袁国宝
NewMedia 新媒体联盟创始人、资深媒体人、知名评论人

大热的"泛娱乐"鼻祖是谁？宝哥很少看科幻电影，但是有一类却尤其喜欢，就是来自美国漫威的系列作品，如《美国队长》《钢铁侠》《蜘蛛侠》《绿巨人》。对，漫威就是最早的泛娱乐，这些超级英雄们在"二战"期间开始深入人心，所有反法西斯的超级英雄中最出名的就是《美国队长》，代表着美国精神。反观国内，也有一些漫画 IP 开始衍生出影视剧，但是影响力确实还有待提升啊。

后 记
epilogue

与时代共鸣

2016年11月01日00:58分，-4℃。一场秋雨将北京提前带入了冬天。街边的银杏叶还未见黄就落了下来，刚买的秋装还没来得及穿就要被收入衣柜了，周遭的一切都在提醒我们：冬天来了，2016也要走了。

这使我想起去年年底，我们策划了一个活动#我的新年寄语#，邀请了各行业名人"评述2015，展望2016"。其中，一位作家写道："2016，也只不过是历史长河中极为平淡的一年。"是啊，放到人类历史的坐标里，2016也不过是一个点。但是，放在个人生命的维度里，2016也许是极为不平淡的一年。

体现在微博上，是财经人对经济下行的预测、对房价上涨的担忧；是媒体人对社会治理的建言、对公共安全的疾呼；是科普人对量子通信的激辩、对探测到引力波的激动；是所有用户对国家强大的自豪、对国际和平的祝愿、对里约奥运的参与和讨论、对人文道德和人居环境的关注……

这些不胜枚举的话题在提醒着我们，我们正处在一个变革的时代，这些看似发生在遥远之地的事件都在潜移默化地改变着我们的生活——向好或者向坏。无论我们是否置身事外，都无可避免地要被裹挟进这历史的滚滚车轮——向前或者向后。

那么，2016，拿什么纪念这个巨变的时代？我们的答案是——评论。

在信息过剩的今天，我们有着追逐不完的热点。也许很多事件我们都已经忘记，但这些事件所引发的公共讨论，却深刻地影响着我们的生活和未来。微博作为目前国内最大的网络公共舆论场，在每一次的热点事件传播中，不仅有名人、大V的推动，更有广泛的行业人士发声，以专业的视角，对公共事件中的疑点、难点、争议点进行质问和回应，破解网络中的迷雾，形成了客观、理性的微博公共讨论氛围。

为了沉淀这些优秀的评论内容，我们策划出版了这本《与时代共鸣：微博用户深度评论精选（2016）》。用最传统的形式肯定评论的价值，给2016留一份珍贵的纪念。

然而，愿望与现实之间总有差距，这个过程并不容易。议题的归纳与整理、数据的挖掘与解读、内容的筛选与编排、出版的流程与审核……事情的难度超乎了我们的想象。在有限的篇幅内，为了给大家呈现更好的阅读体验和更多优质的内容，我们夜以继日地加班，不断地发现筛选和打磨，有时不得不做出取舍，在内容和议题方面做出平衡……

最终结果就是呈现在您面前的这本书，等待着您的阅鉴。回望这本书的出版始末，概括为三个词就是：致敬、致歉、致谢！

一、致敬

我们谨以此书：

致敬2016那些改变我们生活的热议话题；

致敬所有关心社会与行业发展的微博网友；

致敬 2016 所有参与微博公共议题讨论的专家学者、行业工作者；

致敬这个我们生活的时代；

……

二、致歉

在开始决定做这本书的时候，我们就清晰地知道这是一个不可能得到所有人赞美的作品，甚至可以说是一件"吃力不讨好"的事情。

因为能力与精力有限、篇幅和内容长度限制，我们不可能穷尽所有的热议事件，不可能收录所有的优秀评论，不可能发现所有的评论学者。

而评论本身也是社会分歧最大的一个领域。因此，这本书肯定会得到一些用户"平庸"、"衰落"、"无意义"、"不权威"、"不客观"等评价。

这样的预感给我们带来了一定的压力，但我们依然是以最大的热忱与努力争取做到更好。但我们还是要：

向（因为种种原因）未被本书收入的优秀内容和作者致歉；

向章节编排和内容选择上的不完美致歉；

向未及时联系上的作者致歉；

……

三、致谢

感谢所有的优秀评论作者，为微博用户和本书贡献了精彩的内容，构成了这本书的基石；

感谢袁岚峰、王冲、陈经等众多专家学者在本书编著过程中给予的指导和帮助，增强了本书的内容深度和可看性；

感谢人民日报出版社在出版过程中给予的极大协助；

感谢微博各领导对我们的大力支持和团队成员夜以继日的努力，才让我们在这么短的时间内将这本书呈现在大家面前，将不可能变成可能；

最后，我们要非常非常的感谢团队所有成员的家属，在我们为完成这本作品，牺牲了本该陪伴你们的夜晚和周末时，是你们的理解与鼓励，给了我们最大的动力！

微博时评
2016 年 11 月

本书作者身份信息取自微博用户认证信息

本书内容仅代表作者个人观点